剥茧抽丝看历史

皇帝争议

严亚珍◎著

剖析帝王史料，揭示其不为人知的秘密
不论是非功过，阐述其背后的悲欢离合

陕西新华出版传媒集团
三 秦 出 版 社

图书在版编目（CIP）数据

皇帝争议 / 严亚珍著. -- 西安 : 三秦出版社,
2014.5（2022.3 重印）
（剥茧抽丝看历史）
ISBN 978-7-5518-0786-9

Ⅰ. ①皇… Ⅱ. ①严… Ⅲ. ①皇帝—生平事迹—中国
—通俗读物 Ⅳ. ①D827=2

中国版本图书馆 CIP 数据核字(2014)第 103848 号

皇帝争议

严亚珍 著

出版发行 陕西新华出版传媒集团 三秦出版社
社　　址 西安市雁塔区曲江新区登高路 1388 号
电　　话 （029）81205236
邮政编码 710061
印　　刷 三河市燕春印务有限公司
开　　本 710mm × 1000mm 1/16
印　　张 13.5
字　　数 200 千字
版　　次 2014 年 5 月第 1 版
2022 年 3 月第 3 次印刷
印　　数 6001–11000
标准书号 ISBN 978-7-5518-0786-9
定　　价 59.80 元

网　　址 http://www.sqcbs.cn

前　言

中国是一个对历史文化的传承极其重视的国家。中国拥有五千年的历史，创造出了无比灿烂的文化。如果你想要更好地了解中国的历史，那么最好从历史上重量级人物的争议以及重要事件的争议上细细地进行观看。

皇帝是历史的缩影，从他们或悲或喜的一生中，或神奇或平淡的故事中，隐现了中国封建历史的发展轨迹。正所谓“观看君王沉浮间的经历轶闻，洞悉君王宝座中的权利奥秘”。

宰相是一人之下、万人之上的大人物，在中国古代的政治舞台上扮演着非常重要的角色。如果一朝之宰相清正刚廉、直言敢谏，那么，将会有利于社稷的安定与百姓的幸福，会流芳百世，被后人称赞；倘若一朝之宰相阿谀逢迎、卖官鬻爵，那么必将会对社会的安定与百姓的生活带来危害，会遗臭万年，遭后人唾骂。

在历史的长河中，不只有帝王将相，还有很多花容月貌的妃子。千万不要小看了这些女人，她们在很多风云大事、江山更迭中起着至关重要的作用。可以说，这些女子在潜移默化或一颦一笑间，就可以舞动政治的波澜。

宦官是世界上古代所有帝国的一个特殊的人群，在中国历史上扮演着非常重要的角色。他们或谨守本分，努力工作，为整个朝代做出了突出的贡献；或操纵天子，总揽大权，加速了朝廷的灭亡……

除了重要人物之外，几乎每个朝代都会出现几个不同的党派，他们因立场不同、观点不同，对事物的看法也不相同，为此他们常常争论不休，各自阐述自己的理由，为了战胜对方，甚至不惜使用政治手段。本套丛书再现各朝党政内幕，坐看权柄更替。

在历史的长河中，曾发生过多起叛乱，比如八王之乱、安史之乱等。他们在权力、钱财、美色或其他诱因的刺激下，对权利充满了无限的欲望，渴望通过政变获得更大的权利……

中华民族的历史是一部多灾多难的历史，几千年来出现了众多大小冤案。在这里，读者将看到最具代表的冤假奇案，探知最不为人知的隐秘故事。

本套丛书分为《皇帝争议》《宰相争议》《后妃争议》《宦官争议》《党争争议》《叛乱争议》与《冤案争议》七册，从不同的方面详细地再现了历史的真相，正所谓“抽丝剥茧看历史，清晰明了又深刻”！

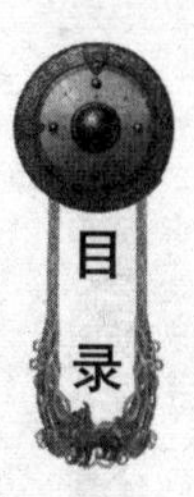

目　录

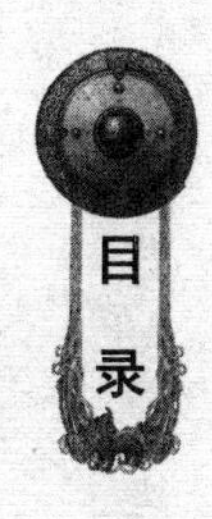
目
录

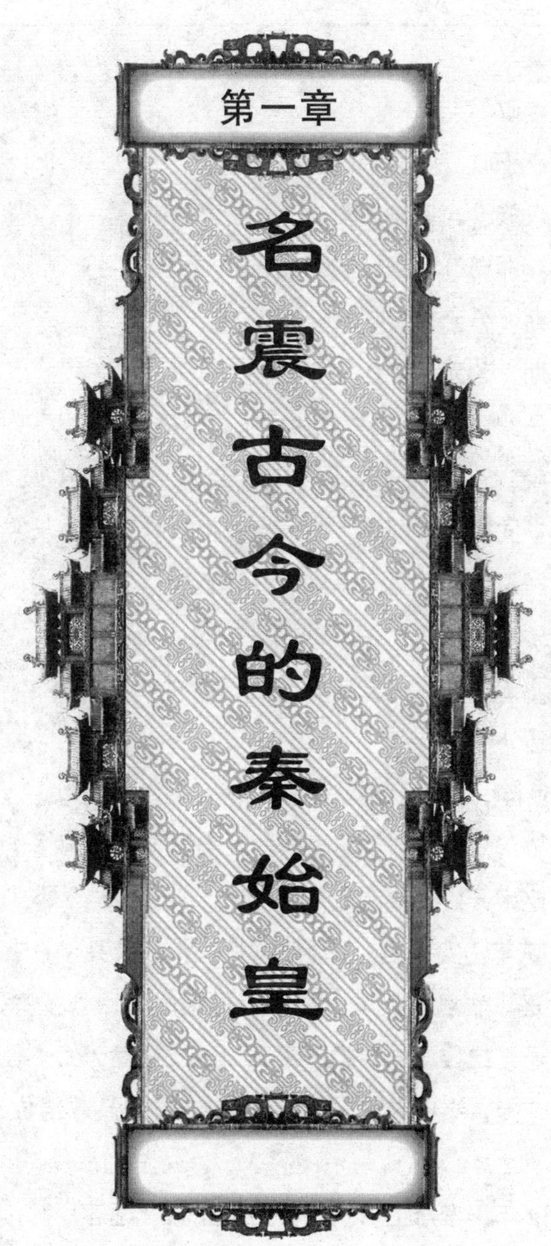

第一章

名震古今的秦始皇

皇帝档案

☆姓名：嬴政

☆别名：秦王政、始皇帝、祖龙

☆民族：汉族（当时称华夏）

☆出生地：邯郸（今河北省邯郸市）

☆出生日期：公元前 259 年

☆逝世日期：公元前 210 年

☆信仰：法家思想

☆主要成就：首次统一华夏；南平百越，北击匈奴；废除分封制，代以郡县制；书同文，车同轨，统一度量衡；修建万里长城，打通西南

☆在位时间：公元前 246 年~前 210 年

☆享年：50 岁

☆陵墓：骊山陵（今西安市临潼区下河村）

☆生平简历：

公元前 259 年，赵政，也就是嬴政，出生在邯郸。

公元前 257 年，吕不韦带着嬴政的父亲异人从赵国逃走，年仅 2 岁的嬴政跟着母亲赵姬开始了颠沛流离的生活。

公元前 250 年，安国君，即异人的父亲继承王位，史称秦孝文王。异人改名为子楚，被立为太子。嬴政随母亲赵姬回到了秦国。不久，秦孝文王去世，子楚继位，史称秦庄襄王，嬴政被立为太子。

公元前 247 年，秦庄襄王去世，年仅 13 岁的嬴政继位，历史上称为秦王。

公元前 239 年，李斯上书劝谏秦始皇废除“逐客令”。

公元前 238 年，嫪毐发动叛乱，嬴政派吕不韦平叛，最后嫪毐被处车裂之刑，嫪毐与太后赵姬的两个私生子被处死。因为此事牵连吕不韦，吕不韦被罢官，最终饮鸩自杀。

公元前 221 年，嬴政统一六国，建立了君主专制大帝国，自称始皇帝。同年，秦始皇命人修建长城。

公元前 216 年，秦始皇废除分封制度，建立了自中央到地方的郡县制与官僚制。

公元前 215 年，秦始皇命令蒙恬夺九原河南，设置 34 县，建立九原郡。同年，还发生了“焚书坑儒”事件。

公元前 210 年，秦始皇死在第五次东巡的途中。

人物简评

"秦王扫六合，虎视何雄哉!"秦始皇曾经为中国的统一大业做出过非常伟大的贡献，是中国封建社会的首位皇帝。当然了，在他执政期间也做出很多令人愤怒的事情，比如，焚书坑儒等。所以，自古以来，对于秦始皇的评论都是饱受争议的。总体来看，可以分为毁誉两派。诋毁者称秦始皇为"肆虐异常，暴君之首"；称赞者称秦始皇为"亘古未有，千古一帝"。不过，无论后人如何评论秦始皇，但是他作为大秦王朝的开创者，作为中华民族的统一者，永远是中国历史上独一无二的耀眼帝王。

生平故事

亲王生父之谜

秦始皇的名字叫作嬴政。他的母亲是邯郸一个大户人家的小姐，人称赵姬，而父亲则是曾经在邯郸做人质的秦国公子异人。不过，也有人说嬴政的亲生父亲是吕不韦。至于真相到底如何，直到现在仍然是历史学上一桩迷案，历史学家也是众说纷纭。

公元前 250 年，在吕不韦与华阳夫人的共同帮助之下，异人终于如愿以偿地坐上了秦国的国君之位，历史上称为秦庄襄王。不过，异人只做了三年的国君，就离开了人世，只留下了一个国力强大的秦国以及年龄仅仅只有 13 岁的儿子——嬴政。当少年嬴政坐上秦国国君的宝座之时，对于他身世的质疑也随之蜂拥而至。他的生父到底是异人，还是吕不韦呢？这不但成为秦国历史上一个难以解开的谜团，而且还是历史学

界一件扑朔迷离的公案，更是两千多年来，人们茶余饭后谈论的焦点问题。为何嬴政的身世会有如此大的争议？这个争议又是因为什么而来的呢？

在中国历史中，但凡显贵者的身世都被记载得相当清楚，特别是帝王的身世，史学家绝对不会忽略。然而，秦始皇却成为了一个例外。《史记》前后对秦始皇生父的记载不一致，有不少可疑的地方。所以，到底谁是千古一帝秦始皇的亲生父亲就成了人们议论的重点问题。不过，总的来说，有两种说法。

在安国公，也就是秦孝文王立异人为嫡嗣之后，异人与吕不韦的关系就变得日益亲密起来。有一天，吕不韦在家中摆了一场十分盛大的酒宴招待异人。在两个人酒酣耳热后，宴会中的歌舞表演开始了。

第一个出场的就是吕不韦最为疼爱的小妾——赵姬。赵姬是邯郸一名长得相当漂亮的舞女，而且极擅舞，其舞功之美可以说独步邯郸。通常，长得美且有才艺的女人，是最得男人宠爱的。所以，吕不韦对于赵姬这位才艺出众的美女很是疼爱。

异人刚刚看到赵姬，顿时觉得眼前一亮，心中暗暗对赵姬的美貌赞叹了一番。虽然异人以前也在吕不韦家中看到不少美女，但是今天还是第一次看到这样美艳的女人！而当异人看到赵姬一身精湛的舞艺的时候，更是惊得目瞪口呆，一时之间，全身上下热血沸腾。这个时候，异人再也不顾及自己嫡嗣的身份了，迫不及待地端起酒杯敬了吕不韦一杯酒，然后对吕不韦说："请将这位美人送给我吧！"

吕不韦早就从异人别样的眼光中看到了异人的兴奋，然而，他万万没有想到，他会直接开口夺自己的宠妾。赵姬毕竟是吕不韦心爱的姬妾，而且当时赵姬已经怀了吕不韦的孩子。所以，当吕不韦听到异人的这种非分的要求时，心中非常生气。不过，吕不韦终究是经过人生各种历练的人，没有立即将心中的怒气表现出来。他想到为了"立主定国"，自己在帮助异人的过程中已经破产了，如果现在与异人翻脸就前功尽弃了。于是，他强忍着怒气，微笑着回道："可以，当然可以。"就这样，吕不韦就把爱妾赵姬送给了异人。

异人听后欣喜若狂，马上带着赵姬回家了。关于怀孕的事情，赵姬并没有告诉异人。异人将赵姬带回来后，倍加宠爱。之后，赵姬产下了一个男孩。由于这个孩子出生在正月，因此，取名为“政”。又因为当时异人和赵姬生活在赵国，人们就称这个男孩为“赵政”。而这个赵政就是中国历史上有名的始皇帝。

这段记载来源于司马迁的《史记·吕不韦列传》，其中所含的信息量相当大：第一，赵姬的身份，在《史记·吕不韦列传》有着十分明确的记载：“邯郸绝好善舞者”，由此可见，赵姬是邯郸的一位长得非常美丽而且擅长舞蹈的女子。同时，她也是吕不韦宠爱的小妾。第二，异人夺人所爱。异人是在吕不韦家中的宴会上与赵姬相遇，而且对其一见钟情，最后从吕不韦手中抢了过来。

但是，异人与赵姬的相遇也是一个不小的谜团。这次宴会到底是吕不韦有意安排，还是无心之举呢？

《史记》中记载：“见而说之，因起为寿，请之。吕不韦怒，念业已破家为子楚，欲以钓奇，乃遂献其姬”。由于该文献中有“吕不韦怒”这四个字，可以看出来，吕不韦并不是自愿将赵姬献出去的。吕不韦在异人身上投资的是智力和金钱，其目的是为了“立主定国”，而不是让自己的儿子做国君。吕不韦的确有很大的野心，然而，倘若认为在异人还没有成为太子的时候，吕不韦的野心就已经到了想让自己亲生儿子做国君的程度，难免令人感觉有失偏颇了。

在传世的历史文献中，将历史的真实不偏不倚地记录下来几乎是不可能的事情。然而，《史记·吕不韦列传》却非常完整地记载下了“秦始皇的生父到底是谁”。除了这部列传上明确的记载之外，还有两种非常重要的文献有着相关的记载。首先，《汉书》与《资治通鉴》中均有《史记·吕不韦列传》中的说法。比如，《汉书·王商传》中记载：“臣闻秦丞相吕不韦见王无子，意欲有秦国，即求好女以为妻，阴知其有身而献之王，产始皇帝。”班固在东汉的《上明帝表》也曾经说：“周历已移，

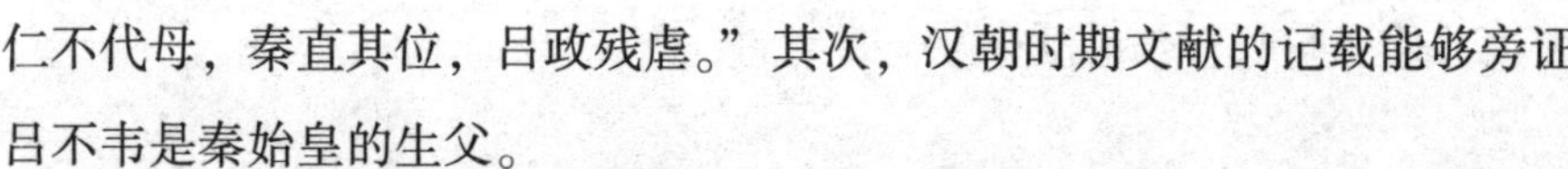

仁不代母，秦直其位，吕政残虐。”其次，汉朝时期文献的记载能够旁证吕不韦是秦始皇的生父。

到底谁才是秦始皇的亲生父亲，司马迁在《史记》中给出了十分详细的记载，而其他传世的文献都没有相关的记载，因此，对于秦始皇亲生父亲进行判断的文献不得不以《史记》作为基础。“吕不韦是秦始皇生父”这种说法最大的优势就在于有文献作为依据。当然了，也有不少人对司马迁的说法表示怀疑，但是苦于拿不出充分的文献资料将司马迁的说法推翻。

站在这个角度来看，吕不韦就是秦始皇的亲生父亲。在《史记·吕不韦列传》中还有一条记载，那就是：赵姬“至大期时生子政”。何为“大期”？“期”的意思是满足一定的时间，所以，“大期”就包括两种解释——10个月与12个月。这样看来，秦始皇应该是足月之后才出生的。

其实，在秦始皇的身世这个问题上，他的母亲太后赵姬是最有发言权的人。然而，面对政治利益，赵姬不能将真相说出来。尽管赵姬对政治一窍不通，完完全全是在无意之中才卷入政治的漩涡的。但是，在秦王嬴政的亲生父亲究竟是谁的问题上，她的头脑依旧是非常清醒的。她心中很清楚至少在这点上面，自己的话语权到底有多大的分量。作为秦王嬴政的母亲，赵姬是最有发言权将真相说出来的那个人，但是，由于政治压力的压迫，赵姬也是最不敢将真相说出来的人。因为赵姬在这件事情上始终保持缄默，才导致这段历史的真相直到现在还没有明了。倘若赵姬不是为了要对吕不韦进行陷害，她是绝对不敢把这个隐私泄露出去的。而且即便是想要陷害吕不韦，赵姬也断断不会拿这件事情做赌注的。

所以，只有吕不韦最有可能是这个隐私的制造者，同时，也会是将这个隐私公开的受益人。所以，这个秘密极有可能是吕不韦泄露出去的，然而，正是由于公开了这个隐私会为他带来很大的益处，因此，他所泄露的这个隐私也是最不可信的。由此可见，异人才是秦始皇的亲生父亲。

秦始皇的亲生父亲到底是谁，众多专家学者各抒己见、议论纷纷，所以，这个问题至今也没有一个确切的定论。

翦除毒瘤嫪毐

秦昭襄王四十八年（前 257），秦国猛烈进攻赵国的都城。在此前，秦国已经消灭了赵国的主力，所以秦军此次发起攻击的目的就是一举拿下赵国的都城——邯郸。但是，秦军进攻得并不是很顺利，然而赵国的最高将领却很清楚，此次，秦军势必要将邯郸拿下，将赵国彻底吞并。在这样的情况下，赵国的领导们决定将秦国质子异人杀掉，因为他现在已经没有任何用处了。

当吕不韦得知这个消息之后，他就花费了 600 金的重金，将看守异人住宅的人与守城门的人收买了，然后带着异人逃走了。至于异人的夫人，即赵姬走不了，因为 600 金只够买两条命，因此，赵姬不得不继续留在赵国，带着儿子赵政过着东躲西藏的日子。因为只要他们被抓住了，那么等待他们的就是被处死的结局。这一年，赵政仅仅只有 2 岁。

公元前 251 年，昭襄王在位 56 年之后去世了，安国君，也就是异人的父亲，继承王位，历史上称为秦孝文王。这个时候，为了讨华阳夫人的欢心，异人改名为子楚。安国君立子楚为太子，如此，赵姬的命运发生了巨大的变化，一下子就成为了太子的夫人了。倘若子楚日后继承王位，那么，赵姬就极有可能坐上王后的宝座。赵政的地位也随之发生了变化，变成了子楚的嫡子，有了做秦国太子的可能。所以，赵国不敢再对其进行追杀了，反而在想尽一切办法将他们找到后，相当礼貌地送他们回到了秦国。从此之后，赵姬与赵政在赵国流亡的日子结束了。这一年，赵政 9 岁了。

安国君在继位之后就开始忙着料理父亲昭襄王的丧事。那个时候，秦国实行十月为第一个月，然后在十月改元。但是，由于身体不好，安国君在继位三天之后，就死了。于是，子楚顺理成章地成为了秦国的国君，历史上称为秦庄襄王，赵姬也坐上了王后的宝座，而赵政则被立为

太子。这对于赵姬与儿子赵政而言，总算是苦尽甘来了。然而，幸福往往都是短暂的，庄襄王的身体不是很好，继位三年之后也去世了。就这样，赵政继承了王位，历史上称为秦王，此时赵政仅仅只有13岁。原本赵姬是吕不韦姬妾，被异人，也就是子楚相中后，成为子楚的爱妾，之后生下赵政。在赵国的时候，他们的日子过得非常不好，回到秦国之后，生活刚刚好起来，丈夫又死了，儿子也还小，这对于30岁左右的赵姬而言，可以说是非常不幸的。

虽然因为儿子做了秦王，自己成为了王太后，但是赵姬的生活变得非常孤单而冷清。这对于不甘寂寞的赵姬来说，是十分难过的。于是，这个时候，吕不韦进入了赵姬的视线。赵姬相中吕不韦的原因有两个：第一，吕不韦是她的前夫，曾经生活在一起；第二，此时，吕不韦担任秦国的相国之职。在秦朝的统治制度中，丞相包括两个，但是相国却只能有一个。

那个时候，秦王嬴政年龄还不大，吕不韦把持着国家大政。子楚为庄襄王的时候，吕不韦就已经高居丞相的职位，如今又成为了相国，执掌国家大政。而在处理国家大政的时候，一定要向太后作最后的请示，政务上存在联系，过去又曾经是夫妻，因此赵姬就相中了吕不韦，让其做她的“后补丈夫”。尽管这个时候赵姬贵为太后，但是她仍然有生理需求，于是，她选择了吕不韦。而吕不韦对于赵姬却是一种政治的需求，他经过多重艰辛才坐上了相国之位，代替嬴政将国家大政揽在自己的手中。但是，从根本上来说，吕不韦只不过是一个臣子。尽管赵姬还很年轻，但毕竟已经是太后，是君。吕不韦怎么可能不服从赵姬的命令呢？若公然与赵姬进行对抗，那么后果可是相当糟糕的，不仅自己这么多年辛苦所拼得的权力会不翼而飞，甚至是自己的性命都有可能受到威胁。于是，他思来想去，终于想到了一个办法——找人代替他。这样一来，自己就能够全身而退。因此，吕不韦就开始到处寻找合适的人选，最后居然找到了一个十分强壮的男人——嫪毐。于是，他将嫪毐收入自己的门下，做了门客。

尽管合适的人选已经找到，但是又遇到了一个难题，如何将这个强壮的男人送到王后的寝宫，又不让外人知道呢？为此，吕不韦又开始苦思冥想。办法永远是人想出来的，这一次也不例外，吕不韦再次想到了一个办法，即让嫪毐装成一个宦官，如此一来就可以瞒天过海，顺理成章地进行一切事务了。既然办法已经有了，那么，下一步就是行动了。于是，吕不韦先找人状告嫪毐犯了罪，以宫刑作为处罚。然后，让太后在私下给施宫刑的官员送去一笔重礼。那些官员接受了太后的礼，自然明白这个人是太后想要的，所以实施宫刑的时候自然不会来真格的。就这样，嫪毐被顺利地送到了太后赵姬的寝宫。

赵姬也非常喜欢这个嫪毐，两个人相处了一段时间之后，赵姬居然怀孕了。一个寡居的太后怀孕了，倘若这件事情被外人知道，那么将会成为皇室特大丑闻。但是，怀孕很难能够瞒住，因为怀孕者的体形会发生相应的变化。既然不能光明正大地瞒住，那么就躲起来吧。于是，太后就佯称自己占卜了，说住在咸阳宫是非常不吉利的，于是，以后要到雍去住，也就是现在陕西的凤翔，因为那个地方距离咸阳很远，可以方便她行事。太后赵姬在那里接连生下了两个儿子。

公元前239年，在太后赵姬授意之下，嫪毐被册封为长信侯，而且将山阳，也就是现在河南的泌阳、获嘉一带，封给他作为食邑。他本人依旧居住在京城。嫪毐过着相当奢华的生活，可以说这样的生活待遇在京城已经算是顶级的了。因为嫪毐背后有太后做靠山，所以不少人都投靠了嫪毐。他们认为嫪毐在太后那里非常得宠，投奔嫪毐之后就能够有一个非常好的发展前途。从此之后，嫪毐就由太后赵姬的男宠，慢慢地扩展成为了秦国一个具有非常强大势力的集团。这个集团甚至能够与吕不韦的集团进行对抗，而嫪毐就是这个集团的首领，下面有一千多门客。

史书中有记载："事无大小皆决于毐，又以河西太原郡，更为毐国。"意思就是说，国家大政不管是大事还是小事，全部都要由嫪毐决定，换句话说，嫪毐完全取代吕不韦执掌国政大权了。并且太后赵姬还将整个太原郡全都封给了嫪毐。这个时候是赵姬最为得意之时，也是赵姬最为

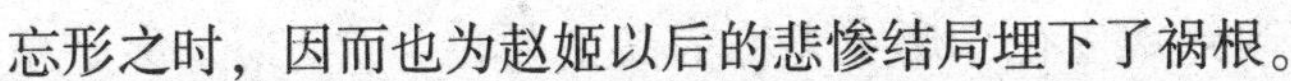

忘形之时，因而也为赵姬以后的悲惨结局埋下了祸根。

根据《吕不韦列传》的记载，赵姬与嫪毐进行约定，如果秦王嬴政死了，那么，就让嫪毐与赵姬所生的儿子继承王位。这也是嫪毐犯下的第二条罪状。数年以来，嫪毐专权横行，为非作歹，这就是第三条罪状。因为犯下了这三条罪状，所以嫪毐的心中非常清楚，只要嬴政接管了朝政大权，首先要除掉的人就是自己。因此，他一定要铤而走险了。这个时候，嫪毐集团的势力已经相当强大了，有不少高官都是其中的成员，比如卫尉、内史等。所以，嫪毐才敢在最后发动叛乱，放手一搏。

嬴政得知嫪毐反叛的消息之后，就派吕不韦率领兵将前去平定叛乱，双方在咸阳城中进行大战，死了几百人，最后的结果是，吕不韦大军大获全胜。参加这一次平叛的人全都得到了爵位，即便是宦官也没有例外。嫪毐在战败之后就急急忙忙地逃跑了。于是，嬴政立刻下令，倘若谁能够将嫪毐抓住，就可以获得赏金 100 万；倘若谁能够将嫪毐杀死，就可以获得赏金 50 万。

没过多长时间，嫪毐以及他的追随者就全部被抓住了。在九月份，秦王嬴政将嫪毐处以了一种十分残酷的刑罚——车裂。嫪毐集团的骨干成员全部被斩杀，而嫪毐的门客也全都被流放边疆。这是秦王嬴政继承王位之后所进行的首次大清理。嬴政在这个问题的处理上非常果断。在除掉嫪毐之后，也没有放过嫪毐与太后所生的两个儿子。嬴政将他们处以扑杀之刑。扑杀并非一般的斩杀，而是将人装到袋子中，然后从非常高的地方往下摔，活生生地将人给摔死。由此可见，嬴政的手段是十分凶残的。当然了，同时涉案的太后赵姬也不会安然无恙。念其是自己的亲生母亲，嬴政就将她流放到雍，监视软禁起来。秦始皇十九年，40 多岁的赵姬在咸阳宫中郁郁寡欢地病死了。

吕不韦辅佐治理秦国

秦庄襄王三年（前 247），庄襄王，即嬴政的父亲子楚（异人）去世，年仅13岁的嬴政继承王位，历史上称为秦王嬴政。《史记·秦始皇本纪》中记载："王年少，即位，委国事大臣。"意思就是说，嬴政刚刚坐上秦王之位，因为年龄还很小，所以国家大事全都委托给了大臣进行处理。

当时，吕不韦除了担任相国之职外，还有一个很特别的称号——"仲父"。至于"仲父"的称号到底是谁起的到现在也没有弄清楚。实际上，"仲父"并不是官名或者爵名，而是"叔父"的称呼，具有非常浓重的亲情色彩。仲父的说法最早出现在春秋时期，管仲帮助齐桓公进行改革，使得齐国最先称霸，成为了一个非常强大的国家。齐桓公对于管仲相当尊敬与信任，将齐国的朝政交给管仲进行处理，并且尊称其为"仲父"。吕不韦也称"仲父"，一是为了表示他与嬴政之间有着不同寻常的关系；二是表示自己也会像管仲那样料理朝政，嬴政不能对他的权力进行干涉。

所以，从公元前246年嬴政继承秦王之位开始，到他正式亲政，在将近十年之间，吕不韦都是以仲父、相国的身份辅佐嬴政来对秦国进行治理。吕不韦的政治才能发挥到了淋漓尽致的地步，为秦国发展壮大起到了至关重要的作用。吕不韦在辅政期间主要做了下面几件大事。

第一，继续向东前进。

吕不韦在辅佐嬴政治理朝政的时候，继续派遣军队对东方各个国家进行打击，使得各国的力量不断地削弱。秦国对于东方各国进行打击，从秦昭王时期就已经开始了。秦昭王二十九年（前278），白起率领秦国大军一举拿下了楚国的国都郢（今湖北江陵西北），使得楚国被迫把国都迁到了陈（河南淮阳）秦国在所占领的地区设置了南郡。秦昭王四十七年（前260），秦国向赵国发起攻击，历史上称为长平之战，再一次使得赵国受到了重创。在这一次的战争中，秦国斩杀了赵国40多万的士兵。公元前249年，秦国又从韩国夺得了好几个战略要地，其中，最为重要的就是在成皋与荥阳设置了三川郡。

吕不韦在辅政之后，对于东方的各个国家继续推行高压政策。在嬴

政继承秦王之位的那一年，秦国大军占领了上党郡，随后，又平定了晋阳，在那里设置了太原郡。后来，秦军又将韩国二十多座城市，魏国的二十城全部拿下，并且设置了东郡。东郡位于现在河南濮阳西南一带，已经与山东十分接近了。在连年征战之后，秦国的国土面积大大增加了。

秦国不断东进的行动，使得各国都感到非常恐慌。公元前 241 年，楚国、赵国、燕国、魏国以及韩国五国联合起来一起对抗秦国。面对这样的战况，吕不韦直接从正面进行迎击，并且分化瓦解，将他们的进攻给彻底地粉碎了。

这个时候，战争的格局已经逐渐地明朗了，在秦国的强势之下，东方的各个国家纷纷开始想方设法地进行自保。其中，韩国为了使自己国家的利益得以保全，就派他们国家非常著名的水利专家——郑国前往秦国，说可以协助秦国修建水渠，以便使得他们关中东部的土地能够得到灌溉。当然了，韩国这么做的目的肯定不会是真心地帮助秦国，只是想要借助修建水利工程，大量消耗秦国的人力与物力，以便阻止或者延缓秦国东征六国的行动。

在秦国境内，拥有两条十分著名的水利工程，一条是秦昭王时期修建的都江堰，另一条就是郑国渠，秦国的农业生产在充足的水力资源保障下，得到了迅速的发展，百姓的生活水平也随之大幅度提高。这一切都为后来秦国的统一奠定了非常牢固的物质基础。

第二，引进大量人才。

为什么秦国会这么强盛？这包括很多原因，比如，商鞅变法、奖励耕战的政策以及奖励军功等，但是其中最为重要的原因是引进人才。如果没有人才，秦国想要强盛绝对是不可能的。从春秋时期的秦穆公开始，秦国就从东方引进不少的人才，比如，秦穆公引进了百里奚与由余等；秦孝公对来自魏国的商鞅进行重用，进行变法，使得秦国变得更加繁荣富强。

秦昭王对于人才也是十分重视的，他可以说是礼贤下士的典范。比如，秦昭王招募楚国人范雎。范雎智谋超群，胸中拥有强秦的计策，为了能让范雎为自己所用，秦昭王先后五次在范雎面前下跪，成就了一段流传千年的佳话。吕不韦当权期间，更是极力引进人才。他做了相国之后，就修建了许多房屋，供给秦国的人才进行居住。另外，他还专门聘请了不少著名的厨子为他们做饭。而且还在咸阳边的城墙上贴了一张告示，欢迎国内以及各个国家的有才之士，前来相国府做客。

战国时期，养士之风开始盛行。养士的目的就是为了招揽各种各样的人才，为自己所用。其中，最有名的就是战国四公子：齐国的孟尝君田文、赵国的平原君赵胜、楚国的春申君黄歇以及魏国的信陵君魏无忌。他们各自的门下都养着三千士。在这些士当中包括各种各样的人才，有的勇猛无比，有的擅长用计，甚至还有的是一些鸡鸣狗盗之辈，但是他们都能够为主人办各种各样的事情，甚至还能够救主人的性命。

对于四公子养士的作法，吕不韦是非常赞同且欣赏的。他觉得尽管秦国十分强大，但是不养士就是一件非常耻辱的事情。《史记·吕不韦列传》有这样的记载："亦招致士，厚遇之，致食客三千人。"大致意思就是说，吕不韦极力招揽来自各个国家的士人，给予他们非常优厚的待遇，人数居然达到了三千之众。

在吕不韦未执政之前，秦国招揽的人才以法家与军事家为主；在吕不韦执政之后，他除了引进法家的人才之外，同时还引进了各家学派的人才。后世将其称为战国诸子百家。根据《汉书·艺文志》记载，诸子主要包括十家，也就是儒家、墨家、道家、法家、阴阳家、名家、农家、纵横家、杂家以及小说家等，实际上还应该加上兵家。在吕不韦当权时期，这些学派的精英人物陆续不断地来到了秦国，使得秦国出现了各家学派荟萃，各路人才济济一堂的景象，这在以往的历史上是从来都没有过的。

第三，养士编书。

吕不韦养士的目的是使各类人才都能够积极发挥自身的作用。后来，吕不韦组织门客编写了一部非常著名的《吕氏春秋》。这部书在学术史上被划入了杂家，换句话说，这部书中含有各种各样的思想，也可以说是

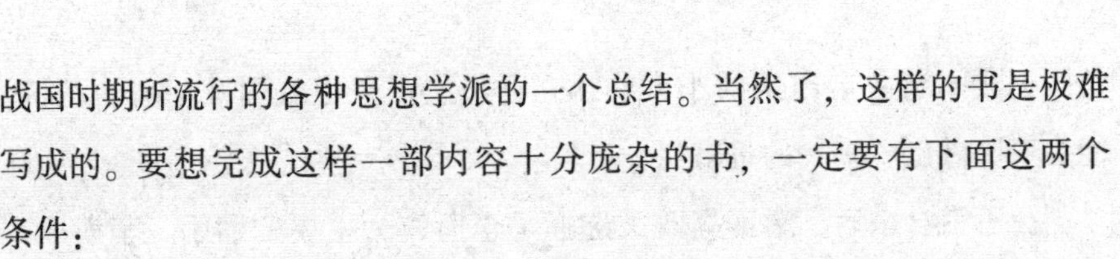

战国时期所流行的各种思想学派的一个总结。当然了，这样的书是极难写成的。要想完成这样一部内容十分庞杂的书，一定要有下面这两个条件：

第一，必须有人组织、策划，确定这部书的主导思想，即确定书的宗旨。这部书的提议与组织编写者都是吕不韦。在编写之前，吕不韦就向参与者说明了自己的指导思想。在这部书完成编写之后，也必须由吕不韦最后进行审核才可以通过。

第二，写书的作者要具有多样化的知识结构。编写这样一部包含各种学派以及各个学科的大书，如果只有一两个人，那是不可能的。所以吕不韦调用了自己众多门客为作者。而这些人大多数都是从东方来到秦国的士人。他们投奔了吕不韦，成为他的门客，然后，又在吕不韦的组织之下，承担这部巨作的写作工作。《史记·吕不韦列传》记载："吕不韦乃使其客人人著所闻，集论以为八览、六论、十二纪，二十余万言。"意思是说，吕不韦让他的门客们将自己的所见所闻都记录下来，综合起来就成为了这部大书，包括三部分，即八览、六论以及十二纪，共计二十多万字。

李斯成为嬴政的得力助手

秦王嬴政继位之后的前九年，国政大全一直掌握在吕不韦的手中。在秦王嬴政十二年，因为嫪毐的事情，吕不韦受到了牵连，在万般不得已的情况下，饮鸩自杀而亡了。从此之后，嬴政失去了帮助他治理国家的有利帮手。嬴政在舍弃吕不韦之后，就开始了他的统一大业。这个时候，寻找一个得力的助手是首要任务。在这样的背景下，嬴政起用了在那个时候还没有什么名气的李斯。在李斯的辅佐之下，嬴政逐渐地结束了诸侯割据的局面，创建了一个独立的中央集权国家。秦国几代国君的统一大业终于在嬴政时期实现了。

在秦国的统一大业上，李斯可谓是立下了汗马功劳。李斯，一个从楚国上蔡闾巷中走出来的小人物，究竟是怎样登上秦国政治舞台的呢？他为秦国做出了多大的贡献呢？

吕不韦自杀后，秦王嬴政又选择了李斯作为主要的助手。李斯原本是楚国上蔡，也就是今天的河南上蔡人，曾经在郡里做过小吏。有一次，李斯去厕所，看到厕所中的老鼠吃得相当不好，并且只要看到人或者狗就会吓得赶紧逃跑。后来，李斯去官府的粮仓中，看到那里的老鼠，住着很大的房子，没有任何的惊扰，吃、住都非常好，于是，就感慨道：一个人的一生是否能够成就一番大事业，就好比老鼠一般，关键看他处于何种平台之上。

这就是李斯很著名的“老鼠哲学”。李斯通过仓中鼠表达了他不甘贫贱，积极向上，努力追求功名利禄的心愿。曾经有很多专家都说，李斯的“老鼠哲学”属于一种十分自私的哲学。但是，我们不能因此就完全否定李斯的“老鼠哲学”。其实，它还是有一定的道理的。如果一个人拥有一个好的平台对于其实现自身的价值有着相当重要的作用。这也可以说是李斯对于人生的有效领悟。

“仓中鼠”的理想促使李斯不再甘心只做一个小吏，而想要成就一番大业。于是，李斯将官职辞去，前往齐国去求学，并且拜荀卿作为自己的老师。而荀卿是一个儒学大师，在当时很有名气，主要宣扬的是孔子的学说。然而，他并没有墨守成规，而是从那个时候的政治形势出发，将孔子的儒学进行了一番改造，因而荀子的思想与法家的主张十分接近，研究的重点在于怎样治理国家，也就是“帝王之术”。

李斯学成后，就开始认真考虑哪个国家更容易成就一番大业。在对各个国家的情况进行对比与分析之后，得出结论：楚王不会有什么大的作为，而其他各个国家也正在走着下坡路，只有秦国正在蓄势待发，向上发展，因此，他决定前往秦国。在出发前，荀卿询问李斯去秦国的原因的时候，李斯回答：“无论做什么事业都需要有一个合适的时机，如今正值各国争霸，这也是立功成名的一个好机会。这个时候的秦国正雄心勃勃地想要将天下统一，去秦国能够好好地干一番大业。”人活在这个世

界上，最大的耻辱是卑贱，最大的悲哀是穷困。如果一个人总在卑贱穷困的处境下，只会让人看不起。这就是李斯在人生意义以及荣辱问题上的观点，也是他以后所有活动的出发点和归宿，更是他积极进取、趁着大好时机建立功勋的动力。当然了，这也是他以后陷入罪恶深渊的根本原因。于是，李斯在与老师告别之后，就独自前往秦国去实现自己的梦想。

李斯打算前往秦国之时，在位的是秦庄襄王子楚。这个时候，秦国已经十分强大，统一天下的大势已经慢慢地明朗了。李斯将秦国作为自己实现抱负的地点，充分地显示出他已经敏锐而且准确地判断出了战国后期的天下大势。当李斯真正来到秦国的时候，正好庄襄王去世，嬴政继承王位。

由于当时嬴政还小，秦国的国政大权都在太后赵姬与吕不韦手中。因此，聪明的李斯马上前去吕府做了吕不韦的门客。这个时候，吕不韦已经是秦国的相国兼嬴政的仲父，尊贵达到了极致。李斯是一个很有才华的人，所以，没多久，李斯就得到了吕不韦的重用，被提升为郎（侍从），也因为这样才有了与秦王嬴政进行接触的机会。

有一天，李斯对秦王嬴政说："凡是做大事的人，都一定要把握时机。秦穆公时期，尽管秦国十分强大，但是却没有能够完成统一大业，这在很大程度上与时机还未成熟有关。自从秦孝公以来，周天子的力量已经日渐衰落，各个诸侯国之间也是连年不断地发动战争，秦国才趁着这个机会逐渐地强大起来。如今，秦国的力量已经非常强大，大王十分贤德，将其他六国消灭已经变得好像扫除灶上的灰尘那样容易，这个时候是完成统一天下大业的最佳时机，万万不能够错过。"嬴政非常欣赏李斯的这番见解，因此，就提升他担任长史之职。李斯在第二次见秦王嬴政时，又提出了一个建议。他说道："秦国在统一六国的战争上应当双管齐下，一方面应当充分利用秦国十分强大的军事力量；另一方面应当不惜金钱对六国的君臣关系进行收买、贿赂以及离间等。换句话说，那就是一方面使用兵力，一方面使用金钱来对付六国。李斯的这种战略与现代美国经常用“大棒加胡萝卜”的政策有点儿像，不过却比美国早了千年。对于李斯的这条建议，嬴政也表示支持与赞同，在正式实施之后，收到了良好的效果。就这样，嬴政又提升李斯为客卿。

然而，天有不测风云，人有旦夕祸福，当李斯正意气风发要大展宏图的时候，秦国却兴起了驱逐门客事件。

秦王政十年（前237），秦王嬴政忽然颁发了一个命令——将所有在秦国的六国的人驱逐出去。秦王的逐客令来得相当凶猛，一时之间，很多在秦国的六国人士都回到了自己的家乡。自从秦穆公以来，秦国一直对于网罗天下人才都非常重视，为什么秦王嬴政刚刚掌权就忽然间下令将六国人士驱逐出去呢？

原来，这个逐客令与一个国家有很大的关系。这个国家就是韩国。韩国与秦国相邻，在现在山西南部、河南西部一带，所以，很显然，它就成为了阻挡秦国向东扩张的第一道防线。因此，在范雎向秦昭襄王提出“远交近攻”，逐渐地将六国统一的战略之后，秦国就开始不断地蚕食韩国的土地，使其国土面积不断地减少。韩国在这样的情况下，想出了一个使秦国国力消耗的方法——让秦国大兴农田水利建设。

战国后期，尽管铁器已经在生产中得到了非常广泛地应用，但是生产力的水平仍然十分低下，而水利工程可以促进生产力的提高。不过，实施重大工程通常都需要动用全国的力量，所以，大规模地兴修水利工程必定会消耗大量的人力、物力以及财力。但是，韩国认为好大喜功的秦国会喜欢做这样的“傻事”。于是，他们派出了一个名叫郑国的人前往秦国进行劝诱，让秦国兴修比较大的水利工程。这件事情前文已经简单提过，在此，我们再详细地了解一下事情的来龙去脉。

为什么韩国要郑国前往秦国做间谍呢？因为郑国是一个非常著名的水利专家。他能够做出十分合理的工程设计，而且水利工程确实能成为秦国富农强国的一项政策，功在千秋、利在当代。这对于秦王嬴政而言，吸引力非常大。所以，嬴政最终对于这条长度约300多里的水渠的修建表示赞同。这条由西向东，横跨渭北高原的水渠，能够灌溉关中400多

万亩土地。由于这条水渠含有非常多的泥沙，利用泥沙对盐碱地进行淤灌，能够将盐碱地彻底变成良田。而且，这条水渠使关中的抗旱能力得以增强，促使关中成为秦国最为富庶的地区之一。历史上称这条水渠为“郑国渠”。

当郑国修建水渠正忙活的时候，他的身份暴露了。当秦王嬴政得知郑国是韩国的间谍时，非常生气，要将郑国立即杀掉。郑国在面对嬴政时，十分坦然地说道，刚开始的时候，我的确是以韩国间谍的身份来到秦国的，但是，修建这条水渠却真的可以给关中的农业带来非常大的效益，对于秦国是相当有利的……

正是由于这件事情，身在秦国的六国人士才遭到了驱逐。当时，担任客卿的李斯正得志，还未来得及施展自己的抱负，就被逼得离开了秦国，丢掉了十分难得的客卿身份。李斯心中非常不甘与愤怒。因为秦国在使用别国人才时，客卿是一个很重要的职位，从客卿再向上晋升，很快就可以成为朝廷的重臣。因此，压抑不住内心激愤的李斯向秦王嬴政递送了非常著名的《谏逐客书》。

在《谏逐客书》中，李斯列举了很多对秦国发展做出重要贡献的客卿，比如，由余、百里奚、商鞅、张仪等，而且还列举了在日常生活中，秦王嬴政所享用的产自其他国家的物品，明确地指出“逐客”属于一种因噎废食的行为，肯定会对国家带来危险，甚至可能导致国家灭亡，由此还提出招揽人才应当“河海不择细流”。秦王嬴政经过深思熟虑，觉得李斯的建议是合理的，所以最终接受了他的这些建议，将逐客的命令废除了。在秦国统一中国的过程中，李斯的这一次上书起到了非常重要的作用，可谓是“一言可以兴邦”。

根据历史记载，后来，李斯的职位不断地晋升，提出的很多建议都被秦王嬴政接受了，逐渐地成为了秦国举足轻重的大臣。

以五行学说巩固君权

秦始皇二十六年（前221），秦始皇统一中国的战争刚结束，就首先宣布了将六国吞并的正义性与合理性，与此同时，他还开始对秦王朝的正统地位进行确立。战国时期十分流行五行学说，也就是所谓的“五德始终”。此学说认为，五德相克，造成朝代更替，虞舜是土德，夏朝是木德，商朝是金德，周朝为火德，因为虞、夏、商、周各占一德，所以它们都是历史上正统的朝代。秦始皇对于五德始终说进行推论，认为周朝得火德，水能够克火，秦朝代替周朝，因此秦朝应当得水德。于是，秦始皇颁布了新的“正朔”，以十月初一作为一年之始，代表新朝代的诞生，并且把黄河（古称为河）的名字改为“德水”。依据五行学说，水德的特征就是黑暗阴冷、严酷无情，于是，秦朝就以黑色为上，衣服与旗帜等都是黑色的，以此来明确地表示秦朝得占水德，从而对秦朝的合理性加以肯定。与此同时，秦始皇还前往泰山举行了一场规模浩大的封禅典礼，以告祭天神地祇，从而进一步确立了秦朝在历史上的正统地位。

王朝的正统地位确立之后，接下来就是君王权位问题了。嬴政感觉“王”的涵义比较狭小，不能够将自己无量的功德与至上的权威彰显出来，就命令朝廷众位大臣商议尊号。各位大臣与博士们都觉得秦王统一天下，功业前无古人，远远地超过了五帝，鉴于古代有三皇而秦皇最为尊贵的传说，就建议将尊号定为“秦皇”，命为“制”，令为“诏”，自称为“朕”。秦王嬴政感觉自己的功劳可以与三皇五帝媲美，决定从“三皇”与“五帝”中各取一个字，号为“皇帝”，同时，还规定“制”、“诏”、“朕”为皇帝专用，其他人不准使用。秦始皇拥有整个帝国，其至高无上的地位与手中掌握的权力都是无人能比的，朝廷与地方的重要官职的任免都是由皇帝说了算。玉玺是皇帝行使自身权力的凭证，只有皇帝印才可以称作玺，只有玺才可以使用玉料。就这样，与朕、制、诏这些字一样，玉玺也成为了皇帝的专用物品，其他任何人都不得使用，这充分地体现出了皇帝拥有至高无上的权力。

在皇帝的名号与权位确定之后，皇帝的至亲也各自建立了尊号，皇帝的父亲称为“太上皇”，秦始皇在定号的那一年就尊自己的父亲，也就是庄襄王为“太上皇”。皇帝的母亲称为“皇太后”，皇帝的正妻称为

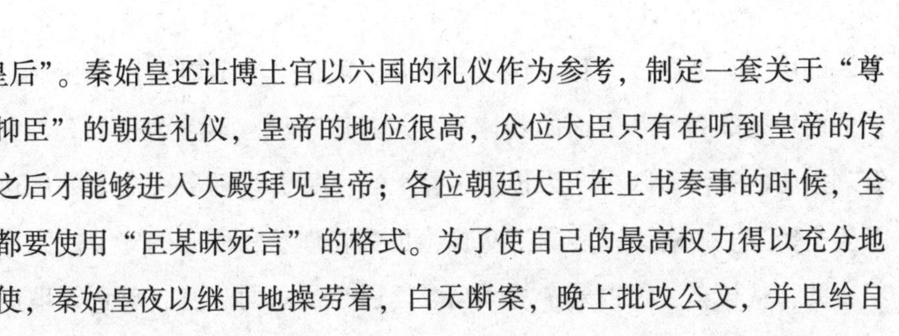

“皇后”。秦始皇还让博士官以六国的礼仪作为参考，制定一套关于“尊君抑臣”的朝廷礼仪，皇帝的地位很高，众位大臣只有在听到皇帝的传令之后才能够进入大殿拜见皇帝；各位朝廷大臣在上书奏事的时候，全部都要使用“臣某昧死言”的格式。为了使自己的最高权力得以充分地行使，秦始皇夜以继日地操劳着，白天断案，晚上批改公文，并且给自己制定了一个规矩，不批完一石公文（秦朝的公文使用的是竹简木牍，一石的重量大约就是现在的六十斤），就绝对不休息。

怎样处理中央与地方之间的关系呢？这也是一个非常重要的问题。对此，丞相王绾力主分封，在每一个封国设立一个国王。秦始皇将丞相的提议交给朝廷的各位大臣进行讨论，最终大家一致表示同意。只有新上任的廷尉——李斯对此表示反对，他力排众议，非常严肃地说道：“周文王与周武王曾经对不少同姓子弟进行了分封，但是，后代之间的关系就逐渐地变得疏远起来，直至相互进行攻击，就好像仇人一样，各个诸侯之间也是相互杀伐，周天子对此根本不能控制。如今凭借着陛下的神威，使得天下得到了统一，应当全都设置成郡县，对于有功之臣就用国家的赋税进行奖赏，这样就非常容易控制了。从此之后，天下也就没有二心了。因此，对于诸位大臣的意见，我不敢苟同。”秦始皇经过认真地思考，感觉李斯的意见是最为正确的，于是，就废除了分封之制，在全国设置郡县，将整个天下分成了36个郡，并且在全国范围内创建了一套对于中央集权与皇帝专制都非常有利的行政机构。

皇帝为整个朝廷的首领，皇帝下面设置三公九卿。所谓“三公”，指的是左右丞相、太尉以及御史大夫。在中央行政机构中，丞相属于最高的长官，他们的职责是协助皇帝对全国的政务进行处理，通常来说，国家大事都是丞相总领百官一起商议与上奏。在中央行政机构中，太尉是一个军事长官，协助皇帝对军事进行管理，但是在平常的时候是没有兵权的，只有收到皇帝命令与符节的时候，才有调动或者指挥军队的权力。而御史大夫的职责是发布政令转交给丞相颁布，御史大夫帮助丞相一起处理各种事情，并且有监察文武大臣的权力。所谓“九卿”，指的是奉常、郎中令、卫尉、太仆、廷尉、典客、宗正、治粟内史以及少府，他们的职责是掌管着各方面的具体事务。具体来说，奉常为礼教官，负责管理宗庙的礼仪。郎中令为传达、警上官，负责管理皇帝命令的传达以及安全警卫。卫尉为皇宫的卫队长，负责管理皇宫所有的守卫。太仆为皇帝的仆从长官，负责皇帝的车马。廷尉为最高司法官，负责管理刑法与审理十分重大的案件。典客为外交官，负责管理外交以及国内少数民族的事情。宗正为保护皇室利益的官，负责管理皇室族的各种事务。治粟内史为最高的财政官，负责管理全国的租税收入以及财政开支。而少府为皇帝个人的财务官，负责管理山海湖泊税账、宫廷手工业以及皇室的私有财产。

地方以郡、县为最基本的行政单位，下面分为乡、亭里以及什伍。郡中设置郡守的官职，是一个郡最高的行政长官，直接受到朝廷的管辖。在郡守下面设有郡尉的官职，其职责就是辅佐郡守，并且还兼管郡中各种军务，还有监御史的官职，其职责为监察管理。郡内又分成了若干个县，县内的人口在万户以上的就设置一个县令，不满万户的就设置一个县长，主要职责就是对全县的政务进行管理，受到郡守的管辖。县令、长下面还设有县尉的官职，主要负责县中各种军务。县内又可以分成若干个乡，乡中设有啬夫、三老、游徼等职位。啬夫主要负责管理乡中的各项事务，三老主要负责教化的工作，而游徼主要负责乡中的治安工作。交通要道通常会设亭，主管邮传与捉盗贼的工作。里是百姓的居住区，设有里长之职。百姓的基层组织为什与伍。十家为什，设有什长之职；五家为伍，设有伍长之职。什与伍之间互相进行监督，如果有人犯罪就会实施“连坐”。

秦朝所设置的这一套行政制度，一层一层地进行控制，实现了权力向上集中的目标。从朝廷到地方，再从郡县到乡里，形成了一个巨大的统治网，使得分散在地方上的权力慢慢地向上进行集中，最后都集中到了朝廷，再通过朝廷全部集中到皇帝的手里。这套行政制度，极大地促进了中央集权以及君主专制的进程。

焚书坑儒建长城

秦始皇三十四年（前213），咸阳宫中举办了一场规模盛大的宴会，70位博士一起举起手中的酒杯给秦始皇敬酒，这个场面让秦始皇非常感动。

周青臣作为这群博士们的代表，向秦始皇敬献祝词。他说道："以前的秦国，国土面积只不过有千里，位于西陲偏僻地区，凭借陛下您的英明神武，才使全中国得以统一。如今，日月所照的地方，全部都服从陛下。以前各个诸侯的土地也被现在的郡县代替，天下百姓安居乐业，再也不需要忍受战争之苦了。大秦帝国能够传万世之久。从古至今，没有一个人能够与陛下您的盛名和威德相提并论。"秦始皇心中很清楚，周青臣是用好听话奉承自己，然而，这番贺词说得也算是事实，所以，秦始皇听了之后心中很高兴。

忽然，博士群中传出一声"周青臣，你面谀陛下，居心何在！"的斥责，随后，一个人走了出来。众位大臣非常惊讶。秦始皇那个时候正在兴头上，这句斥责就好像一瓢冷水当头浇到了秦始皇的头上，秦始皇极力忍着心中的怒火，抬头看去，原来这个人是齐地博士淳于越。

淳于越说道："听说商朝与周朝都传承了千年的时间，原因就是其君王大封子弟与功臣为诸侯，以便更好地对王室进行辅佐。现在，陛下您已经坐拥整个天下，但是，陛下的子弟们却连一点儿土地也没有。如果出现了类似于齐国田常那样的大臣篡夺王朝大权，没有诸侯们进行辅佐该怎么办呢？我认为，没有哪一个王朝可以不效法古人而长久执政的。周青臣当着陛下的面一味地奉承陛下，只能使陛下的错误加重，所以周青臣不是忠臣，而是奸臣啊！"

淳于越说完之后，整个朝堂霎时变得非常安静，就连一根针掉到地上也能够听到。各位大臣们都很清楚，"田氏代齐"对于战国初年的齐国来说，是一件非常重大的事件。齐国起初的国君为姜太公，因此，齐国的国姓为姜。田氏到了齐国后，慢慢地发展起来。田氏极力地收买民心，于是，齐国百姓都纷纷投奔了田氏，田氏的势力不断地增长。最终结果是，田氏将其他公族的势力全部铲除，并且在公元前 378 年，代替姜太公成为了齐国的国君。这个非公卿家族代替国君的事例在中国历史上是非常有名的。淳于越担忧如果秦国不对子弟与功臣进行册封，将来极有可能出现相似的事件。淳于越的观点十分明确，即建议秦始皇恢复封建制，这实际上是专门针对秦始皇的郡县制而提出来的。

秦始皇听完淳于越的话之后，心中很清楚这是在对自己的郡县制度表示反对，非常生气。但是因为淳于越的这番话，涉及大秦帝国的江山以后是否还姓嬴的问题，所以，秦始皇将心中的怒火强行压制下去，对众位大臣们说道："这件事情到了上朝的时候再议吧。"

其实，在淳于越提出反对意见之后，丞相李斯首先站出来据理反驳。针对淳于越所提的观点，李斯可以说是针锋相对。最后，李斯提出建议：各类史书中，不是秦国史官写的，一律销毁。不是博士官职务所需要的，各地藏着的《诗》《书》以及诸子百家的书籍，全都交给郡守处一起销毁。如果有谁胆敢藏匿或者聚集在一起谈论《诗》《书》，全部处于死刑；如果有谁胆敢利用古代的事情对现代进行非议，那么将会被灭掉全族。官员知道实情而没有禀报的，与之同罪。一个月内没有销毁相关书籍的人，就处以黥刑，并且罚作城旦（城旦是古代的一种刑法，刑期为四年，白天守城，晚上筑城）。不过，医药、卜筮以及农家的书籍没有被列入禁毁的行列。以后如果有人要学习法令，就跟随官吏们进行学习。

秦始皇听了李斯的建议之后，觉得可行，就马上下令执行。就这样，百害而无一利的焚书令产生了。起因只不过是一场政治制度的争论，秦始皇就能够颁发这种政令，由此可见，秦始皇是想要使用暴力手段对舆论加以控制，从而使自己的政权得以巩固，这属于一项退步的政策。这就是秦始皇的"焚书"事件。那么，令世人无比震惊的"坑儒"事件又是什么情况呢？

秦始皇三十二年（前 215），秦始皇开始称帝后的第四次大巡游。这

次，北方的边地是他主要巡视的地区。在这次巡游过程中，他碰到了燕人卢生，就派卢生前去为自己寻找仙人，以便求得长生不老之药。于是，卢生就领命到海外去寻找仙药，但是，不仅没有找到长生不老的仙药，而且还给秦始皇带回来了“亡秦者胡也”的谶言。同年，秦始皇因为求仙心切，又派遣韩终、侯生以及石生等一大批方士前去寻找长生不老的仙药。

秦始皇三十五年（前 212），卢生没有找到仙人，就建议秦始皇将自己的行踪隐藏起来，避免打扰“真人”的光临。后来，秦始皇就废除了“朕”，改用“真人”作为自称。接着又发生了一起恶性事件：秦始皇的随从告诉李斯，秦始皇对于他车队盛大十分不满。秦始皇就将自己对李斯进行评论的时候，当时在他身边的侍从全部处死了。

“焚书”与处死随从的事情发生后，侯生、卢生非常害怕，他们害怕自己找不到长生不老药会受到秦始皇的严酷处罚，就聚集到一起对当时的朝政以及秦始皇进行议论。这场议论涉及很多十分敏感的话题，比如，秦始皇的为人、为政以及求药等。而且侯生、卢生等人对于秦始皇的评论几乎都是负面的，比如刚愎自用、自以为是、专任刑杀、迷恋权力等。

侯生、卢生经过这一番议论后，都感觉如果再在秦始皇身边待下去，他们很可能会丢了性命，所以在议论完之后就跑得无影无踪了。但是，因为没有做好保密工作，秦始皇很快就知道了侯生、卢生在背后议论自己的事情，而且此二人已经畏罪潜逃，这让秦始皇非常生气。

秦始皇觉得侯生、卢生等人花费巨资，不仅没有为自己找到长生不老的仙药，而且还在私底下妄论朝政与自己。于是，秦始皇下令将京城咸阳的诸生全部逮捕，并且派人私下进行寻访调查。秦始皇为这件事情定了一个基调：“或为妖言以乱黔首。”这就等于秦始皇已经为侯生与卢生的议论朝政和逃亡定为针对秦朝的妖言惑众罪。接下来就是大面积的逮捕与审讯，被捕诸生又相互进行揭发，总共牵连了 460 人。最后，秦始皇活埋了这 460 人，并且颁发告示，通告天下，以此为戒。

在此期间，皇长子扶苏向秦始皇进谏：“天下才平定下来，远方的百姓还没有完全地臣服。诸生均为读书之人，陛下使用这么重的刑罚对待他们，极有可能会让天下之人感到不安的。”对于扶苏的这番话，秦始皇自然是听不进去的。不仅这样，扶苏还因为此次进谏而被秦始皇派到了北方到蒙恬长城军团做监军。实际上，这就相当于将扶苏贬出了京城。这就是历史上非常著名的“坑儒”事件。

秦始皇利用“焚书”与“坑儒”事件，在很短的时间内，就控制了舆论，实现了包括思想在内的大一统的历史格局。但是，千百年来，人们一直将“焚书坑儒”当作秦始皇残酷统治的证据，秦始皇也因此被唾骂了两千多年。

除此之外，秦始皇时期所修建的万里长城，又给这个“千古一帝”带来了毁誉参半的历史评价。有的人认为秦始皇在将六国吞并之后又修建长城，其目的就在于防御外敌的入侵，使百姓能够过上安居乐业的生活，所以，长城也象征着中华文明。有的人却认为万里长城象征着秦始皇的暴政，那里的每一块城砖都包含着无数农夫的血汗，都是秦始皇蹂躏百姓的历史见证。

秦始皇的功与过

秦始皇是中国历史上一位不可多得的政治家，是世界上最早的封建王朝的建立者。他所实施的每一项措施都具有历史性，也具有创造性。

首先，在法令方面，颁布了统一法律。在商鞅变法时期，秦国使用的法律蓝本是魏国的李悝著的《法经》，秦始皇将六国统一之后，命令全国推行秦国的法律，从此之后，战国时期各个国家法律条文不一致的情况就结束了。

秦国的法律非常苛刻严明，尤其是对待官吏，很多法律条文都是专门针对官吏而设置的，官吏犯错，必须加倍处罚，绝对没有被宽恕的余地。因此，秦朝时期，吏治十分清明，所有的官吏都不敢有一丝一毫的贪污受贿，也不敢玩忽职守，办事的效率非常高。除了法令之外，秦始

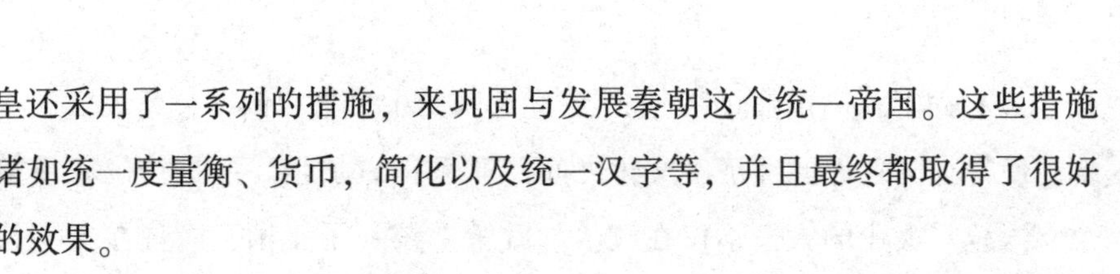

皇还采用了一系列的措施，来巩固与发展秦朝这个统一帝国。这些措施诸如统一度量衡、货币，简化以及统一汉字等，并且最终都取得了很好的效果。

在国家疆土方面，秦始皇完成统一大业之后，又派蒙恬攻击北边的匈奴，从而使匈奴对于秦朝北境的威胁得以解除。后来，秦始皇又在那里设立了 34 个县，转移居民，开垦土地。为了更好地防御匈奴南侵，秦始皇把原来秦国、赵国以及燕国这三个国家已经修筑好的长城连接到了一起，作为秦王朝的北疆。长城西起陇西临洮，也就是今天的甘肃岷县，东到辽东，即今天的大同江附近地区，延绵不断，有万里之长，成为了世界上非常著名的一个奇迹。

与此同时，秦始皇也将“南越”居住的岭南广大地区征服并统一。五岭地势险要，山高水险，交通也十分不便，于是，秦始皇就在现在的广西兴安县北开凿了一条沟通湘、漓二水，使得长江与珠江两大水系联系起来的灵渠，从而解决军粮的运输问题。此外，为了方便内地和岭南地区的交通运输，秦始皇又命人修建了一条“新道”。将岭南地区统一后，秦始皇在那里设立了南海、桂林以及象郡，作为秦王朝南部的边郡，并且徙民进行戍守，与越杂居。从大体上来说，北筑长城与南戍五岭这两项大工程的完成，将秦王朝东到辽东，西到陇西，北到阴山，南到南海的帝国疆域给非常明确地划出来了。

随着秦国的势力逐渐强大起来，秦始皇也变得越来越骄傲自大。他十分狂妄地宣称：“朕为始皇帝。后世以计数，二世三世乃至万世，传之无穷。”然而，秦始皇的这个美好理想最终却没有实现，大秦王朝传到秦二世就灭亡了。但是，秦始皇终归是中国历史上的首位皇帝，因此，他的的确确可以说是名留青史了。

秦始皇统一全国，建立中央集权制度，极大地促进了中国历史的发展。

他领导了统一战争，使春秋战国以来将近五百多年的诸侯割据混战的局面结束了，给社会创造了一个安定的环境。那个时候，天下黎庶全都“虚心面上，高山仰止”。他所建立起来的中央集权制度，完成了大一统，使得全国各地的经济、文化之间的联系得以加强。他是首位完成整个中国统一大业的人，不仅在政治与政策上统一了中国，而且在文字与文化上也统一了中国，奠定了中国长时间统一的基础。虽然秦朝的政治十分暴虐，国家存在的时间不长，但是，秦始皇所创建的制度，在中国一直延续了两千多年。秦始皇为中国历史与文明的发展做出了突出的贡献。

不过，秦始皇是一个非常典型的双重性人物，他有很大的功劳，也有很大的过失，所以，在历朝历代受到大多数人的唾骂。因为秦始皇的性格非常残暴，他将大量的诗书图籍烧毁，严重地破坏了中国的文化发展；他将很多议政的方士以及儒生活埋，钳制了百姓的思想；他推行非常严苛的刑罚，十分繁重的税赋，使百姓的生活负担异常沉重；他大兴土木，修建宫室，修建坟墓，耗费了大量的金银，这些都是老百姓的血汗钱；他连年征兵，到处打仗，使得广大百姓痛苦不堪。最终，被逼得走投无路的老百姓举起义旗，反抗朝廷，最终将秦王朝彻底推翻了。这也是秦朝迅速灭亡的根本原因。

总之，秦始皇，这位千古一帝，既有功也有过。不过，如果将秦始皇的功与过相互比较，他的功还是远远大于他的过的。他统一中国的伟大功绩，是谁也抹杀不了的，也是谁也不会忘记的。因此，在中国芸芸众多的帝王当中，秦始皇嬴政的大名应该排在第一位。

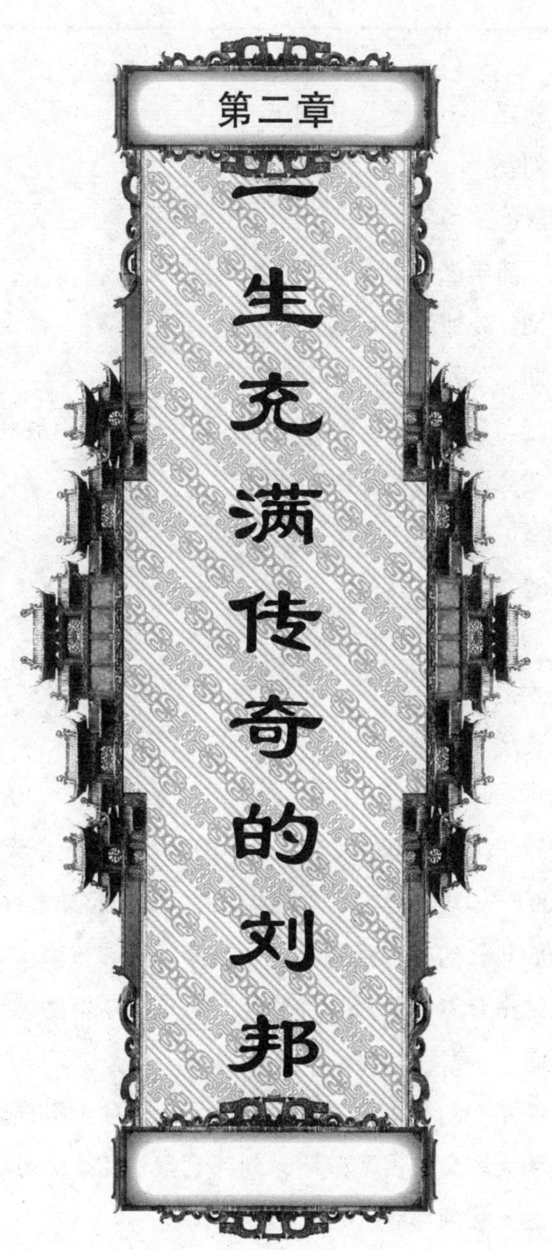

第二章

一生充满传奇的刘邦

皇帝档案

☆姓名：刘邦

☆别名：刘季

☆民族：汉族

☆出生地：沛丰邑中阳里（今徐州丰县）

☆出生日期：公元前256年

☆逝世日期：公元前195年

☆主要成就：反抗暴政，推翻秦朝；楚汉之争取得胜利，建立汉朝；维护统一，稳定国家局面；开创汉文化

☆在位时间：公元前202年~前195年

☆享年：62岁

☆谥号：高皇帝

☆庙号：太祖

☆陵墓：长陵

☆生平简历：

公元前256年，刘邦出生在沛丰邑中阳里，也就是今天的徐州丰县。

公元前209年，刘邦召集众人响应陈胜、吴广起义，称为沛公。

公元前206年，刘邦率兵进入关中，秦王子婴投降，秦灭亡。刘邦与关中百姓约法三章，受到百姓的欢迎。后来，项羽摆下鸿门宴招待刘邦，二人明争暗斗，最终刘邦侥幸逃脱。

公元前205年，刘邦率军攻取彭城，后来，项羽率领大军将彭城夺走，同年，项羽大军又攻占了荥阳，刘邦仓皇逃跑。之后，项羽又拿下了重镇成皋，后又被刘邦夺了回去。

公元前204年，在楚汉双方对战过程中，项籍以凌厉攻势再次夺下成皋。

公元前203年，刘邦再次收复成皋，与楚军在荥阳东北的广武山形成了一种相互对峙的状态。

公元前202年，刘邦与项羽在垓下对战，最终项羽自刎而亡，楚汉战争结束。同年，刘邦称帝，历史上称为汉高祖。

公元前200年，韩王信投靠匈奴，刘邦亲自率兵前去征讨，大败而归。后来，与匈奴之间采取和亲政策，用以缓和双方之间的关系。

公元前195年，刘邦去世，享年62岁。

人物简评

刘邦是中国封建历史上首位平民皇帝，首位在较短时间内将中国统一的皇帝，首位利用宣传战给对手以打击的皇帝，首位创作楚声短歌的皇帝。他所创建的大汉王朝，象征着中国封建社会的繁荣昌盛。刘邦，这样一位从平民百姓坐上至高无上的皇帝之位的传奇人物，为中国历史的发展做出了突出的贡献，也留下了很多令人讨论不尽的话题。对于刘邦的评价，特别是人品的评价，向来都是莫衷一是，存在很大分歧。充满讽刺意味的“流氓”、“无赖”等词语，极尽褒奖的“睿智”、“豁达”等词语都会出现在刘邦的评论栏中。但是，不管怎么说，刘邦为中国所作出的贡献，我们不能抹杀。刘邦为人处世中的很多手段与智慧，值得我们每一个人学习与借鉴。

生平故事

传奇出生　娶妻发达

在大秦王朝以前，丰县城东北距城大约有五六里的地方有一条名叫泡河的大河，在河上有一座很大的石拱桥，人们通过这座石拱桥在河的两岸穿梭。那个时候的泡河，河床非常宽，水面平缓而柔和，无论是在太阳光的照射下，还是在月光映射下，遥遥望去，水面上细波不断地闪动，就好像鱼鳞似的。这条泡河就如同一条长长的蛟龙横在地面上，而石拱桥就仿佛是搭在蛟龙身上的马鞍。在拱桥的北边有一片好像明镜一样的水泊，人们将其成称为“大泽”。淡淡的雾霭经常笼罩在大泽的水面

上，形成水天一色，茫茫苍苍的景象，呈现出了一种朦胧美，令看到它的人不禁流连忘返。

刘执嘉是一个从城西北乡村迁到城里的普通人。刘执嘉为人比较随和，与街坊邻居相处得十分友好。他的妻子刘媪也非常喜欢帮助别人。所以，夫妻二人在城里非常受人尊敬。

有一天，刘执嘉去城东北面田中耕作，快到了吃午饭的时候，妻子刘媪就将事先做好的饭菜给刘执嘉送去。谁知，刚刚走了一半的路，就发现天气忽然大变，原本晴朗的天空一下子就变成了乌云密布，电闪雷鸣，漫天的黑云就好像浓浓的黑烟一样飘了过来，眼看就要下暴雨了，刘媪非常害怕，就一边往田里跑，一边叫喊。刘执嘉在田中隐隐约约地听到妻子的喊声，但是他抬头向四周看了看没人，就以为是自己听错了，没有当回事。

当刘媪刚刚跑到桥前的时候，暴雨突然停了，但是雷声依旧接连不断响彻在耳边。刘媪在无奈之下就躲到了桥下，蹲在地上，捂着耳朵，惊惶地喊着丈夫的名字。突然，天空中一条黑色的巨龙直奔刘媪扑来，刘媪相当害怕，当场就晕了过去，失去了知觉。不过，刘媪在迷糊之中感觉到那条黑龙缠绕在自己的身上。这个时候，在地里干活的刘执嘉也清楚地听到了妻子刘媪的叫喊声。于是，他慌慌张张地前去迎接妻子。当他看到在电闪雷鸣中，突然飞出一条黑龙压在桥下妻子的身上的时候，霎时就惊呆了，过了好半天才反应过来。

刘执嘉匆匆忙忙地赶到桥下，看到妻子躺在地上已经昏迷不醒，连忙上前将妻子抱在自己的怀中，不停地喊她的名字。刘媪在昏迷之中似乎感觉到有人在不断地喊着自己的名字，猛地就打了一个冷颤，然后醒来了。当刘媪慢慢地睁开眼看到自己的丈夫时，万分慌乱的心才悄悄安定些，看着丈夫长长舒了一口气。刘执嘉见状破涕大笑，问妻子："刚才是不是把你吓坏了?"刘媪心神不安地告诉丈夫："刚才真的要把我吓死了!"然后，刘媪又将似乎在梦中看到有一条巨大的黑龙缠绕在自己的身上对丈夫刘执嘉说了一遍。刘执嘉听了之后，心中七上八下的。但是，他又想起一位风水先生曾经给他们家看阴阳宅算卦的事情，心情这才稍稍平静了一下，心想：难道刘家果真选择了一块风水宝地，后代中真的会出一位帝王吗？于是，他就对妻子说："别害怕了，我们现在回家吧。"这个时候早已经雨过天晴，夫妻二人相互搀扶着回家了。

令人没有想到的是，没多久，刘执嘉的妻子刘媪发现自己怀孕了，在怀胎十月后生了一个儿子，他正是后来创建大汉王朝的高祖皇帝——刘邦。

刘邦的家境十分寒微，世世代代都是务农的，不懂得如何取名字。因为古代兄弟排行的次序是以孟、仲、季相列的，而刘邦是家中的老三，所以父母就为他取名为刘季。后来，他经过高人指点才改名为刘邦。

刘邦小的时候，父母根本就没有想过让他去读书，一方面可能是因为当时他们家里实在太穷了，另一方面可能是因为老实巴交的父母根本就不明白读书的重要性。所以，刘邦也就没有正儿八经地进过课堂。尽管不是文人举子，但是刘邦却"不事家人生产作业"。刘邦不愿意种地，但是又没有别的什么事情可以干，所以就整天游手好闲，来回逛荡。父母多次管教，他根本就不听。久而久之，父母也就不管他，听之任之了。

也许在刘邦看来，种田是一种非常单调乏味、沉重苦闷的行当，而且没有什么出息。自己的父母辛辛苦苦地干了一辈子，累得腰都直不起来了，但是却仍然是食不果腹、衣不蔽体。如果自己像父母那样只知道种地，那么一辈子也会像他们那样活。但是，刘邦不甘心过那样的日子，他的心中经常涌动出一股朦朦胧胧的豪情壮志，总是感觉自己与别人不同，自己将来肯定能干出一番大业。然而，当他跃跃欲试的时候，却找不到任何一条令他施展抱负的道路。

最后，刘邦不得不把自己满腔激情努力地压在心中，心情极其苦闷，每日只能喝酒玩乐，醉得分不清东南西北，玩得不知道西北东南。一旦喝醉了，言行也就无法控制了，所以，刘邦喝醉时常常躺在地上，一会

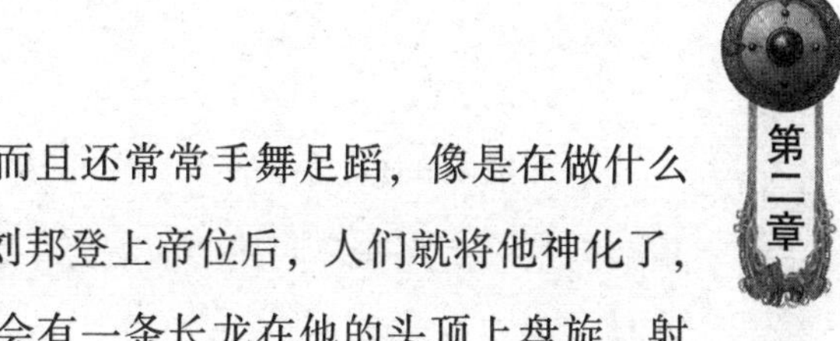

儿呕吐不止，一会儿又破口大骂，而且还常常手舞足蹈，像是在做什么动作，样子非常难看。不过，后来刘邦登上帝位后，人们就将他神化了，说他年轻的时候，每当喝醉酒时就会有一条长龙在他的头顶上盘旋，射出一道非常迷人的光彩。

因为没有一个正当的职业，所以自然不会有比较稳定的收入。但是，每天吃喝玩乐都是需要钱的，于是，刘邦就采取流氓的手段获得所需的银子。这也决定了他年轻时的名声不会好。但是，长时间的流氓生活也让刘邦得到了不少的利润，钱财不仅来得快，而且也去得快，也因为这样才使刘邦养成了乐观开朗、乐善好施、豁达大度的性格。因为不用为生活发愁，所以，他行动比较洒脱，十分擅长通达权变。因为经常走东串西，所以，他见多识广，视野也比别人开阔许多。尽管他经常遭到他人的非议，但是他却也不被世俗左右，不受传统观念的束缚。

直到壮年的时候，刘邦才做了一个小亭长。不管这个职位他是通过什么手段获得的，但这都是他人生的第一次转折。亭长这个官职虽然非常小，但是毕竟也算有了一份比较稳定的收入，而且也得到了社会的认可。于是，刘邦走马上任之后，街坊邻居，乡里百姓都开始亭长长、亭长短地称呼刘邦，这让他的自尊第一次在某种程度上得到了满足。不过，他并没有就此满足，尽管当时他还没有十分远大的目标与追求，但是他总觉得未来的自己绝对不会仅仅是一个小亭长。

有一次，刘邦为了应征徭役而前往咸阳。在那里，他见到了秦始皇外出巡游时候的车驾仪仗，那浩大无比的气势和至高无上的尊严将他埋藏在内心深处的那股朦胧的强烈欲望唤醒了，于是，他不禁发出“哎，大丈夫当如此也”的感慨。当然了，对于皇帝的高贵与荣耀，他也只是在心中羡慕与向往了一下而已，并未将其作为自己的人生目标，因为那对于当时的刘邦来说，只不过是空中的楼阁，太飘渺了。然而，这想也不敢想的梦想，最终却真的实现了，刘邦登上了龙椅宝座，成为了汉朝的开国皇帝。

刘邦成功的原因有很多，但是妻子吕雉的辅佐却是不可缺少的一个重要因素。刘邦在未起兵之前就娶了吕雉作妻子。说起刘邦娶妻的过程，可是十分有意思的。

论长相，刘邦有一个高高的鼻梁，漂亮的胡须，腿上有黑痣 72 颗，总是带着一个自己编的竹冠，当地人称之为“刘氏冠”根本算不上俊美。论前程，当时虽然他挂着一个亭长的小官职，但是他仍然是不事生产，整日游手好闲，所以，没人有愿意将自己的女儿嫁给他。这样一来，刘邦都 40 岁了也没有娶上媳妇。

这一年，单父吕公由于躲避仇敌迁到了沛县。因为吕公是一个很有威望的名士，并且与沛县县令有着很深的交情，所以他刚到沛县，县令就他准备了接风的酒宴。而沛县的那些豪门望族为了讨好县令，巴结吕公，都前去道贺。于是，萧何在筹办这场酒宴的时候就规定：凡是不满一千贺钱的，都只能坐在最下面。而一分钱都没带的刘邦为了能够坐上上座，在进门的时候故意神气十足地诈称“贺万钱”，于是他就被安排到了上座。吕公在得知这件事情，并且见到刘邦本人之后大惊，吕公觉得刘邦不仅聪明机智，懂得变通，而且面相看着十分有福气，将来肯定会有大出息的。于是，吕公决定将自己的女儿吕雉嫁给他为妻。

当时，刘邦已经 43 岁，而吕雉也 28 岁了，不管是在古代还是在现代，这两个人都属于大龄青年。在此之前，刘邦没有成亲时因为他游手好闲，没人愿意嫁给他；而吕雉没有嫁人，是因为她一直在等一个好夫婿。所以吕公选中刘邦做女婿之后，他的妻子与女儿吕雉都不愿意，但是吕公却坚持自己的意见，并且训斥她们：“你们女人家什么都不懂!”就这样，吕雉嫁给了“混混”刘邦为妻。

成亲之后，吕雉为刘邦生了两个孩子，即后来的汉惠帝刘盈与鲁元公主。尽管吕雉的娘家十分富有，但是嫁给家庭条件一般的刘邦之后，也需要常常做农活儿。有一天，吕雉与两个孩子正在田地中干活，突然来了一个讨水喝的老人。这位老人喝完水之后对吕雉说道：“夫人，您是

天下的贵人啊。”刘邦回家后听说了这件事情，就急忙追上那位老人，让其也为自己看看相。老人看完后对刘邦说了四个字：“贵不可言。”后来，还真的应了老人的话，他们都成为了富贵之人。

刘邦登基做了皇帝，妻子吕雉顺理成章地登上皇后之位，儿子刘盈被立为太子。为了使自己的江山更加稳固，刘邦先后将韩信、彭越等功臣全部除掉了。在这些事情上，皇后吕雉出了不少力。根据历史记载，彭越因为被人告发谋反，刘邦就派遣使者将其逮捕了，然后囚禁在洛阳。后来，刘邦将彭越贬为庶人，流放到蜀郡青衣，也就是今天的四川芦山县。在前往的蜀郡的途中，彭越非常巧地遇到从长安回到洛阳的皇后吕雉。于是，彭越就向皇后吕雉哭诉自己是被人冤枉的，自己根本没有罪，不求能够官复原职，只想能够让自己回到故乡昌邑。皇后吕雉听完彭越的哭诉后，立即答应为他主持公道，带他一起回到洛阳。刘邦得知这件事情之后，非常不高兴。但是，皇后吕雉却告诉刘邦：“我这样做并不是为了救他，与皇上作对，而是在帮助皇上。彭越是一位很有声望的壮士，倘若将他流放到蜀地，那不等于给自己留下了一个很大的祸患吗？所以，我才会将他带回来。我们现在要做的就是尽快将他杀掉。”

刘邦觉得吕雉说得很有道理，就同意了吕雉的做法。于是，吕后就在暗地里指使人告发彭越继续谋反，当然了，这多半属于诬告。但是，这不是最重要的，最重要的是，刘邦与吕雉想要借机除掉彭越。所以，彭越最后落得了一个被诛灭三族的下场。而且，刘邦在杀了彭越之后，还非常残忍地将其剁成了肉酱，做成了人肉丸子，送给那些有功之臣，强迫他们吃下去，以此来警告那些想要造反之人。

吕雉的性格十分刚毅，当年刘邦在到处征战的时候，她与谋士萧何在后方留守，并且协助刘邦处理后方的所有事务，为刘邦打天下立下了很大的功劳。所以，吕雉也可以算得上是一位开国功臣。不过，在刘邦、刘盈死了之后，吕雉就开始把持朝政，干预政事，时间长达九年之久，历史上称其为吕后。

精彩的楚汉之争

在刘邦于沛县举义起兵的同时，项梁与项羽叔侄二人也在吴中（今江苏吴县）起兵反秦。因为项梁与项羽是原楚国贵族后裔，其号召力很强，所以他们将会稽郡守杀了之后，没多久就组建了一支八千人的队伍。六国其他贵族看到这样的局势之后，也开始纷纷举兵，自立为王。

秦二世元年（前209）十二月，轰轰烈烈的陈胜吴广起义的首领之一陈胜被一位名叫庄贾的车夫给杀了。第二年（前208）六月，项梁得知陈胜真的已经死了之后，就在薛县将各部的将领全都召集起来，立了楚怀王，定都盱台（今江苏盱眙）。这个时候，秦朝大将章邯已经灭掉了魏国与齐国。同年七月，项梁与项羽的队伍经过一段时间的休整后，便开始反攻秦国，并且连连得胜。因此，项梁开始变得骄傲起来，再也听不进他人的进谏。九月，章邯在得到秦关中的军队支援之后，趁着夜色向定陶发动突然袭击。结果楚军被打得落花流水，项梁也被敌军杀死。章邯在将项梁杀死之后，错误地认为楚国已经不再有什么威胁了，就渡河向赵国发起猛烈的进攻。面对这样的局面，赵王立即给楚怀王写了一封信，寻求救援。在收到赵国的求援信之后，楚怀王马上将众位将领召集起来，一起商讨对策，最终，大家一致同意兵分两路：一路以宋义作为上将军，项羽作为次将，范增作为末将，北上营救赵国；一路以刘邦为将向西前进，进入关中。楚怀王曾经与各位将领定下了一个约定：谁先进入关中，就称谁为王。

公元前206年八月，经过不断地征战之后，刘邦率领部队攻进了武关，继续逼近咸阳。秦相赵高将秦二世杀死之后，就派人前往刘邦部队所在地求和，但是，刘邦却没有答应赵高的请求。九月，秦王子婴继承王位，他将赵高杀死后，就派了大量的兵马在峣关抵挡刘邦大军前进。于是，刘邦率领大军绕过峣关向秦国发起猛烈的进攻，在蓝田之南将秦

朝的大军打得七零八散，接着到了蓝田地区再一次击败了秦朝大军。十月，刘邦就率领大军来到了咸阳东郊霸上，也就是今天陕西西安东。秦王子婴眼看着大势已去，不可挽回，在万般不得已的情况下，乘坐素车白马，脖子上系着一条纯白色的带子，手中捧着传国玺印前去见刘邦，表达自己投降的心意。到这个时候，大秦王朝彻底灭亡了。

十月，刘邦进入咸阳之后，就开始以“关中王”自居，打算住在皇宫当中，好好地享受一下荣华富贵。大将樊哙立即提醒刘邦千万不能重蹈秦朝的覆辙，但是，刘邦听了之后却不以为然，继续任性妄为。谋士张良也向刘邦进谏说道：“大秦王朝的统治是非常残暴而且无道的，因此，你才有了进入关中的机会。你打着为天下人除去残暴的秦王朝的旗号进入关中，首要任务就是，做好朴素的表率。如今，我们才刚刚进入关中皇宫，你就想着安平享乐，这就是人们常说的‘助桀为虐’，更何况‘忠言逆耳利于行，良药苦口利于病’。尽管樊哙所说的话不太好听，但是为了将整个天下夺到手中，我非常希望你能够听从他的劝说。”刘邦听了张良的话，觉得是这个道理，于是才收起了寻欢享乐的念头而“封秦重宝财物府库，还军霸上”。

项羽将秦朝的主力部队消灭之后，也率领自己的部队向关中前进。汉王元年（前206）十二月，项羽率领大军来到了函谷关。当项羽得知刘邦已经平定关中的消息之后，非常生气，立即命令当阳君英布将函谷关拿下，之后，项羽就率领四十万大军来到了戏下（今陕西临潼东北戏水西岸）。这个时候，谋士范增极力劝说项羽赶紧将刘邦除掉。项羽听从了范增的建议，下令犒赏全军，于第二天早晨向刘邦的军队发起进攻。那个时候，刘邦的军队仅仅只有十万人，所以在兵力上完全处于一个劣势。

就在刘邦面临生死存亡之际，来了一个救星。这个救星就是项羽的叔叔——项伯。项伯为什么要救刘邦呢？原来，刘邦的谋臣张良曾经救过项伯的命，所以，两个人的关系非常好。所以，当项伯得知项羽将要率领大军攻打刘邦的时候，就连夜赶到刘邦的军中，找到张良，想要将他带走。但是，张良却没有答应，他说道："沛公对我有知遇之恩，现在他有大难，我不能就这么悄悄地溜走，即使要走，也必须将这件事情告知他。"于是，张良就把项羽的计划告诉了刘邦，刘邦听后十分惊慌，让张良赶紧想办法。张良想了想，说道："你如今应当亲自去见项梁，并且向他说明，你不敢有一丝一毫背叛项王……"

于是，刘邦摆了上好的酒菜招待项伯，并且与项伯约为儿女亲家，然后，他信誓旦旦地说道："我入关之后，不敢动用里面一丝一毫的东西，而且还立即下令登记吏民，封存府库，以便等着项王的到来。因为担心出现盗贼或者其他的意外，所以才派遣了一些将士守关。我天天盼着项王的到来，怎么可能反叛呢？希望您可以在项王的面前，替我说明情况，表明心意。"项伯答应了刘邦的请求，并且对刘邦说："你明天早晨必须亲自前去项王所在地，跟项王赔礼道歉。"刘邦立即点头答应了。于是，项伯又连夜返回了军中，将刘邦对他所说的话一字不差地告诉了项羽，并且劝导项羽："倘若不是沛公先将关中攻破，你怎么可能如此顺利地入关呢？他是立了大功的，你不应当向他发兵。"项羽听了项伯的话，觉得有道理，就将进攻刘邦的计划取消了。但是，范增却坚持自己的意见，极力劝说项羽将刘邦除掉，否则，日后肯定会成为一个大患的。这才有了历史上非常著名的"鸿门宴"。

第二天早晨，刘邦就带着张良、樊哙以及一百多个将士来到了项羽大军的驻地，向项羽赔礼道歉。在项羽宴请刘邦的酒宴席上，两个人明争暗斗，剑拔弩张，项羽差一点儿就将刘邦杀了，但是最终还是有点儿不忍心，让刘邦找了一个理由逃走了。鸿门宴之后，项羽马上率领大军进入咸阳城，将秦王子婴杀死，将秦宫室烧毁，掳掠了很多财物与妇女之后东归了。

四月，项羽命令各个诸侯都回到了自己的封地。刘邦在无奈之下，只能前往南郑。那个时候，项羽只给了刘邦三万兵马，加上几万自愿随行的人，也不足十万人马。因此，刘邦为了防止其他各路诸侯的袭击，

也为了消除项羽的戒心，让其认为自己没有再争夺天下之心，就接受了张良的建议，烧毁了通往汉中的栈道。就这样，从陈胜吴广起义反抗秦朝到秦朝彻底灭亡，持续了三年的战乱暂时告一段落。

但是，野心勃勃的刘邦怎么可能甘心做这么一个受封的汉王呢？他没有马上站出来反对项羽，只不过是考虑到自己势单力薄，还不能抵抗项羽罢了。不过，刘邦到了南郑后，情况发生了很大的变化：一方面，刘邦手下的将士们大多水土不服，想要东归，他一定要马上做出决断；另一方面，由于项羽分封得不是很均匀，齐国的田荣率领部众反叛项羽，刘邦认为这是一个东进的好机会，于是，决定出关与项羽一较高低。正在这个时候，丞相萧何又向刘邦推荐一位军事奇才——韩信，并且说道："必欲争天下，非信无可与计事者"。于是，刘邦就任命韩信为军中大将。韩信就当时的局势，向刘邦提出建议："我们的军官与士兵都是山东（函谷关以东）的人，他们不习惯这里的水土，日日夜夜都在盼望着东归。如果我们能够借助这股士气，就能够创建大功。所以，我们应当马上下定决心，率领大军东进。"刘邦听了韩信的建议之后，十分高兴，就将整个部署作战计划交给韩信负责。

汉王元年（前206）五月，刘邦命令丞相萧何在巴蜀留守，负责管理后方的各项事务，自己则与韩信一起率领大军暗度陈仓（今陕西宝鸡东），没多久就把整个关中占领了，到此时，楚汉战争正式拉开了序幕。

汉王二年（前205）十一月，正当项羽率领大军与齐国、赵国进行激战的时候，刘邦率领大军出关向中原前进。汉军的声势非常浩大，56万大军东进讨伐楚军，没过多久，就将彭城拿下了。

项羽得知刘邦率领大军出关东进的消息之后，没有任何选择只能迎战。原本，他准备彻底攻破齐国之后，再全力与刘邦的大军进行对抗。但是，后来他收到刘邦大军已经将彭城占领的消息之后，就立即率领三万精兵，急急忙忙地赶回彭城。那个时候，刘邦还在彭城内设立酒宴，与各路诸侯一起庆功喝酒，而项羽的楚军在早晨的时候向汉军发起猛烈的进攻。只用了短短一天的时间，就把汉军打得惨不忍睹，汉军不得不沿着谷、泗二水败退，汉军十几万人被杀。而且，在灵璧（今安徽宿县西北）东濉水，项羽所率领的楚军又追上了汉军，结果又杀死了十几万汉军。刘邦仅仅和数十个骑兵逃跑了，路上碰巧遇到了自己的女儿与儿子，而他的父亲与妻子吕雉却被楚军抓走了。各路诸侯看到项羽的大军打败了刘邦的军队，都纷纷叛离了刘邦。

刘邦逃到荥阳之后，就开始召集逃散的兵士们。这个时候，萧何从关中派来了一支增援的部队，只不过这支军队中人员比较复杂，不仅有五六十岁的老人，而且还有不满二十岁的青年，一看就知道是仓促之间征集的。与此同时，韩信也收集兵马前来与刘邦进行会合，汉军又振作了起来。同年五月，在荥阳南边京、索之间地区，汉军与楚军再一次交战，最终汉军获胜，成功地阻止了楚军越荥阳而西的步伐。在此期间，刘邦还派了一个说客前去劝说英布背叛项羽。英布是项羽的得力干将，他的反叛使项羽丢失了一支非常重要的武装力量，而且因为项羽需要分兵进行平叛，这使得刘邦的正面战场的压力大大地减轻。

五月，楚军对荥阳发起了非常猛烈的进攻。在这样危急的情况下，将军纪信向刘邦提出了一个建议，让自己代替刘邦假装投降，从而使刘邦能够趁着这个机会逃走。项羽将荥阳攻占之后，接着又拿下了重镇——成皋（今河南荥阳汜水镇）。汉王四年（前 203）十月，刘邦率领大军收复了成皋，然后马上对荥阳进行围攻。项羽得知成皋失守的消息之后，马上率军回师。刘邦从包围中撤出来向后退，两军在荥阳东北的广武山形成了一种相互对峙的状态。

楚汉两军就这样对峙了十个月，刘邦的部队士气强粮食多，而项羽的部队士气弱粮食少。最后，双方在辩士侯公的调节之下，刘邦与项羽进行约定：双方以鸿沟（今河南荥阳、中牟、开封一带）作为界限，“中分天下”，东面属于楚，西面属于汉。而且项羽还送还了刘邦的父亲与妻子。

双方划定好鸿沟之约后，项羽率领兵将东去，刘邦也率领将士西还。不过，刘邦的手下张良、陈平却在这个时候进谏说："汉已经占据了大半个天下，各路诸侯又都归附汉，而楚已经是士兵疲惫，粮食用尽，这是上天要灭亡楚的大好时机。我们应当抓住这个机会，将项羽及其部队彻底消灭，否则，等到他们恢复过来就很难对付了。"刘邦觉得他们说得很对，马上下令追击楚军。这就是毛泽东在诗中所写的"宜将剩勇追穷寇"的典故。

汉王五年（前202）十月，刘邦派使臣和韩信、彭越约定好日期，准备会师，然后一起对抗项羽的楚军。到了固陵（今河南太康西），韩信与彭越的军队都还没有到，但是项羽的部队已经开始攻击刘邦的部队。在这次对战中，汉军没有抵挡住楚军，大败。刘邦在无奈之下只能坚壁固守，等待救援。刘邦向张良询问破敌之策，张良回答："如果能够将齐地封给韩信，将梁地封给彭越，那么，他们一定会竭尽全力地抗击项羽的楚军。"刘邦接受了张良的建议，派遣使者告诉韩信、彭越，只要他们二人合力将楚军击败，那么，刘邦就册封他们为王。韩信与彭越马上回报："我们将会立即进兵，前去救援。"于是，刘邦、韩信与彭越兵合一处，这样一来，汉军在数量上占了绝对的优势。到了十二月，楚汉两军在垓下进行对战，刘邦率领三十万大军将项羽团团围住。最后，项羽自刎而死，楚汉战争以刘邦的胜利而结束。

刘邦获胜的原因

在秦末各路英雄相互逐鹿的过程中，刘邦以一个小亭长，或者更确切地说，以一个"混混"的身份脱颖而出，最终战胜了非常强大的项羽，将整个天下收入囊中，创建了大汉王朝，将几千年以来的世卿世禄制度彻底打破了，这在中国帝王史上，应该算是不常见的。那么，为什么刘邦在与项羽的对决中能够取得胜利呢？

第一，熟悉社会生活，了解百姓疾苦，同情人民群众。

先前，他和项羽以及各位诸侯约定，谁最先将关中夺到手，谁就可以称王。后来，刘邦率兵进入关中之后，他对关中的百姓说道："你们遭受暴秦的严苛法令已经很久了，我是来为你们'除害'的，你们不用惊慌害怕。"他与关中百姓约法三章：杀人者要被处死，伤人及盗抵罪。与此同时，他还将暴秦严苛的法令都废除了。老百姓得知之后，非常欢喜，就用牛羊酒肉来慰问他的部队，他说："粮食再多，也不能浪费"，婉转地拒绝了百姓的好意。因此，百姓更加爱戴他，唯恐刘邦不能成为秦王。而刘邦的对手项羽则不同，尽管项羽骁勇善战，在军事实力上比刘邦强很多，但是他却是一个十分残暴的"霸王"，他的部队所到的地方，都是强取豪夺，横行霸道。这让百姓们大失所望，十分害怕，不敢不服从他的命令。二人对待百姓的态度不同，结果也不同：刘邦得民心，而项羽失民心。

刘邦继承皇帝之位后，虽然大体上推行秦朝的封建制度，但是他实际上却实施与民休养生息的政策：对内制定各种合理的律令、军法、礼仪，并且极力提倡节俭；对外与少数民族匈奴单于等推行和亲政策，以便确保边界的稳定。刘邦所采取的这些措施，都为大汉王朝的兴盛奠定了非常牢固的基础。

第二，性格豁达，从谏如流。

刘邦擅长听从他人的不同意见，从来不会固执武断。比如，他接受了郦食其攻打陈留的计策；听从张良的劝说，册封在军中具有非常重要地位的韩信为齐王；在楚汉鸿沟划定之后，接受张良与陈平的劝导，对率领大军东归的项羽进行追击等。此外，刘邦登基称帝之后，想要在洛阳建都，后来经过齐人娄敬的劝说，在关中长安建都。这些举措无疑都是十分正确的，正是在他们的帮助下，刘邦才一步一步地走向胜利的彼岸。

第三，善用人才，取长补短。

大汉王朝建立后，有一次，刘邦与众位大臣一起讨论在与项羽的对决中获胜的原因，每一位大臣都认真进行了分析，发表了自己的看法，但是刘邦都不满意，最后，他说出了自己的见解：“夫运筹策帷帐之中，决胜于千里之外，吾不如子房。镇国家，抚百姓，给馈壤，不绝粮道，吾不如萧何。连百万之余，战必胜，功必取，吾不如韩信。此三者，皆人杰也，吾能用之，此吾所以取天下也。”各位大臣听了之后，都感觉心服口服。刘邦确实是一个知人善任，懂得取长补短的人，再加上他自己也在不断地进步，所以才逐渐地成长为一位非常杰出的政治家。因此，曾经一介贫苦百姓之身的刘邦，逐渐成为了一个叱咤风云的大英雄，创立了布衣将相之局的汉家天下。

刘邦创建大汉王朝，延续了秦朝开创的社会制度，使得刚刚建立的封建统一制度没有被阻断，使得中国社会没有倒退到春秋战国那个群雄逐鹿的时代。与此同时，将秦朝的一些严酷刑罚、苛政弊端全部革除，推向轻徭薄赋、与民休养的政策，使得大汉王朝逐渐地发展壮大起来。刘邦是一个与时俱进的英明君王，成就了四百多年大汉王朝的基业。在此过程中，使中国以“汉族”作为主体的格局得以形成，并且延续至今，使中国真正地实现了首次民族大融合，呈现出了经济大发展，社会大进步的良好局面。这也是刘邦，这位传奇皇帝为中国历史的发展所作出的贡献。

高祖滥杀功臣之谜

当代有一些人非常厌恶汉高祖刘邦，不仅骂他为“流氓”、“无赖”以及“强盗”等，而且还给他戴上了“滥杀功臣”的帽子。

著名的历史学家翦伯赞先生就是其中一员。他认为刘邦刚刚坐上皇帝之位，就开始处心积虑地对昔日与他一同打天下的兄弟们下手。只不过短短几年的时间，臧荼、韩信、陈豨、卢绾、韩王信、彭越、英布等一大批功臣，都被冠上了“叛变”的罪名，基本上都被斩尽杀绝了。这就是韩信所说的“狡兔死，走狗烹”。还有台湾知名学者柏杨先生在他的《柏扬曰》上也非常严厉地指责刘邦：“是他用残忍的手段屠杀功臣，留下不可抹杀的劣迹，我们绝不宽恕他。”至于有些愤青们就更不用说了，在一本名字叫作《真项羽》的书中写道：“至此，最早跟随刘邦起事打天下的武将，几乎被诛杀一尽，只有少数人得以幸免。”明明在真实的历史中，与刘邦一起打天下的数百位武将大部分都荣誉一生，但是到了这里却变成了仅有几个人幸免了。所以，在刘邦滥杀开国功臣这件事情上，我们一起好好说道说道。

楚王韩信在被刘邦诱捕的时候喊道：“狡兔死，走狗烹；飞鸟尽，良弓藏；敌国破，谋臣亡。”他这几句悲愤不平的话流传了千百年，成为了后人判断刘邦乱杀功臣的铁证。表面看来，汉高祖刘邦刚登上龙椅，就翻脸不认人，将开国第一功臣楚王韩信给杀了，所以才背上了千古的骂名。

但是，事实并非如此。那个时候，刘邦并没有将韩信杀死，而只是把他贬为了淮阴侯。而且，上文那句话也不是韩信首创的，而是韩信引用的越国大夫范蠡在给他的好朋友——文种的信中所说的话，韩信又作了一些引申。范蠡的原话是：“蜚（古字，同飞）鸟尽，良弓藏；狡兔死，走狗烹。越王为人长颈鸟喙，可与共患难，不可与共乐。子何不去?”这句话的意思是说，范蠡认为越王勾践脖子很长，嘴巴很尖，属于那种只可以与他共患难，不能够与他共享乐的人。范蠡劝导文种赶紧离开。而韩信在此基础上增加了一句话：“敌国破，谋臣亡”，敌国指的是西楚，而谋臣则是指他本人。文种由于没有接受范蠡的劝告，最终被越王勾践赐死了。在这里，韩信自比为文种，把刘邦比作越王勾践。

实际上，韩信只知道其一，不知道其二。范蠡对于越王勾践的为人

有着非常深的了解，因为他曾经与越王勾践在吴国相处了数年，几乎是天天在一起，所以，他看清楚了越王勾践的为人，才有了后来对文种大夫的忠告。然而，韩信对刘邦也像范蠡对越王勾践那样了解吗？答案很显然是否定的，因为韩信与刘邦在一起的时间很少，根本就没有足够的时间去了解刘邦。而且韩信并不是文种。文种对越王勾践可以说是一生忠贞，永世不悔。文种在越国的作用类似于萧何，在后方坐镇，将国家治理得井然有序。“十年生聚、十年教训”，越王勾践在文种的帮助之下终于将深仇大恨报了。而萧何同样受命在后方镇守，消除了刘邦的后顾之忧，让其全心全意地与项王对抗。但是，萧何与文种的最终结局却完全不相同，简直有着天壤之别：萧何荣耀一世，惠及后代；文种功高被忌，不得善终。

汉高祖刘邦与越王勾践完全不同，刘邦从一个小小的一亭之长率兵反抗暴秦，最终成为汉朝的开国皇帝；而勾践则是从一国之君，变成吴王的奴才，最后复国。勾践功成名就之后就开始变得骄奢，然后逐渐地走向败亡；而刘邦功成名就之后却不居功，而是转向长治久安的为君之道。所以，刘邦是可以共患难，也可以同富贵之人！

汉十二年三月（前195），刘邦在即将走到生命的尽头时，曾经下了最后一道诏书，也可以说是刘邦的遗诏。在这道诏书中，刘邦说道：“吾于天下贤士、功臣，可谓亡负矣。其有不义背天子擅起兵者，与天下共伐诛之。”“亡”的意思是指“无”，而“负”的意思是指“对不起”。这句话的意思是说，刘邦自认为在对待天下贤士与功臣的时候，并没有做出什么对不起他们的事情。所以，他要求以后只要是敢于背着皇帝擅自起兵造反的人，天下之人就应该一同将其诛灭！

这可以看作是刘邦在对待有功之臣的自我评价，他是信心十足的。刘邦认为自己与有功之臣、贤良之士之间的关系是非常和谐的，他一直都在善待他们，并未作出任何愧对他们的事情。因此，他才敢于要求所有人必须忠于职守，不可生出邪恶的念头，起兵反叛朝廷。很多专家学者都认为刘邦所作出的这个评价基本上算是十分客观而公正的！也就是说，刘邦不应当背负“滥杀有功之臣”的骂名！

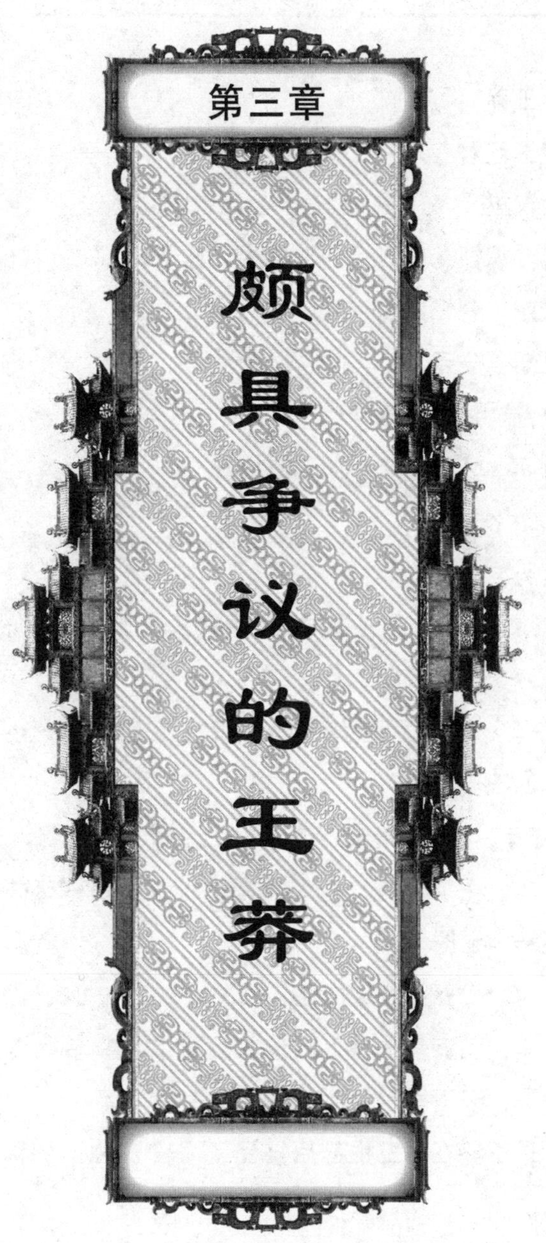

第三章

颇具争议的王莽

皇帝档案

☆姓名：王莽

☆别名：王巨君

☆民族：汉族

☆出生地：魏郡元城（今河北省大名县东）

☆出生日期：公元前45年

☆逝世日期：公元23年

☆主要成就：建立新朝

☆在位时间：公元8年~公元23年

☆享年：69岁

☆生平简历：

公元前45年，王莽出生在魏郡元城，也就是今天的河北省大名县东。

公元前22年，王莽担任黄门郎之职，后来被提升为“射声校尉”，开始进入专权的王氏集团。

公元前16年，王莽被册封为新都侯、骑都尉、光禄大夫、侍中。

公元前7年，王莽担任大司马之职，同年，汉成帝去世，汉哀帝继位，王莽被迫辞官退隐。

公元前2年，王莽回京城居住。

公元前1年，汉哀帝去世，太皇太后王政君掌传国玉玺，王莽重新担任大司马之职，兼管军事令以及禁军。

公元1年，王莽在再三推辞后接受了“安汉公”的称号，把俸禄转封给两万多人。

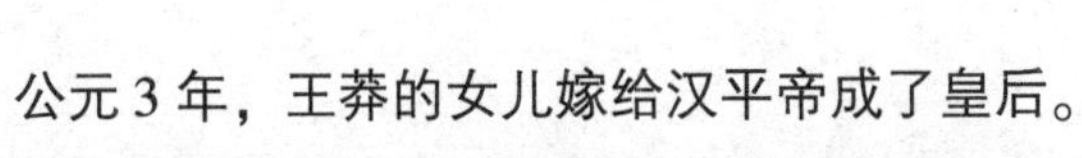

公元3年，王莽的女儿嫁给汉平帝成了皇后。

公元4年，王莽加号宰衡，位居诸侯王公之上。

公元6年，汉平帝去世，王莽立年龄仅仅只有2岁的刘婴为皇太子，王莽代天子朝政，称为“假皇帝”或者“摄皇帝”。

公元8年，王莽接受刘婴的禅让，登基称帝，改国号为新，王莽就是新始祖，也被称为建兴帝，并且改长安为常安。

公元23年，王莽被攻入长安的起义军杀死。

人物简评

在绝大多数人的心中，王莽就是一个“伪君子”，是一个“野心家”。在众人面前，他总是表现出一副“谦恭、简朴、大公无私”的样子，但是最后还是将自己的真面目暴露了出来，夺了刘家的江山。结果，他与他的王朝在农民起义与豪族叛乱中灭亡了，他本人惨死在起义军的手中。尤其是在众多的野史小说中，他简直就是一个非常恶毒的大骗子。

但是，站在客观的角度来说，几乎所有的野史小说中，王莽被过度地丑化了。后来也只不过是依靠着推测，将各色小丑的面具强行加在他的头上。不过，这些面具也并不都是空穴来风。王莽掌权后，将年仅 13 岁的汉平帝毒死，故意挑选只有 2 岁的刘婴做儿皇帝，以便自己在幕后操纵，后来直接篡汉自立，登基为帝了。根据这些来看，如果用正统的道德标准对其进行衡量的话，他应当是为人所不齿的。但是，他的宏伟大志，聪明才智，智谋手段，也是不容完全抹杀的。不过，他在早年时期以精通、践行礼仪而成名，却让他的一生更显得充满滑稽性与讽刺性。

生平故事

美名传扬天下

王莽从他的出身来说，一点儿也不差，甚至可以算得上是豪门大户。尽管父亲在他很小的时候就去世了，但是他的几个伯父与叔父一个个都是将相之才，经过封侯受赏的人，王氏一门可以说在当时显赫一时。

但是，王莽本人家中却不怎么样，因为父亲早逝，所以，他只能与

母亲相依为命，依靠亲戚家的周济过活。然而，也正因为这个原因，王莽从小就训练出了一套为人处世的本领，说他少年老成一点儿也不为过。无论在什么时候，不管心中有多生气或者难过，但是在亲朋好友或者邻居面前，王莽都会表现出非常高兴与平和的样子。所以，在宗族当中，大家都对他赞赏有加。

后来，王莽也与伯父、叔父一样开始从政。为了能够得到渴望已久的权力，王莽对自己的要求非常严格。他专门聘请不少有才有德的学者政客作为幕僚，将自己得到的赏赐全部分给手下，将家中多余的钱财拿去救济贫穷百姓。有一次，他的母亲生病了，很多朝廷大臣前来探望，身穿着短衣布裙的王莽夫人前去招待客人，客人们都把她错认成了奴婢。这件事情传开了之后，王莽的名声也愈加响亮了。

又有一次，王莽的大伯父病得非常严重，王莽得知这个消息之后，立即来到大伯父家，整天守在大伯父的病床前，端药送水伺候大伯父，日夜守护，从不轻易离开半步。就这样，一连几个月衣不解带地照顾大伯父，他变得蓬头垢面，十分憔悴，与生病的大伯父一比，他倒更像一个病人。对此，全族上下都夸赞他，纷纷给皇上上书，请求为王莽封赏。

于是，汉成帝册封他为新都侯，并且担任宫中侍卫，因而王莽成为了皇帝身边的一位近臣。尽管地位提高了，手中的权力也更大了，但是王莽从来不敢露出半点骄傲与懈怠的神色，反而变得更加谦恭有礼。王莽一方面十分广泛地与各位公卿将相以及名士大儒等人结交；另一方面经常用自己的私人财产赈济贫困，帮助他人，而自己却过着非常简朴的生活，经常吃素菜，作短衣打扮。于是，慢慢地，他在朝廷中得了一个“贤”名。后来，王莽的叔父，也就是大司马王根退休，就推荐他代替此职务。皇帝与各位大臣一致认为这样做非常恰当。于是，38 岁的王莽就成为了大司马。

正当王莽仕途十分顺畅的时候，汉成帝驾崩了，汉哀帝登基为皇帝。汉哀帝在对待王家的时候十分排斥。在这种情况下，为了保护自己，王莽不得不忍痛辞去官职回家了。在那段时间，王莽常常在家中大发雷霆，动不动就怒骂与哭嚎，为多年用心付之东流而痛心。

然而，世间之事总是难以预料的，汉哀帝继承皇位没多久就死了，而且没有留下子嗣，所以，根本找不到一个能够主持丧事的男人。于是，那个时候，王莽的姑母，也就是太皇太后王政君将王莽招了回来，让他主持汉哀帝的丧事，并且重新让他担任大司马之职，同时还兼任尚书。司马执掌着全国最高的军权，而尚书就等同于丞相，执掌着全国最高的行政权。身兼两个如此重要的职务，王莽一下就变成了一个举足轻重的人物。

重新掌握大权的王莽下定决心，要好好利用这个十分难得的机会，准备大显身手。他将汉哀帝的丧事处理完了之后，就提议让年龄仅仅只有9岁的刘衎做皇帝。对于王莽的建议，太皇太后是言听计从，就这样，西汉最后一位皇帝——汉平帝继承皇位了。不过，实际掌握大权的却是王莽。这个时候，王莽想：自从汉朝建立以来，已经经历了十一位皇帝，两百多年的历史。近几十年中，先后继位的几个皇帝都十分平庸，而大多数大臣又十分贪婪，国家贫困百姓穷苦，怨愤之声，四处飘起，由此可见，大汉王朝的气运将要到头了。如今，我已经掌握了大权，必须把握住这个千载难逢的时机！

但是，王莽也不是一个莽撞之辈，他深深地知道如果贸然行事，那么只能坏了大事。于是，一场又一场由他精心设计的大戏就开始上演了。汉平帝元年，正月新春，王莽率领文武百官前来长乐宫长信殿为太皇太后贺节。礼拜完毕之后，有太监来报，越裳国的使臣请求晋见太皇太后，并且献宝。

太皇太后问道："越裳国在哪里？"

大司徒孔光回道："越裳国距离我中原非常远，在西南蛮夷之地，中间隔着千山万水，已经很长时间没有与朝廷来往了。"

太皇太后说："他们远道而来很不容易，快快传见！"

不一会儿，只见两个头上裹着青帕、身上戴满银饰、脚上穿着草鞋的人走进殿中。他们每个人手中都捧着一只金丝鸟笼，里面各自装着一

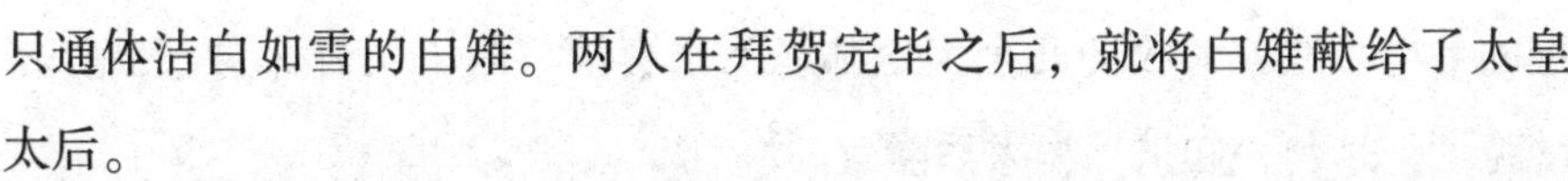

只通体洁白如雪的白雉。两人在拜贺完毕之后，就将白雉献给了太皇太后。

王莽一见这种情景，非常高兴地对太皇太后说：“古书曾经记载着越裳国献雉的事情，是国家祥瑞的征兆！现在又献上一对白雉，我们大汉王朝肯定会有喜庆之事降临！”各位大臣一起跪拜高贺：“万岁！”

太皇太后听了之后也十分开心，微笑着询问道“贵国是否有国书呢?”

那使臣将他们的国书呈给王莽，然后，王莽又呈给了太皇太后。

太皇太后说道：“我如今已经老眼昏花，看不清这些字了，大司徒给读一下吧！”

于是，大司徒孔光就当着众位大臣的面开始朗读：“小国的君主听闻大汉皇帝新立，大司马王莽进行辅政，感到非常高兴，用不了多久，周公之贤才必定会再现于中国，成康之治肯定会重现在当代。敝国的土地很少，百姓很穷，没有什么可以作为礼物献出来的，谨献白雉一双，聊表我等的敬意。”

周公是历史上非常著名的开国功臣，而成康之治则是周公辅佐周成王创建的圣明政治局面，历朝历代都对其赞不绝口。根据相关史料记载：只有在那个时候，曾经有越裳国敬献白雉于朝的事情。

孔光读完之后，立即跪在地上启奏：“周公是有道德的人，所以才能够招来远方的来使。现在，大司马迎立幼主，辅佐朝政，其功德可以与周公相提并论，所以才又有白雉进献的盛事吉祥之兆。臣恳请太皇太后可以顺应天意人心，赐封大司马为‘安汉公’，并且厚加赏赐，以便奖功褒德！”

古代对大臣的封赏可以分为五等，也就是公、侯、伯、子、男。“公”属于头等。春秋时期，所谓“公”，也就是一国之君，比如，齐桓公、晋文公等。因此，自从秦朝之后，历代皇帝在封赏臣子的时候，最高的赏赐也只是到“侯”罢了。

文武大臣乍一听孔光的奏请都愣住了，但是后来看到与王莽比较亲近的手中掌握着大权的几个大臣都跪下来奏请，为了明哲保身，也都相继跪了下来，一起请求皇太后降旨。

还没有等太皇太后说话，王莽就“惊慌失措”地跪了下来，大声说道：“越裳敬献白雉，全都是由于太皇太后的德高望重；国家能够兴盛，也是臣和孔光、王舜以及甄丰等大臣在太皇太后的指导之下，一起努力达到的。我丝毫不敢有半点独享其功的心思！恳请太皇太后能够对孔光等众位朝臣给予相应的褒奖！而臣是太皇太后的亲戚，报效朝廷是臣的职责，应当隐而不提！”

孔光等众位大臣争辩说道：“对有功之人进行赏赐，对有德之人进行褒奖，是朝廷的大法，怎么能够因为是亲戚就不执行呢？”

众位文武大臣越是极力推举，王莽越是尽力推让，双方争来争去，怎么也争不出一个结果。对此，太皇太后万分感慨地说道：“多年以来，只看到大臣贵戚们为了权力利益争来争去，哪里见过这种谦让奉公的美德呢？”太皇太后正在考虑应当怎样处理的时候，王莽说道：“臣誓不受封。如果不能顺从臣的请求，那么，臣立即告退还家！”

看到王莽如此推辞，太皇太后也不得不降诏：“对大司马居功不傲的古君子之风给予成全；孔光等众位大臣各自加官一级，赏万户。”孔光等人突然得到赏赐，非常高兴，也十分感激王莽。于是，大家再一次跪下来祈求说：“大司马的功劳就好像泰山一样高，如果不显扬功德，臣等死也不会接受封赏！”于是，太皇太后不顾王莽的再三推辞，下诏道：“以大司马、新都侯王莽为皇帝太傅，统率百官，位于三公之上，赐号为安汉公，赏赐二万八千户，不得推辞！”

王莽趴在地上，万分激动地说：“太皇太后降下隆恩，臣不敢再作推辞。但是，臣恳请太后太后能够收回太傅、安汉公的称号，而二万八千户，臣实在不敢接受。近几年，全国各地频繁地发生天灾人祸，百姓们都衣食不济；等到百姓们都丰衣足食之后，臣再接受赏赐也不迟。”朝廷众位大臣全部都被他感动了，就连太皇太后也为自己这个侄子的高风亮节感动得一塌糊涂。

王莽将二万八千户的赏赐辞去之后，又趁着这个机会奏请对刘姓皇室的数十个子弟进行封赏，就连那些早已经卸甲归田的老病官吏，也都不能例外，全部给予一定的封赏。太皇太后自然不会反对。就这样，朝廷上下都对王莽充满了感激之情。任谁也不会想到，那由万里之外送往京师的白雉，居然是王莽命令地方官花费重金引诱越裳人送来的，就连那一封国书也是按照王莽的心意写的。仅仅策划与实施这一件事情，就花费了够几万饥民十年的钱粮之财。

这一年冬天，王莽又趁着国内发生大旱，哀鸿遍野之际，大张旗鼓地上书：献百万钱财、三十顷私田，以便帮助灾民。安汉公带头捐献，哪一个敢不献钱献地？即便是那些平日里横行霸道的贪官污吏们也都用个人的名义，将从老百姓身上榨取来的钱财都捐献出来，以便响应安汉公的义举。下面的官员们都极力为王莽进行宣传：天降灾祸，百姓困苦，安汉公非常忧心，已经有半年的时间没有吃肉食了！这使得太皇太后连续降旨，劝导王莽不管是为国还是为民，都一定要吃一些肉食等。就这样，朝廷上下，无不对王莽拍手称赞；国内百姓，无不对王莽顶礼膜拜，将他看作是千古难得一见的圣贤之士！

又过了两年，也就是公元 3 年，王莽将自己的女儿嫁给了 11 岁的汉平帝为皇后。为此，朝廷赏赐给王莽很多土地，同时还给了很重的聘礼。但是，王莽都以救济灾民作为理由拒不接受。到了这个时候，九州的大臣与百姓简直就将王莽看作是亘古未有的圣贤！因为他将赏赐的土地退还，将贵重的聘礼拒收，还引发了全国的“公愤”：据说，全国多达 407572 人为他上书，请求再次给他封赏！这人数几乎占全国人口的十分之一。一时之间，全国上下掀起了称赞王莽的高潮。当然，这个高潮究竟百姓发自内心掀起的，还是各地的官吏故意制造的，就不得而知了。

代替平帝做皇帝

汉哀帝死后没留下后代，所以，重新掌权的王莽就拥立中山王九岁的儿子做了皇帝，史称汉平帝。不过，王莽吸取了汉哀帝在位的时候，自己被轰出京城的教训，严禁汉平帝的母亲卫姬以及舅舅卫宝、卫玄等人进入京师，只是赏赐给他们爵位。

扶风功曹申屠刚刚向太皇太后王政君提出请求，让卫氏一家人进入京师。王莽就马上找了个理由将申屠撤职查办了。王莽的大儿子王宇从来不会盲目地服从父亲，他觉得卫氏一家人应当入京，就秘密地派人与卫宝联络，让他上书请求入京。但是，最终被王莽拒绝了。王宇与他的老师吴章、妻子的兄长吕宽聚在一起商量这件事情，吴章表示："王莽十分迷信鬼神，我们可以假扮成鬼神对他进行吓唬，然后再用上天意愿来规劝他同意卫氏一家人入京。"

于是，在一个漆黑的晚上，吕宽将一些鲜血洒在王莽家的门上，但非常可惜的是，不小心弄出了一些响声，结果，就被逮住了。王莽得知这件事情之后，就将大儿子王宇关进了死牢。王宇在狱中服毒自杀了。当时，王宇的妻子已经怀有身孕，在狱中将孩子生下来之后也被处死了。王莽污蔑所有与他有矛盾的人都是吕宽的党羽。就连汉元帝的妹妹，敬武公主、梁王刘立以及王莽的叔叔红阳侯王立等人，都被王莽逼得自杀了。当然了，王莽也不会放过汉平帝母亲一家人，除了汉平帝的母亲卫姬被软禁在中山国之外，其他大多数人都被杀了，一部分人被流放了。王莽借助这件事情，几乎将所有的异己都清除掉了。

王莽眼看着太皇太后的年龄越来越大了，就担忧姑姑死了之后，对自己产生不利的影响，于是，就想着将自己的女儿嫁给汉平帝。王莽给太皇太后上书道："皇帝继位已经有三年了，仍然没有娶皇后。每一次国家的危机，都因为皇帝还没有太子。请按照礼仪制度，选定后宫嫔妃，以便让皇帝多子多孙。"太皇太后对王莽的这个建议表示赞同。于是，太皇太后就下旨，命相关官员对各世家千金进行筛选。王莽担心女儿选不上，就想出了一个新花招，上书太皇太后道："我品德不佳，女儿长得也不漂亮，不够资格担当皇后。不要选我女儿了。"太皇太后很欣赏王莽的"赤诚"之心，就下诏将王莽的女儿从候选名单中排除。然而，这个诏令

刚刚颁发，居然有一千多人都出来为王莽说话："王莽的品德非常好，女儿也十分漂亮，为何要排除呢？我们都盼望王莽的女儿做皇后。"

王莽前去进行劝解，但是请愿的人却变得更多了。选皇后的活动最终变成了王莽的女儿能不能母仪天下的讨论。太后太后看到这种情形，就派人到王莽的家中进行考察，结果是："王莽的女儿不仅长得十分漂亮，而且还非常贤惠。"之后，太皇太后又派人为之算卦，结果也是"大吉大利"。就这样，王莽非常顺利地将女儿扶上了皇后之位，自己也自然成为了汉平帝的岳父。因此，王莽的地位完全凌驾于刘姓诸侯王，在朝中无人能与之媲美。

随着汉平帝逐渐地长大，对于王莽的专权越来越不满，为此，王莽感到很不安，所以，他就动了除掉汉平帝的心思。公元 5 年冬天，汉平帝生病了，王莽就亲自前往郊外进行祭天，表示自己心甘情愿地代替汉平帝得病。没过多长时间，汉平帝就恢复健康了。不过，汉平帝并没有因此对王莽改观多少，而王莽害怕汉平帝长大后报复自己，就趁着腊八节进贡椒酒的这个机会，在酒中放了毒药。汉平帝喝了这种椒酒之后毒发身亡，死的时候仅仅只有 13 岁。

在将汉平帝毒死之后，王莽就决定拥立一个皇帝。但是，汉平帝没有儿子，就连汉元帝的直系子孙们也都死得差不多了。所以，皇帝的人选只能在汉宣帝的后裔中找了。王莽经过深思熟虑，决定立广戚侯刘显的儿子刘婴为皇帝。因为刘婴是皇室子嗣中年龄最小的，刚刚满 2 岁。如果让小刘婴做皇帝，那么，王莽就可以随意地摆布了。

这个时候，武功县县令孟通奏报朝廷："有人在挖井的时候，挖到了一块大白石头，上面写着八个大字：告安汉公莽为皇帝。"王莽对此进行解释道："石头上所说的'为皇帝'，意思就是摄行皇帝的职权。"于是，王莽就派遣他的堂兄弟王舜禀报太皇太后。太皇太后怎么也没有想到，素有贤名的侄子竟有篡夺皇位的野心，于是，就大声对此进行斥责："什么符命？摄行皇帝的事情是万万不能施行的！"而王舜根本就不管太皇太后的态度，大声说道："只不过是摄政皇帝罢了，又不是真的皇帝，您为什么要这么生气呢？再说了，您再怎么生气能阻止得了吗？”太皇太后在万般无奈的情况下只能答应了。

于是，王莽的心腹大臣立即草拟居摄的礼仪：王莽头上戴着皇冠，身上穿着皇服，背后有斧钺的仪仗，坐在龙椅上召见众位大臣，处理政务，尊号称为“假皇帝”，自称为“予”，所发布的命令就与皇帝所下的圣旨一样，文武百官拜见的时候，必须称“臣”。

公元6年正月，王莽正式做了“假皇帝”。三月，刘婴被立为皇太子，戏称为“孺子”，年号为“居摄”，尊汉平帝的皇后，也就是王莽的女儿为皇太后。在中国几千年的历史上，“摄皇帝”仅此一家。

公元8年，王莽让刘婴将皇位禅让给他，自己正式登基称帝，改国号为新，王莽就是新始祖，也被称为建兴帝，并且改长安为常安。

大肆进行改革

王莽当权之后，社会的危机已经变得相当严重。为了使阶级矛盾得以缓和，使“新”朝的统治能够维持下去，王莽举起了《周礼》的旗号，对外宣布要推行改制。公元9年，王莽正式下令进行大规模的改革，历史上将其称为“托古改制”。王莽将全国的土地都改称为“王田”，禁止进行买卖。参考古代井田制，规定一家不满八口人而田地超过一半，也就是九百亩的，多出来的土地就要分给九族、邻里以及乡党。没有田地的人，一对夫妻可以接受一百亩田地。与此同时，王莽还将私家的奴婢改称为“私属”，禁止进行买卖。然而，王莽所要施行的这种“井田圣法”，不仅未能从根本上将社会土地的问题进行解决，而且还将农民全部禁锢在“王田”中做牛做马；不但没有将奴婢解放出来，而且还将占有奴婢变成一种制度给固定了下来。王莽的这种改革实际上是复古倒退的。

在货币方面，王莽数次进行改革，使用了二十八种货币，称为“宝货”。不但名目过于繁多，而且还将早已经丧失货币性能的原始货币，如龟壳、贝壳等搬出来使用，结果使得金融变得非常混乱，货币贬值。王莽的货币改革并没有给百姓带来任何好处，只是方便了王莽集团一次又一次的大搜刮，大量的钱财都进了他们自己的腰包。

王莽还推行了“五均六管”制度，即在全国各地设立“五均司市”，用来管理市场，其职责就是平衡物价、收税以及办理贷款事宜；推行盐、酒以及铁器官卖；朝廷统一铸造钱币；收山林、农商以及手工业税。从表面上来看，这些似乎对百姓是有利的，然而，实际上这又是王莽集团的变相搜刮。王莽所任用的“五均六管”官吏，都是一些富有之人，有着非常丰厚的家底。这些人有了特权之后，就开始趁着这个大好机会贱收贵卖，投机倒把，肆意发横财。就这样，王莽的改革重创了商业的发展，老百姓更是变得一贫如洗。穷困的百姓没有地方谋生，就连上山打猎、放牧，甚至捕鸟、捕鱼等都要上税。

王莽还曾经多次对官名与县名进行改动，比如，大司农改为羲和，后来又改为纳言；少府改为共工；郡太守改为大尹；县令长改为宰等。有些郡的名字甚至修改了五次，最后又恢复了原来的名字。此外，王莽颁布了五等爵，任意进行封赏，导致很多官吏为了自给而狼狈为奸，收受贿赂。总而言之，王莽改革不但没有使社会的各种矛盾得以解决，反而使其加剧了。

荒唐皇帝最终毁灭

当王莽坐上假皇帝之位后，全国各地接连不断地爆发叛乱。安众侯刘崇率领部众进行叛乱，他和张绍召集了几百人向宛城发起攻击，最终却失败了。这个时候，张绍的堂兄张竦和刘嘉一同上书王莽，表扬王莽的功德，结果，他们就升官发财被册封为侯爵。这事看起来实在有些荒唐。但是，不知道为什么，越是荒唐的建议，王莽似乎越容易接受。

公元 17 年，王莽颁发命令铸造“威斗”。王莽亲自出马主持了一场很大的铸斗典礼。工匠们利用合金比例不相同的青铜，铸造了一个形状酷似北斗七星，长度为二尺五寸的“威斗”。王莽每次出行的时候，都会派人保护“威斗”走在队伍的最前面。在宫中的时候，“威斗”旁边也总是有专人侍立着，随着“威斗”的转动，王莽所坐的龙椅也会随之转动，其目的就是为了让自己始终坐在北斗七星的斗柄上，妄图利用北斗七星的神奇威力消灭起义军。

有一个自称擅长看风水的人上书给王莽，称长安有“土功”之象，也就是说应该多搞一些建筑物。于是，王莽就下诏大肆修建宗庙，命令大司马王邑与大司徒王寻负责办理这件事情，将十几名官员都派去充当监工，并且征用了工匠十几万名，修建了九座规模非常宏伟的宗庙，用来祭祀从黄帝到他父亲王曼共计九个人。修建这项十分庞大的工程需要大量金钱，于是，王莽就开始出卖官爵：有六百斛米就可以买一个郎官，而且出的钱越多，能够买的官就越大。而那些买官之人上任之后，就变本加厉地搜刮民脂民膏。原本，王莽修建庙宇，是为对起义军进行镇压，结果却激起了更多百姓的反抗，就连长安附近的百姓也都活不下去，起来造反了。

由于币制多次进行改变，让人们早晨赚到的钱币，到了下午就有可能不能使用了。不过，王莽新朝推行的钱币有着非常特别的造型，其构成主要分为两个部分：一部分是与麻钱子类似的外圆内方的孔方形；另一部分是方形的。两部分连成一体，非常珍贵。

有一位名叫成修的侍从郎官告诉王莽：“黄帝是因为有了一百二十位貌美如花的妃嫔才得以成仙的。”王莽听了之后非常高兴，立即下令大选美女，立了皇后、嫔妃等共计一百二十一位，比黄帝还多一名妃子。为了掩饰年老的缺陷，在举行大婚的时候，王莽还将自己的白胡子染成了黑色。

最令人感到哭笑不得的是，大臣崔发想到一招。崔发对王莽说：“根据《周礼》的记载，国家在生死存亡的时候，能够利用痛哭来消除灾难。所以，现在只有哭才可以将问题解决。”王莽听了之后，就率领众位大臣来到祭天的地方，祷告上天：“既然上天让我做了这个皇帝，为何又让各地爆发叛乱呢？倘若是我的过错，那么，请用雷电劈死我吧！”说完，就

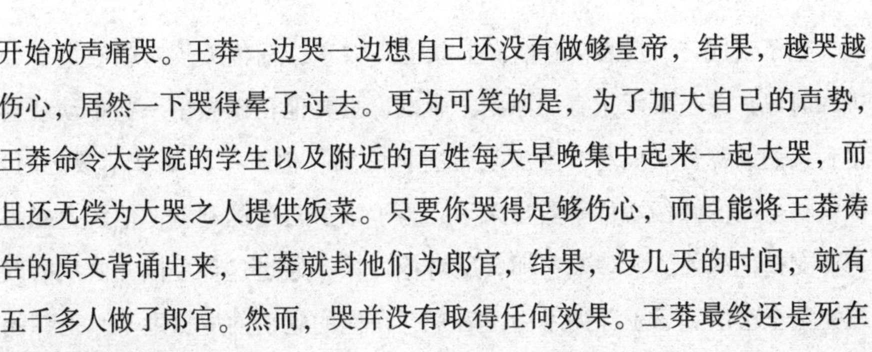
开始放声痛哭。王莽一边哭一边想自己还没有做够皇帝，结果，越哭越伤心，居然一下哭得晕了过去。更为可笑的是，为了加大自己的声势，王莽命令太学院的学生以及附近的百姓每天早晚集中起来一起大哭，而且还无偿为大哭之人提供饭菜。只要你哭得足够伤心，而且能将王莽祷告的原文背诵出来，王莽就封他们为郎官，结果，没几天的时间，就有五千多人做了郎官。然而，哭并没有取得任何效果。王莽最终还是死在了起义军的手中。

王莽在没有篡夺皇位之前，全国各地都纷纷给京师送来记载着“天命”信息的奇石铜符，说王莽应当做皇帝。于是，王莽终于按耐不住，再也不管太皇太后王政君的劝阻，穿上龙袍，坐上了龙椅，给有着二百一十四年历史的西汉王朝画上了一个句号。因此，也有人认为王莽应该算是中国封建历史上唯一一个民选皇帝。

王莽的新朝是否是盗窃来的

东汉史学家班固在《汉书》中对王莽代汉的过程进行了非常详细的描述。如果我们认真研读《汉书·王莽传》，就会得出这样一个感觉，王莽的新朝是通过阴谋手段盗取而来的。

根据《汉书》记载，王莽出生在元帝皇后——王政君的外家，也就是王家。在元成时期，王家长时间居于辅政的位置，先后共出了九侯五大司马，相当显赫，所以，王氏家族的成员在生活上很是奢侈。但是，王莽为了给自己赢得一个好名声，就反其道而行之，很谨慎地把持自己，努力将儒家的礼义道德用到自己的实践活动中。他拜大儒沛郡陈参为自己的老师，以便更好地学习《礼经》；恭敬地侍奉自己的母亲与寡嫂；爱护养育自己的子侄；非常礼貌地对待自己的伯父、叔父们；广泛地与当世俊杰进行结交。因而家族都赞扬他具有孝悌的品性，老师与朋友都表扬他具有仁厚的品德。一时之间，他的声誉鹊起，仕途也随之变得更为顺畅起来，到了汉成帝、汉哀帝时期，王莽位高权重，辅佐天子对朝政进行处理的时候，总是秉承正直的原则，所以，只要他稍微做出一些举动就会得到人们的称赞。但是，当汉哀帝去世之后，他再一次执掌朝政之时，他就将自己的奸佞本性暴露出来了。为了维护自己的利益，他大力提拔那些支持他的人，大肆残害那些反对他的人。通过这种手段，西汉的政权完完全全落到了王莽的手中。后来，在他的党羽的撺掇之下，王莽的身份几经变化，由安汉公变成摄皇帝，之后又变成假皇帝，并且最后酿成“篡盗之祸”，冠冕堂皇地代替了汉朝而建立了新朝。

后世皇朝的很多精英人士都认可了班固关于王莽通过“篡盗”的手段建立新朝的看法。比如，东汉王充在《论衡》中写道：“莽盗汉位”，蔡邕在《光武济阳宫碑》中称“奸臣王莽，偷有神器”，北宋司马光在《传家集》中说道：“王莽凭汉累世之恩，因其继嗣衰绝，饰诈伪而盗之”，钱时在《两汉笔记》中写道：“王莽汉之贼也。”南宋人张栻在《论西汉儒者名节何以不竞》中称“王莽篡窃”。而清朝人顾炎武也在《日知录》中写道：“王莽盗位”。

实际上，虽然班固在描述王莽发迹的整个历史过程中有着非常强的贬抑的倾向，但是从《汉书》中很多片段的史事中，我们依旧能够看出有不少地方与他所要表达的想法并不是一致。如果将这些材料汇集起来，就会发现虽然后人每次提起这件事情的时候就会非常愤慨，但是当时的人们并不觉得王莽代汉属于大逆不道的行为，他们大多数人对此都是表示赞同的。

比如，自从居摄元年开始，因为王莽篡汉的意图已经变得相当明显，所以一部分刘姓宗室以及名臣之后纷纷想要与之对抗，但是最终的结果全部都是“旋起旋灭，皆不能成事”。具体来说，居摄元年四月，身为安众侯的刘崇和张绍聚在一起商量的时候，说道：“安汉公莽控制着朝政，已经给刘氏造成很大的伤害。天下有不少人对此都十分反感，但是却不敢率先举事进行反对，这对于汉朝宗室来说，就是一种耻辱！所以，倘若我带着宗族率先举兵进行反对，天下之人肯定会立即应和的。”于是，

刘崇和张绍带着一百多人，向宛城发起进攻，但是最后却惨败。

居摄二年九月，东郡太守翟义率领部众反对王莽。他立严乡侯刘信为皇帝，又向郡国发布了讨莽檄文，宣称王莽毒死平帝，摄天子之位，准备将汉朝灭掉，如今，他非常恭敬地执行上天的惩罚，前来诛杀王莽。那个时候，翟义的势力曾经一度发展到十几万人。而关中的赵明、霍鸿等也起兵反对王莽，以此应和翟义，其部队也曾经发展到了近十万人。反对王莽的声势曾经一度相当旺盛，但是在王莽部队的进攻之下，同年十二月，翟义势力被王邑等剿灭。王邑等回到京师之后，又西向剿灭了赵明、霍鸿的部队。

居摄三年，期门郎张充等六人秘密进行谋划，想要将王莽劫持，然后立楚王为天子，但是最后却被发现了，预谋者全部都被杀死了。始建国元年四月，徐乡侯刘快在其国聚集了数千人起兵，向他兄长刘殷的封地即墨发起进攻。结果，在官民的共同抵抗之下，刘快的部队溃败，并且没多久，他本人也死了。同年，真定刘都等人也阴谋起兵，后来同样在被人发现之后被杀害了。从上述的反叛活动的结果来看，在当时反对王莽是不得人心的。

那个时候，不但全国的老百姓支持王莽代汉，而且就连那些精英大儒也是默认或者支持王莽的做法。比如，孔子的后裔孔光，刚开始的时候，因为明习经学而成为博士，后来，担任过御史大夫、丞相、大司徒、太傅以及太师等职务，居于公辅之位前后长达十七年，史书上将其称为“旧相名儒，天下所信”。孔光如此重臣，在元始年间，王莽让他做什么，他就去做什么，没有一丝一毫的反抗。

又如扬雄、刘歆、桓谭等人，在那个时候都属于当世的大儒，即便是在后世也是备受人们称赞的名士。关于扬雄，班固在《汉书》中说他和孟子、荀子、董仲舒以及司马迁等相同，均为“博物洽闻，通达古今，其言有补于世”。司马光在他的《乞印行荀子扬子法言状》中认为，战国之后只有荀子与扬雄两个人能够传承先王之道，正所谓“排攘众流，张大正术，使后世学者坦知去从”。王安石在《答龚深父书》中称赞道：

“扬雄者，自孟轲以来，未有及之者。”而关于刘歆与桓谭，王充在《论衡·超奇篇》中写道，他们与扬雄以及刘歆的父亲刘向这四个人“其犹文、武、周公，并出一时也”。他的《论衡·定贤篇》中又将桓谭称为“汉之贤人也”。就是这样一些大儒，在王莽代汉的时候都支持王莽的行为。如刘歆在汉哀帝驾崩，王莽重新执掌朝政之后，被王莽册封为红休侯，主管文化机构，辅助王莽实施各种制度。扬雄在新莽时期，担任中散大夫之职。他在《剧秦美新》中赞扬王莽“以至圣之德，龙兴登庸。钦明尚古，作民父母，为天下主。执粹精之道，镜照四海，听聆风俗，博览广包，参天贰地，兼并神明，配五帝，冠三王，开辟以来，未之闻也”。桓谭在王莽居摄的时候，曾经接受命令颁行王莽所作的《大诰》，在完成任务之后被晋封为明告里附城，跻身于新朝佐命的新贵群中。根据他的自述，王莽取代汉朝即真以后，又相继担任掌乐大夫、讲乐祭酒的职务，位至上卿。

当然了，很多古人也看到了西汉末年朝廷上下对于王莽取代汉朝之事普遍支持的现象，但是，他们却一致认为这是由于世风已经败坏殆尽所导致的，属于一种不正常现象，所以，不仅不值得给予肯定，而且还应当接受批判。比如，北宋人钱时在《两汉笔记》中写道：“新莽用事，上下靡然，虽扬雄、刘歆之徒，皆入叛党，举朝无一人能为社稷吐气。”“延至贼莽，窃国如掇，无一仗节死义之士出而排止其万分，而上书称颂者至四十八万十千余人。张禹、孔光、刘歆、扬雄诸子俱号名儒，夷考其行，曾狗彘之不若，无他，熏煮腐烂，俗坏而不知耻故也。”

正是因为相当反感王莽取代汉朝的事情，所以不少专家学者甚至不愿意承认新朝作为一个朝代而存在的历史事实。比如，班固表示，王莽建立的新朝类似于秦朝，由于所得并非正王之命，因此就好像不是正色的紫色、不是正声的蛙声一样，又好像岁月之余分为闰，只不过是作为圣王的驱除对象而存在而已，正所谓：“非命之运，紫色蛙声，余分闰位，圣王之驱除云尔！”后世很多学者对于班固的这种主张非常热烈地进行应和，不少历史学家在撰写这段历史的时候，都不将新朝当作一个独

立的朝代看待。北宋人司马光在他撰写的《资治通鉴》中把王莽的新朝归入了《汉纪》当中而并没有单独地列出《新纪》来描写王莽所建立的新朝的历史。钱时在自己的《两汉笔记》中提及王朝的新朝史事的时候，不但将新朝的历史归入两汉历史当中进行讲解，而且还将这段历史冠上被废掉的孺子安定公的名义，正所谓“黜莽伪号，以为贼臣篡逆之戒云”。

与此同时，人们在对中国历史上的正统王朝或者说合法王朝的谱系进行排列的时候，往往会将王莽的新朝排除在外。比如，宋代的类书《册府元龟》所列出的正统谱系依次是：太昊、炎帝、黄帝、帝挚、颛顼、帝喾、尧、舜、夏、商、周、汉、魏、晋、北魏、北周、隋、唐、后唐、后晋、后汉、后周。北宋人欧阳修所排出来的正统谱系是：尧、舜、夏、商、周、秦、汉、曹魏、西晋、隋、唐、五代。而南宋人朱熹所排列出来的正统谱系则是：周、秦、汉、晋、隋、唐等，在所有这些序列中都不曾提到王莽所建立的新朝。

考古人之所以在王莽取代汉朝这个历史事件上不能冷静地对待，就是因为王莽的行为是以臣子代替君王。这对于皇朝社会始终奉行的忠君的道德信条是一种亵渎，对于皇朝的权威产生了相当大的挑战，触犯了皇朝的一个大忌。而后来人们因为从皇朝的枷锁摆脱了出来，不再被忠君信条紧紧地束缚着，所以，在谈论到王莽取代汉朝的时候，大多数人都能够得出平情之论。比如，翦伯赞在他的《秦汉史》中写道：“为了抢救西汉的政权，王莽才挺身出来”，“假若我们离开袒护刘的立场，则王莽仍不失为中国史上最有胆识的一位政治家”。吕思勉也在他的《秦汉史》中说道：“王莽为有大志之人。欲行其所怀抱，势不能不得政权；欲得政权，势不能无替刘氏；欲替刘氏，则排摈外戚，诛除异己，皆势不能免，此不能以小儒君臣之义论也。即以寻常道德绳之，后人之责莽，亦仍有过当者。”

当然了，因为各种各样的原因，即使在现代社会中，仍然有很多人沿袭了班固之说。比如，文革后期的高敏在《论王莽复辟》一文当中，非常明确地写道："西汉末年的王莽，是一个大搞复古、倒退的野心家、阴谋家。"而海外的沈展如则这样认为：他在20世纪六七十年代编写书籍《新莽全史》，就是为了更好地将"莽之政治生命，以骗起亦以骗终，故此书又名为《新莽政治大骗局》，是为中国史上政治骗局之开端"演绎出来。

总而言之，无论怎么说，王莽取代汉朝这个历史事件的的确确是在汉朝末年不管是社会人士，还是朝廷大臣的普遍支持之下完成的；而不是像古人以及20世纪那些影射史学的拥护者所想象的那样，是利用不道德的手段盗窃而来的。

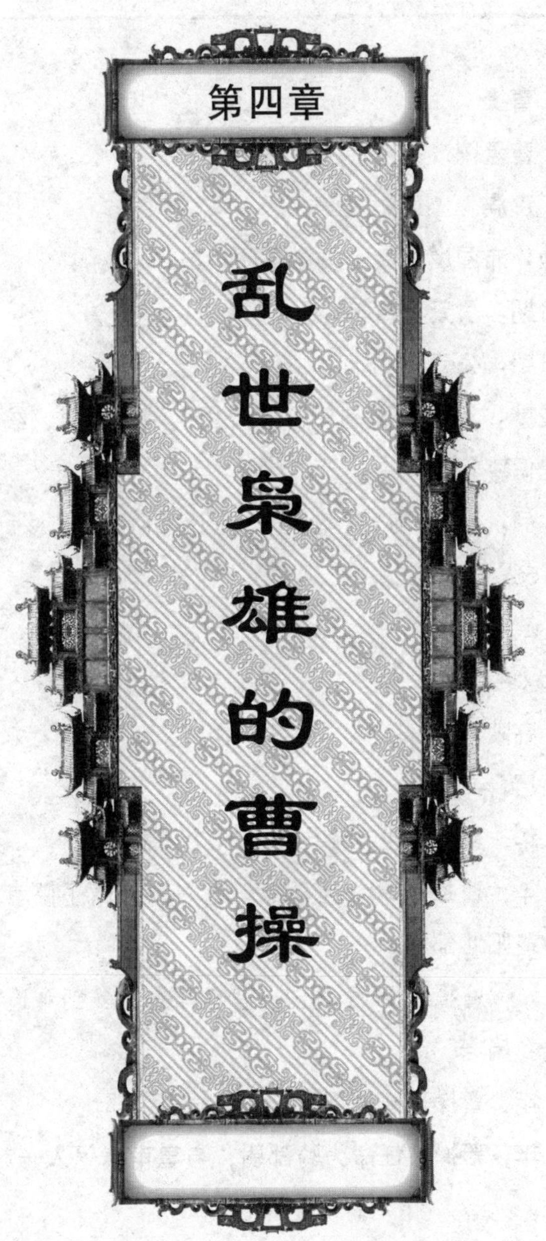

第四章

乱世枭雄的曹操

皇帝档案

☆姓名：曹操

☆别名：曹孟德、曹吉利、曹阿瞒

☆民族：汉族

☆出生地：沛国谯县（今安徽亳州）

☆出生日期：公元 155 年

☆逝世日期：公元 220 年

☆主要成就：实行屯田制，安抚流民；消灭群雄，统一北方；开创建安文学，提倡薄葬

☆代表作品：《观沧海》《龟虽寿》《让县自明本志令》等

☆享年：66 岁

☆谥号：武皇帝

☆庙号：太祖

☆陵墓：高陵

☆生平简历：

公元 155 年，曹操出生在沛国谯县（今安徽亳州）。

公元 174 年，曹操被举荐为孝廉，进入京师做了郎官。没多久，曹操就被任命为洛阳北部尉。

公元 178 年，曹操因为唐妹夫被宦官诛杀，受到牵连而被罢官。之后，他回到家乡闲居。

公元 180 年，曹操又被朝廷征召，任命为议郎。

公元 184 年，曹操被任命为骑都尉，与皇甫嵩等人一起镇压黄巾军，结果大获全胜。

公元 188 年，曹操被任命为八校尉中的典军校尉。

公元 189 年，曹操刺杀董卓失败，然后逃出京师。

公元 190 年，曹操率领部队与董卓的部队交战，结果大败。

公元 192 年，曹操打败黄巾军，收其精锐，组成军队，号青州兵。

公元 193 年，曹操的父亲曹嵩被陶谦所杀，曹操率兵进军徐州，最后因粮草不足而撤军。

公元 195 年，曹操整军对战吕布，大获全胜，平定兖州。

公元 196 年，曹操逢迎汉献帝，被册封为司隶校尉、录尚书事，迁都许昌。后来，曹操又被册封为司空，行车骑将军事。

公元 197 年，曹操讨伐张绣，张绣率部投降，后来张绣又叛变曹操。曹操的大儿子以及大将典韦战死。后来，曹操先后两次讨伐张绣，都没有将其彻底击败。

公元 198 年，曹操东征徐州，取得胜利，斩杀了吕布、陈宫、高顺等人。

公元 199 年，曹操派遣曹仁等人进攻张杨旧部眭固，拿下了河内郡，将势力范围扩张到了黄河以北。同年，官渡之战爆发。

公元 200 年，官渡之战以曹操大获全胜而结束。

公元 206 年，曹操攻灭高干，平定并州。

公元 208 年，曹操废三公，恢复丞相制度，并且自任为丞相。同年，在赤壁之战中，曹操大败而归。

公元 211 年，曹操平定关中地区。

公元 213 年，曹操亲自南征孙权。

公元 216 年，汉献帝册封曹操为魏公，加九锡、建魏国，定国都于邺城。

公元 217 年，曹操在与刘备争夺汉中地区中失利，主力部队退出汉中。

公元 219 年，曹操放弃汉中地区。

公元 220 年，曹操在洛阳因为疾病去世。

人物简评

在汉末乱世之中，曹操积极追求个人的理想与抱负，不断地超越自我，最终取得了斐然的成就。曹操将齐桓公与晋文公等人作为榜样，马不停蹄地追逐“老骥伏枥，志在千里。烈士暮年，壮心不已”的境界。与此同时，因为他有着或多或少的自卑感与不安全感，所以，他信奉“宁愿我负天下人，勿让天下人负我”的信念，促使他变得喜欢猜疑，行为善变，令人捉摸不透。

陈寿在《三国志》中评价曹操的时候说道：“汉末，天下大乱，雄豪并起，而袁绍虎视四州，强盛莫敌。太祖运筹演谋，鞭挞宇内，揽申、商之法术，该韩、白之奇策，官方授材，各因其器，矫情任算，不念旧恶，终能总御皇机，克成洪业者，惟其明略最优也。抑可谓非常之人，超世之杰矣。”

生平故事

趁乱而起讨逆贼

曹操的祖父曹腾是一名很有地位的宦官，父亲曹嵩是曹腾的养子。曹操出生的时候，取了一个小名叫作阿瞒。那个时候，朝廷的政治非常腐败，为了敛财，皇帝将官位拿出来进行买卖。曹嵩依靠父亲曹腾的关系，在交了上万文钱之后，就当上了太尉。这个职位在当时的官职中已经不低了。之后，曹嵩又相继担任过司隶校尉、大司农等官职。

因为家族具有十分大的势力，少年时代的曹操，不仅衣食无忧，而

且因缺乏管教而变得放荡不羁，不受世俗礼教的约束。所以，周围不少人都瞧不上他。但是他十分机警，做事也懂得随机应变，并且善于射箭。因此，梁国人桥玄很器重他。桥玄曾经对曹操说道："现在天下将要发生大乱，没有治世才能的人根本没有办法拯救整个天下，仅仅只有你才是那个可以平定天下的人。"桥玄很想帮助曹操早日成名，就将他推荐给当时在社会上有着很高名望的许劭。许劭喜欢品评人物，在非常认真地端详了曹操一番之后，然后评价他为"治世之能臣，乱世之奸雄"。很快，这件事情就传播开了，很多士大夫官僚们知道之后，便开始将注意力放在曹操的身上。

公元174年，曹操以"孝廉"得到了地方官的举荐，再加上父辈的帮助，做了一个郎官，担任洛阳北部尉，从此，他的政治生涯正式拉开了序幕。"洛阳北部尉"只不过是一个很小的官，其职责就是负责管理洛阳北部的治安。然而，对于自己所担任的官职，曹操并没有任何轻视，反而决定从小官开始，将京城的治安管理好。他走马上任之后，让人特意订做了一些五色大棒，然后把它们挂在县衙大门的两侧，其目的就在于要对朝廷的禁令与治安条例进行重申，公平地对待豪强权贵与普通百姓，如果有严重违规的人，全部用五色棒打死。有一次，蹇硕的叔父仗着蹇硕是皇帝身边的太监，就毫无顾忌地触犯了夜禁。曹操得知这个消息之后，并没有因为蹇硕的关系而网开一面，仍旧按照法令将他的叔父抓到了县衙，然后处以棒刑。后来，这件事情传播开了，大多数的人都不敢违背禁令了，一时间，京城的治安状况有了非常明显的好转。

那个时候，各地百姓在严酷的剥削与压榨之下，纷纷自发地聚集起义，在颍川组成了黄巾军，高举义旗反抗朝廷。随着时间的推移，起义的队伍逐渐地发展壮大起来，让统治者感受到了威胁。于是，朝廷就派兵前去围剿。当时担任骑都尉的曹操也跟着皇甫嵩前去对黄巾军进行镇压。因为他在作战的过程中，非常勇敢，并且数次立下战功，所以被提升为济南相（太守）。济南（今山东历城东）属于一个侯国，这个地方的王侯未掌行政权力，只能坐享领地中的赋税收入，至于政事，自会由朝廷派来的国相进行处理。那个时候，济南统治下的十多个县的县官大多都上下勾结、贪污受贿，鱼肉百姓，将当地弄得一塌糊涂。曹操走马上任后，通过不断调查取得了相关的证据，先后检举了十多个危害乡里的县官，其中有 8 人被罢职停用。这才使得济南的吏治得以好转起来。

到了何进掌权的时候，曹操已经担任典军校尉之职。那个时候，何进大量屠杀宦官，曹操在他身边帮了不少忙。当董卓率领着大军进入洛阳之时，曹操由于不想为董卓卖命而受到董卓的追杀，最终逃到了陈留。陈留太守张邈觉得曹操算一个人物，给予了他很大的帮助。曹操就利用自己的一部分财产作军饷，大力招兵买马，最终招了士兵五千余名，把他们组成一支军队，系统地进行训练，打算在时机成熟的时候对董卓进行讨伐。之后，曹操又联合渤海太守袁绍、兖州刺史刘岱、河内太守王匡、冀州牧韩馥等人一起出兵征讨董卓。因为袁绍在众人当中的声望是最高的，因此他被推选为盟主。

董卓得知各路诸侯联合起来起兵的消息之后，非常害怕，他强行将汉献帝以及百万百姓一起迁到长安，并且放火将所有的宫室、官府以及民房都烧毁了。那个时候，死伤的百姓不计其数。面对这样的情景，高喊着要征讨董卓的联军却没有任何的动静。有一次，各路将领聚集起来开会的时候，曹操说道："各位都是为了征讨逆贼董卓才起兵的，如今，他将天子劫走，将宫室烧毁，弄得民不聊生。这正是向他发起进攻的大好时机，为何大家还在犹豫不决呢？"曹操慷慨激昂地说了一大段，但是却没有一个人出声响应。就连当时的盟主袁绍唯恐自身实力受损而不愿意出兵，其他人就更不用提了。

曹操见状非常气愤，于是，就带来自己手下的五千将士，向成皋（今河南荥阳汜水镇）前进。董卓知道这个消息之后，立即派遣徐荣率领大军在汴水（今河南荥阳西南）对曹操的军队进行拦截。因为曹操的兵力实在太少了，所以，两军刚刚开始交战，曹操的兵马抵挡不住就败退了下来。而且，曹操在撤退的过程中，敌军中突然飞出来一支箭射中了他的肩膀，随后，又有一支箭射中了曹操的坐骑。那马因为吃痛受惊，而把曹操掀翻在地。眼看着徐荣的追兵就要追上来了，就在这相当紧急的危险时刻，大将曹洪及时地赶到，快速地把曹操扶上了战马，两个人骑着一匹马，才从险境中逃了出来。在这一次对阵中，曹操大半兵将都死在了战场上，但是，那些同盟军却在饮酒取乐，根本就没有征讨董卓的准备。没过多长时间，粮草就被几十万大军吃完了，征讨董卓的起义以失败告终。

由弱变强渐壮大

东汉末年名震一时的黄巾起义虽然最终被镇压下去了，但是，它却给予了汉朝地主阶级非常沉重的打击。东汉时期的政权早已经变得腐败不堪，分崩离析，几乎名存实亡了。而在对黄巾起义进行镇压的过程中，各地的州郡官吏开始将军政大权揽在自己的手中，地主豪强也都开始组建“部曲”，也就是私人的武装，到处占领地盘，形成了一个个或大或小的割据势力，因而步入了为争权夺利而互相兼并的长期战争当中。一时之间，广大的中原大地到处都能看到“白骨露于野，千里无鸡鸣”的凄惨景象。那个时候的割据势力，主要包括河北的袁绍、河内的张杨、兖豫的曹操、徐州的吕布、扬州的袁术、江东的孙策、荆州的刘表、幽州的公孙瓒以及南阳的张绣等。各路英雄群起争雄的局面形成了，在各路割据势力不断的交战过程中，袁绍与曹操这两大军事集团的力量渐渐地强大起来。

当曹操手中有了足够粮草的时候，他的军队的实力也随之壮大了。于是，曹操就开始实施将全国统一的宏伟计划。那个时候，全国各地存在不少豪强，他的周围也是强敌环绕：东面有吕布占据徐州；西边有张绣占据荆州南阳；南边有袁绍占据淮南扬州；北边有袁绍占据青、冀、并、幽四州。曹操在对当时的形势进行非常认真的分析之后，就制定了一个策略——联强击弱、逐个击破。他首先将韩遂、马腾拉拢过来，与他们定下了一个盟约，不要相互进行攻击，然后，又用天子的名义对袁绍进行封赏，让他不要轻易出兵。曹操安排好一切之后，就率领大军前去进攻张绣。

公元197年，曹操率领大军过关斩将，一直打到了南阳郡的宛县，张绣的部队实在抗不住了，就假意向曹操投降。张绣看准时机，在一天晚上，趁着曹军防范不是很严的时候，悄悄地将自己的部队召集起来，向曹军发起突然袭击，打得曹军溃不成军。曹操带着损失惨重的残部逃到了舞阴进行休整。

公元199年，曹操再一次率领大军向张绣发起猛烈的进攻，张绣的军队被打得节节败退。后来，张绣在谋士贾诩的劝导之下，再一次向曹操投降。曹操正是用人的时候，就没有对张绣加以怪罪，反而极力对张绣进行拉拢，封张绣为扬武将军，而且还让张绣的女儿嫁给自己的儿子曹均为妻。就这样，两人从仇敌变成了儿女亲家。张绣的归顺，大大增加了曹操的实力，使其有了足够的力量攻打袁术。

早在公元196年的时候，袁术就公开称帝，并且把寿春当作都城。为了使自己能够稳坐皇帝之位，袁术大力拉拢吕布，而且还想与吕布结成儿女亲家，然后将兵马聚集到一个地方，从而一起对抗曹操的大军。曹操知道这个消息后，迅速地用献帝的名义下了一道诏书，表扬吕布斩杀逆贼董卓立下了大功，并且给予了一定的封赏，以便借此对吕布进行笼络。吕布拿到圣旨之后，就开始后悔把自己的女儿许配给袁术的儿子并且送往袁术的阵营了。

于是，吕布连忙派人把已经走到半道的女儿又截了回来，同时，杀死了袁术派来的使者。袁术为此震怒，率领骑兵几万人前来攻打吕布。因为吕布在作战的过程中，非常勇猛，袁术的军队连连战败。曹操与袁术的实力都在不停地削弱，当曹操看到时机已经成熟的时候，就立即派遣大军向袁术发起猛烈的进攻。这个时候的袁术已经没有能力抵抗了，

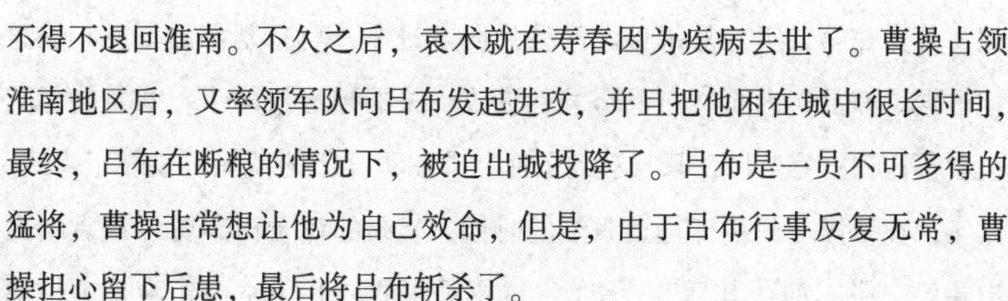

不得不退回淮南。不久之后，袁术就在寿春因为疾病去世了。曹操占领淮南地区后，又率领军队向吕布发起进攻，并且把他困在城中很长时间，最终，吕布在断粮的情况下，被迫出城投降了。吕布是一员不可多得的猛将，曹操非常想让他为自己效命，但是，由于吕布行事反复无常，曹操担心留下后患，最后将吕布斩杀了。

挟天子成就霸业

建安元年（196），曹操挟持着汉献帝来到了许县，形成了“挟天子以令诸侯”的局面，在政治上取得相当大的优势。袁绍将公孙瓒打败之后，拥有了青州、幽州、冀州以及并州。建安四年（199）六月，由于曹操的部队快速扩张，让袁绍感到十分担忧，因此，袁绍精心挑选了十万精兵，万匹良马，想要快速地将许都拿下，由此，官渡之战的序幕正式拉开了。

为此，曹操非常认真地对当时的情形进行了分析：

第一，袁绍的兵力要远远多于曹操，千里之长的黄河有很多地方可以作为渡口，如果将兵力分开进行把守，那么局势会变得防不胜防，不但很难阻止袁绍的军队南下，而且还会使得自己原本已经处在劣势的兵力更为分散。

第二，官渡位于鸿沟的上游，临近汴水。鸿沟西面连接虎牢、巩洛要隘，东下方向为淮泗，是许都北面与东面的屏障，是袁绍争夺许都的非常重要的渡口以及必争的地方。再加上官渡距离许都不远，后勤补给会比袁绍的部队方便很多。因此，曹操认为官渡地区应当是与袁绍的军队进行对决的最佳地点。

建安四年（199）十二月，当曹操正在忙着部署与袁绍对战之际，刘备也开始率兵对抗曹操，占据了下邳地区，屯据在沛县（今江苏沛县）。没多久，刘备的军队就增加到了数万人，并且与袁绍取得联系，打算一同向曹操发起进攻。为了使许昌和青州、兖州保持联系，避免在两面开战，曹操在第二年二月亲自统率精兵向东进军，攻打刘备的军队，快速地占据了沛县，进而又向下邳发起进攻，关羽被迫投降了。刘备的部队被曹军打得七零八散，只身逃到了河北，在不得已的情况下投靠了袁绍。其实，在曹操与刘备打得正激烈的时候，袁绍的谋士田丰曾经给袁绍提出建议“举军而袭其后”，但是，袁绍用年幼的儿子生病作为理由拒绝了，就这样，曹操从容不迫地打败刘备大军，然后又顺顺利利地回军官渡。

建安五年（200）正月，袁绍命令陈琳书写了讨伐曹操的檄文并且公布于众，在檄文当中将曹操骂得体无完肤。二月，袁绍大军向黎阳挺进，想要渡过黄河与曹操的主力部队进行一场大决战。为了拿下黄河南岸的要点，他派遣大将颜良向白马的东郡太守刘延部发起进攻，以便保证他们的主力部队能够顺利渡过黄河。四月。为了取得主动权，在初次交战中获胜，曹操亲自率领部队北上解救白马的危机。

这个时候，谋士荀攸献计说道：“如今敌强我弱，不宜正面进行交锋，应当分散袁绍的兵力，然后再逐个击破，这样一来才能够取得胜利。曹公您亲自率领大军进军延津（今河南延津北），然后，放出消息，说我军将要渡过黄河向袁绍的后方发起进攻，袁绍收到消息后必定会分兵进行拦截。到了那个时候，我们的骑兵就能够趁着他们没有作防备，然后向白马发起突然袭击，一定能够将颜良擒获。”

曹操觉得荀攸的这个建议很有道理，就欣然采纳了，当即派出一部分士兵向延津地区挺进。袁绍知道曹操想要对自己后方发起攻击的消息之后，惊慌失措，急急忙忙地派遣黎阳的军队前往延津渡口对曹军进行拦截，以防他们渡过黄河。曹操看到袁绍果然中计，就趁着这个机会率领轻骑，派遣张辽、关羽作为前锋，火速赶往白马。关羽快速地接近颜良的军队，冲入万军当中，将大将颜良杀死，并且斩下他的首级回来了，袁军被打得溃不成军。

在曹操解除白马的危机之后，居住在白马地区的百姓也随之迁徙，他们沿着黄河向西快速撤退，而袁绍则率领大军渡过黄河进行追击。袁绍的大军来到了延津南地区，派遣大将文丑和刘备继续率领兵将对曹军进行追击。那个时候，曹操仅仅只有600名骑兵，在南阪（白马南）安营扎寨，而袁军的数量达到五六千骑，而且还有很多步兵在后面跟着。面对这样的情形，曹操就命令士兵将马鞍解下来，然后将马放跑，接着，再故意将辎重都扔到道旁。袁军一看果然就中计了，开始争抢这些财物。突然，曹操率军向袁军发起进攻，最后将之击败，并且斩杀了文丑，顺利地退回了官渡。

官渡之战，经过长达一年多的对峙之后，最后的结果是，曹操大获全胜，袁绍一败涂地。曹操仅仅动用了两万左右的兵马，依靠出奇制胜，将袁绍的十万大军击败。官渡之战成为了中国历史上“以弱胜强，以少胜多”的非常经典的战例之一。曹操凭借自己的出色的才智与非凡的勇气，为他的军旅生涯书写了最为辉煌的一页。

建安七年（202），袁绍因为战败而郁闷不已，不久就病死了。曹操趁着这个机会将袁氏军事集团彻底地消灭了。建安十二年（207），曹操又收服了乌桓，到这个时候，连年战乱的北方地区终于实现了统一。

年老志向不衰

随着时间的推移，曹操越来越不把汉献帝当回事，篡汉的意图似乎也越来越明显了。对此，东吴大将周瑜骂曹操为：“托名汉相，实为汉贼”，而刘备则骂曹操为“欲盗神器”。外有刘备与孙权虎视眈眈，内有马超等关中诸将伺机而动。内外政敌大力宣传，说曹操怀有“不逊之志”，甚至还有人强烈地要求曹操将手中的兵权交出来。为了给予集团内部的拥汉派势力以安抚，曹操被迫将篡汉的想法深深地隐藏起来，极力地表现出自己忠于大汉王室。

公元210年十二月，曹操颁布了一道《让县自明本志令》，强调在年轻的时候，自己就曾经立下志向，济世为民，没有一点儿个人野心。现在，自己身居丞相之职，已经远远地超过了以前的志向。曹操说自己为阻止他人称帝已做了不少事情，既不会允许别人称帝，也不允许自己称帝。曹操还说大汉王室对曹家的信任已经超过三代，自己不能够将兵权交出来，这既是为了保证自己以及子孙的安全，也是为了保证国家的安全。至于封地，曹操愿意将四县封地让出三县，食户也从三万减少到二万。

公元219年，孙权给曹操上表，劝说其称帝。曹操看完之后对众位大臣说道："孙权这是想要将我放到火炉上烧烤啊！"有些野心勃勃之人借着汉献帝的名义，想要秘密地发动政变。对于这样的内部政敌，无论其名望是否高，功劳是否大，曹操都给予了灭族的处理。在此之前，汉中的张鲁向曹操投降，因而，曹操占领了汉中地区。而刘备则率领大军前来争夺汉中地区。

公元219年三月，曹操亲自率领大军从长安出发，经过斜谷对汉中地区进行支援。斜谷的长度可以达到五百里左右，属于陕川间的险道。汉中的地形十分险峻，而曹操的兵将大多来自平原，这样的山地对于曹军作战是非常不利的。曹操担忧汉军会突然发起袭击，就派遣兵马守在途中的各个险要之地，慢慢地推进到南郑。曹操占领地盘很大，防线也不短，既要警惕地防备着孙权，又没有办法集中全力对付刘备。而且，曹操大军的运输补给也成为了一个难以解决的问题。于是，刘备就紧紧地抓住了曹操的薄弱环节，进行突破。

刘备与孙权达成协议，两家分割了荆州，这样一来，刘备就没有了后顾之忧，可以集中人力、财力以及物力，专心地与曹操作战。刘备下令汉军在所占领的险要之地进行防守，不要与曹军硬碰硬。有一次，刘备的部将黄忠率领部队前往汉中地区，在半路上遇到了大股曹军的袭击。赵云就率领少数骑兵冲进敌军的阵中，将曹军打散了。随着战争的发展，形势对曹操越来越不利，于是，在五月，曹操不得不下令从汉中地区撤出来。

八月，关羽率领荆州的守军对曹仁镇守的樊城进行围攻。但是，于禁错误地将兵马驻扎在低矮的汉江和白河的交汇地区。结果，关羽率兵在上游将河水筑坝拦截，等到河水暴涨之后，再将河堤掘开，淹死了于禁大部分的兵马，剩下没有被淹死的于禁以及士兵全部都被抓住了。于禁最后在不得已的情况下投降了。其间，关羽曾经极力劝说庞德也放下兵器投降，然而，庞德却誓死不降，最终被杀了。

十月，曹操率领部队赶往洛阳。徐晃则带领着新兵前去樊城救援，在樊城北面与关羽的部队交战，多次战败，导致许昌的百姓一个个都人心惶惶。

面对这种情形，曹操想要迁都以便暂时躲开关羽的兵锋。对此，丞相主簿司马懿极力劝阻，这才打消了曹操迁都的想法。徐晃使用坚守不出战的方法，等待着曹操的大军前来营救。关羽依旧在江陵等地留下了大量的军队，以便防止孙权从后方发起突然袭击。

东吴孙权对于占领荆州的刘备早已经很不满了，但是为了共同对抗曹操，才暂时将双方的矛盾淡化，从大局出发，求得生存，尽量做到和平相处。然而，关羽过于自负。有一次，孙权派遣使者前去见关羽，传达让关羽的女儿嫁给自己儿子的想法，以便更好地巩固双方的联盟。但是，关羽却断然拒绝，并且还出言侮辱了孙权一番，惹来了孙权滔天的怒火。于是，孙权命令吕蒙在陆口驻守，找机会将荆州夺回来。为了麻痹关羽，使之放松警惕。孙权故意公开发布命令，将假装生病的吕蒙召了回来，让当时还名不见经传的陆逊去代替吕蒙镇守陆口。陆逊刚上任，就亲自给关羽写了一封信，在信中大肆对关羽进行恭维。于是，关羽就误以为陆逊不足为虑，认定只有曹军才能称为劲敌，所以，就把原本留守后方的军队全部调到了前线。

这个时候，孙权又写信给曹操，表示将要派兵向关羽的部队发起突袭，如果关羽丢了江陵与公安，那么，樊城的危机就能不救自解，希望曹操不要将这个机密泄露出去。但是，曹操却悄悄将密信中的内容泄露了出去，想要使孙权与关羽进行争斗，以便能够坐收渔人之利。曹仁的军队得知这个消息之后，士气大涨。关羽看完那封信之后，怀疑这到底是不是曹操故意设下的离间计，同时，也认为孙权不太可靠，于是就犹豫不决，没有及时回兵。曹操的各路援军会合之后，就向关羽的军队发起猛烈的进攻，关羽的军队不敌，损失非常惨重，被迫撤退，最后，樊城的危机解除了。接着，曹操下令不要追击，想要看关羽与孙权这两虎相争。

这个时候，孙权率领部队西上，将关羽在沿江设立的岗哨全部都灭掉了。蜀军在公安城中镇守的是傅士仁，在江陵镇守的是糜芳。糜芳与傅士仁等部的职责是负责供应关羽的各种军需。但是，因为有的时候不能及时地供应，所以，关羽威胁他们两个人说回师之后必定会狠狠地对其进行惩罚。糜芳与傅士仁十分害怕，所以，在孙权的诱降下先后将城门打开，然后向孙权投降了。

东吴将领吕蒙占据江陵之后，给予了关羽及其将士的家属极好的优待，使得关羽的部队将士完全丧失了战斗力，一个个都逃回了江陵。在万般无奈之下，关羽率领残部退守到了麦城，结果却被东吴的大军包围。最终，关羽被杀。

为了嫁祸曹操，孙权就派人把关羽的人头给曹操送了过去，暗示东吴之所以杀关羽，完全是受了曹操的指使。但是，曹操并未中计，用诸侯的礼仪风风光光地安葬了关羽。由此可见，孙权与曹操都是非常擅长利用反间计来达成自己目的之人。襄樊战役之后，孙、刘两家的联盟彻底解体了，同时，这也为吴、蜀的未来埋下了隐患。

曹操不仅有安邦定国的伟大志向，而且也有改造社会的美好愿望。所以，曹操采用很多措施对东汉时期的弊政进行改革，并且取得了一些显著的成效。比如，奖励垦荒屯田，大力兴修水利工程；严厉执法，压制豪强；主张修学教化，提倡仁义道德；广招人才，赏罚分明等，以便促进社会与生产的稳定与发展，同时也为曹操在三国争霸中取得胜利奠定了非常坚实的基础。

与此同时，曹操在文学上也取得了非常突出的成就。他的诗歌大气雄浑，充满了悲壮慷慨之情，并且每首诗歌的立意也十分深远，因而开创了一代诗风，后人将其赞为“建安风骨”。由于曹操的影响，他的儿子曹丕、曹植、建安七子等非常出色的作家一起开创了建安文学的时代。在中国优秀的文学风格中，“建安文学”也是不可缺少的一部分。志向远大的曹操，与他所建立的辉煌事业，永远在历史悠久的中华大地上显耀着迷人的光芒。

曹操想不想当皇帝

众所周知，一代枭雄曹操到死也没有宣布称帝。那么，他到底有没有当皇帝的想法呢？对此，不同的学者专家们，持有不同的观点。

大部分的人都认为，曹操想要做皇帝，只不过是碍于当时的形势，才知难而退，将代汉自立的任务留给了自己的儿子——曹丕。证据就藏在《三国志·武帝纪》裴松之注引《魏略》与《魏氏春秋》中。根据这两本书上的记载，曹操成为没有名号却有实权的皇帝之后，代汉自立的呼声日渐高涨起来。

建安二十四年（219），以桓阶、陈群、夏侯惇为代表的大臣支持曹操代汉自立。他们认为，大汉王朝早已经名存实亡，天下的所有土地与子民都不属于汉朝，只剩下一个虚名而已，完全可以取而代之。

夏侯惇曾经说道：“何为万民之主？可以为民除害、众望所归之人。从古至今皆如此。主公即这种人，应当尽早‘应天顺民’，还犹豫什么呢？”

曹操给出的回答是：“圣人孔子曾经说过，‘施于有政，是亦为政’。倘若天命真的眷顾于我，那我就做周文王吧。”

大家都知道，周文王拥有三分之二的天下，但是却依旧为殷商的臣子。是他的儿子周武王取代了殷商。因此，学术界通常都认为，曹操说这句话的意思，是让他的儿子曹丕将他想要做而没有做的事情做完。果然不出所料，曹操死后才过了几个月，曹丕就强行逼着汉献帝将皇位禅让给他了。

然而，也有一部分人认为，曹操根本就没有称帝的念头，比如，吕思勉先生。吕思勉的《三国史话》中有一个名为《替魏武帝辨诬》的章节，其中对曹操想要代汉自立的想法给予了全盘的否定。他说，曹操曾经自比为周文王，“正见得他不肯篡汉”。至于很多学者觉得这句话是在暗示由曹丕来做皇帝，吕思勉先生给出的评论是“岂非梦呓”。

第五章 国破身死的隋炀帝

皇帝档案

☆姓名：杨广

☆别名：杨英、阿麽

☆民族：汉族

☆出生地：长安（今陕西西安）

☆出生日期：公元 569 年（己丑年）

☆逝世日期：公元 618 年

☆信仰：佛教

☆主要成就：平吴会（绍兴）、北却突厥；完善科举制度；开凿大运河；善属文；声名籍甚，冠于诸王；迁都洛阳，定中华正韵

☆在位时间：公元 605 年~公元 618 年

☆享年：49 岁

☆谥号：炀皇帝、闵皇帝、明皇帝

☆庙号：世祖（杨侗尊）

☆生平简历：

公元 569 年，杨广出生在长安，也就是今天的陕西西安。

公元 581 年，杨广被册封为晋王，拜柱国、并州总管。后来，杨广又授武卫大将军，进位上柱国、河北道行台尚书令等。

公元 588 年，杨广晋封太尉之职。

公元 590 年，杨广被册封为越国公。

公元 605 年，杨广继承皇位，历史上称为隋炀帝。同年，迁都洛阳，营建东都，开通大运河。

公元 609 年，隋炀帝亲自出征，平定吐谷浑，设置西海、河源、鄯善、且末四郡。

公元 615 年，隋炀帝北巡长城，被始毕可汗率兵围住，直到九月才得救。

公元 618 年，隋炀帝被逼自缢而亡。

人物简评

提起隋炀帝，大多数人都会称其为“亡国天子”、“荒淫皇帝”，认为他“残暴不仁”、“昏庸无能”，简直就是“末代昏君”最为典型的代表。然而，真实的历史果真如此吗？诚然，隋炀帝晚年时期确实有点残暴，但是，我们也不能否定了他在早年时期所作出的卓著功绩：南平陈朝，北击突厥，开通南北大运河等。隋炀帝是一位很难简单评说的历史人物，我们姑且用“伟大的暴君”作为他的墓志铭，至于更多更公正的客观评价，我们不妨留给后人吧。

生平故事

不断开拓疆土

大业元年（605），隋朝将领韦云起率领突厥兵马将契丹打败，并且以经过契丹前去柳城（今辽宁朝阳南）与高丽进行交易作为理由，率领大军进入了契丹的境地，契丹人并没有对其谨慎防备。韦云起率领大军前进到距离契丹大营五十里的地方，突然向契丹部队发起猛烈的攻击，最终，将契丹军打得溃不成军，抓获了四万多俘虏。隋朝的用兵，非常有效地阻止了契丹的崛起。

大业四年（608），隋炀帝派遣军队将吐谷浑消灭，拓展了数千里的疆域，并且推行郡县制度进行管理。从此之后，吐谷浑正式成为了中国统治下的领土。这是以前各个朝代从来没有设置过的比较正式的行政区。

大业五年（609），隋炀帝亲自率领着大军从京城长安（今西安）出发，浩浩荡荡前往甘肃陇西，西上青海，从祁连山横穿而过，经过大斗拔谷北上，来到河西走廊的张掖郡。因为西部大漠边关的自然环境非常恶劣，隋炀帝还遭遇了狂风暴雪的袭击，大半的士兵都被冻死了，很多随行的官员也都是失散了。隋炀帝一行人都弄得十分狼狈。在这次花费了半年时间的西巡中，隋炀帝到达的最远地方为青海和河西走廊。隋炀帝此行对后世产生了非常深远的影响。在中国封建社会众多的皇帝当中，只有隋炀帝一个人到达过西北如此远的地方。隋炀帝在西巡过程中，设置了西海、河源、鄯善以及且末四郡，大大促进了甘肃、青海、新疆等地区成为中华民族不容分割的一部分。

隋炀帝除了向西北方向拓展疆土之外，还在东南方向发动了很多开拓领土的战争，并且最终都是以胜利告终。这使得隋朝东南的领土疆域拓展到了印度支那的安南、占婆（今越南地区）以及台湾等地区。之后，大隋王朝还将很强大的突厥一分为二，即东突厥和西突厥两部，并且与东突厥发生战争，最终大获全胜。这也为日后唐太宗获得一系列的胜利奠定了基础。现代很多专家学者都认为，与唐朝的疆域相比，隋朝的疆域要大很多。

隋炀帝来到张掖地区后，西域二十七国君主和使臣都争着前来朝觐，以表臣服之心。于是，张掖发展成了各个国家的商人聚集在一起进行贸易的地方。隋炀帝亲自将丝绸之路打通，这种行为是只有明君贤主才能够做出的成绩。隋炀帝杨广为了显示中国盛世，在古丝绸之路上举行了一场规模浩大的万国博览会。这也算得上是“前无古人后无来者”的创世之举。

丝绸之路横贯亚欧地区，是古代非常重要的通道。它的起点通常被认为是长安（今西安）、实际上，丝绸之路会随着朝代的不断更替，政治中心的不断转移而不断地发生变化。长安（今西安）、洛阳、平城（今大同）、汴梁（今开封）以及大都北京都曾经先后作为丝绸之路的起点。向西一直延伸，直至罗马。在经过这条漫长道路而进行交易的货物当中，最具有代表性的就是中国的丝绸，因此，这条路被称为“丝绸之路”。

开通大运河

古时候，陆上的运输全靠人力与牲畜，不仅运输速度缓慢，而且运载量很小，但是，其费用与消耗却非常大，因此，大批量货物的运输通常都会尽可能地选择水路运输。中国天然的江河大多数都是由西向东横向进行流动的，但是在黄河流域遭受数次战乱的破坏，而长江流域得到开发之后，中国就慢慢地形成了一种很特殊的局面——经济文化中心位于南方，而政治军事中心却位于北方。因此，对于历朝历代来说，开辟并且维持一条横穿南北的水路运输干线是非常重要的。只有满足了这个条件，南北两大中心才能够始终保持联系，南方上缴的赋税与买卖的各种物资才能够不断地运往京城。

隋炀帝杨广登基称帝之后，为了使南方的粮食顺利运到北方，同时使对东南地区的控制得以加强，在大业元年（605），“命尚书右丞皇甫议发河南、淮北诸郡民，前后百余万，开通济渠”（《资治通鉴·隋纪四》）。通济渠位于黄河的南岸，可以分成东西两段。东段西起荥阳西北黄河边上的板渚，引黄河水进入淮河的支流汴水，经今开封市及杞县、睢县、宁陵、商丘、夏邑、永城等县，再东南穿过今安徽宿县、灵璧、泗县以及江苏的泗洪县，至盱眙县注入淮水。而西段是在东汉阳渠的基础上扩建而成的，西起洛阳西面，以洛水及其支流谷水作为水源，穿过洛阳城南，到达偃师东南，再顺着洛水进入黄河流域。两段的总长度可以达到两千里左右。尽管在施工的时候，对原有的渠道与自然河道进行了充分的利用，但是由于其宽度与深度需要统一，因此，主要还需要凭借人工进行开凿。这场工程非常巨大，而且也十分艰巨。但是，修建的时间却不长，从三月份开始动工，到了八月份就已经全都完成了。当然了，在完成的过程中也付出了非常高昂的代价。

南北大运河的成功开凿，连接了钱塘江、长江、淮河、黄河及海河等五大水系，促使中国的东南沿海连成了一片。大运河就好像一条大纽带，接通五大水系，实际上就是将中国最富有的中心地区，即长江中下游平原、黄淮平原以及华北大平原，全部都串联了起来，促使中国各个地区形成了一个自然整体。换句话说，南北大运河促使中国东南沿海以及江、浙等经济物产富饶的地区和非常广阔的中原地区，形成了一个经济、文化整体，也成为了中国的经济重心所在。而由这个经济重心地区向中国东南与西北各个地区进行辐射，促使中华民族成为了在世界之林中屹立不倒的东方大国。除了宋、金曾经出现过短暂的对峙外，从此之后，中国再也没有出现分裂的局势。这在中国政治、经济以及文化的交流与发展过程中起到了非常重大的作用。不管如何估量都是不足为过的。

悲惨地死去

大业十三年（617），李密、翟让率兵向洛阳逼近。他们挑选了精兵七千，抄近路来到位于黄河和洛水交叉处的粮仓洛口仓，发动突然袭击，并且占领洛口仓。李密将仓门打开，并且昭告天下：如果有需要，不管是什么样的人，都可以前来这里领取粮食。这个消息传出去之后，那些饱受饥饿之苦的百姓都纷纷拥到这里。他们怎么也想不明白：为什么有钱的人越来越有钱，而贫穷的人则越来越穷。大隋王朝的皇帝是多么残暴，这样虐待自己的百姓，在这个没用的地方，囤积了这么多的粮食却见死不救。而李密大人却恰恰相反，他自己没有要一粒米，反而让百姓各自选取自己所需要的。没多久，李密的名声大振，几乎没有人不知道他的名字。

面对这种情况，越王杨侗身边的谋臣错误地认为，李密只不过是一个入室盗窃粮食的人，一个被饿坏了的穷光蛋而已，只要尽早将他抓住杀掉就可以以儆效尤了。于是，越王就任命刘长恭为大将，率领兵将前去讨伐李密。那些不可一世的贵族子弟将此战视为自己出人头地的好机会，纷纷前去报名，要求参战。一时之间，他们穿着锃亮铠甲，手中拿着锋利的武器，威风凛凛地彻夜赶路，在天蒙蒙亮的时候就已经逼近仓城的对岸了。

李密早已经收到了消息，在仓城前门左右两翼布置好了一切，就等着他们的到来。没有什么实战经验的隋军因为贪功心切，都没顾得上吃早饭，就匆匆忙忙地渡过洛水，哄抢着上来，发动攻击了。刚开始的时候，隋军的来势十分凶猛，所以，中路翟让竟没有办法抵挡住，而不断地后退。异常兴奋的隋军则紧紧地追在他们的后面。但是，没过多长时间，隋军的队伍就开始出现混乱。李密抓住这个战机，率领自己的直属精锐部队由两侧包抄过来。一时之间，隋军惊慌失措，全线败退。就连军中大将刘长恭也吓得丢掉自己的盔甲，假扮成普通的士兵，偷偷地逃回了洛阳。这次对战，隋军有一多半被杀，其余的不是逃跑就是投降了，最后李密缴获了多数不胜数的兵器与财物。在这场战役之后，李密的声望变得更高了，对河北、山东以及江淮等地都产生了很大的影响。李密深受将士们与百姓们的拥戴，不仅自封为魏公，封官晋爵，而且还设置了官府。与此同时，他也没忘手下的兄弟，给予了翟让、单雄信以及徐世勣等人相应的封赏。各路英雄得知这个消息之后，都纷纷派遣使者前来拜访，希望能够与李密之间建立一种良好的关系，以便能够使自己得以保全。

李密在占领回洛仓之后，准备向洛阳进军，越王派遣元善达赶往江都，将这里的情况告知隋炀帝。元善达一路上历经千辛万苦，最后终于到达江都，来到隋炀帝的面前，汇报了洛阳的危险处境。因为李密已经拿下了洛口仓与回洛仓，导致洛阳城中的粮食变得十分紧缺，所以根本没有办法长时间固守。因此，前来向隋炀帝请求援助。隋炀帝听完元善达的汇报之后，不知道该怎么办。但是大臣虞世基对于元善达所说的不甚相信，说道："听完你的话，总是感觉你们说得太夸张了。你开口闭口都是反贼怎样怎样猖獗，但是你是如何平安地来到江都了呢？从这件事情中可以看出，事情根本没有你说得那样严重。"

再说隋炀帝，他似乎已经对长安与洛阳完全厌倦与放弃了，而喜爱江都的气候风景，似乎不想离开了，真的有些乐不思蜀了。但是，那些思念家乡的北方士兵们却非常生气，就在无形中种下了矛盾的种子。随着时间的流逝，江都的气氛变得越发紧张了，随时都有可能发生兵变。

尽管隋炀帝是来江都躲避灾难的，但是他极度奢侈荒淫的生活却没有一丝一毫的改变。后宫依旧建造百余间小屋，里面住着很多隋炀帝喜欢的美人。工匠们每天都绞尽脑汁地对房屋进行装饰，对饭食进行烹调。隋炀帝总是由萧皇后与千余名美人陪伴着，在花园中漫步，每天都离不开酒杯，喝得醉生梦死。但是，隋炀帝的心中仍然感到一种莫名的空虚感，不知道该怎么办才好。

有一天，隋炀帝在照镜子的时候，突然询问身旁的萧皇后："我这脖子上的脑袋究竟会被谁砍下呢？"萧皇后听了之后大吃一惊，连忙问道："您这说得是什么话啊？"隋炀帝似乎已经预感到了什么，不过，他仍然好像什么也不在乎地说道："这个世界是非常玄妙而且公平的，贵、贱、苦、乐都是交替而生，正所谓物极必反呀。"隋炀帝发出如此感慨，让人感觉他似乎已经大彻大悟了，已经参透了一切。倘若他果真觉悟了，那么，后来的事情就极有可能不会发生了。后来，有宫女前来向皇后汇报，说那些士兵们很可能图谋不轨。但是，皇后却对此不理不睬，平静地说道："天下的事情已经到了今天这个地步，除了顺其自然之外，我们根本就没有别的办法。即使你向皇上进言又如何，只不过让他徒增烦恼而已。"

大业十四年（618）三月十五日的晚上，将军司马德戡在江都东城中聚集了几万人马，闯进了皇宫中，直接杀到了隋炀帝住的地方。那个时候，隋炀帝的孙子燕王杨倓仅仅只有16岁，他从寝宫中逃出来之后，就立即派人将兵变的消息告诉隋炀帝。隋炀帝询问发生了什么事情，亲信裴虔通就欺骗隋炀帝说："是草坊着火了，大家正在救火。"

大臣裴蕴等人制定了平定叛乱的锦囊妙计，向重臣虞世基禀报。虞世基对于禁卫部队发动叛乱表示不相信，极力阻止平定叛乱。在无奈之下，隋炀帝的孙子燕王只能亲自前去向隋炀帝报告。但是，由于司宫者故意阻拦，因此隋炀帝就错过了平定叛乱的最好时机。

三更过了之后，几万叛军从城外进来，在各个街巷分兵进行把守。五更十分，司马德戡带着骑兵数百名冲到了成象殿，进入皇宫之中。裴虔通则率兵将隋炀帝团团围住。隋炀帝愤怒地问裴虔通："你不是朕的将军吗？为何要反朕？"裴虔通回答："臣不是要反，只不过众位将士们思乡心切，想要回家，所以，希望皇上能够回到京城。"隋炀帝毫无办法地说道："好吧，我跟你们回去就是了。"

天亮之后，宇文化及闯入宫中。隋炀帝亲眼目睹了裴虔通杀死了自己年仅 12 岁的皇子——赵王杲。接着，裴虔通又要将毒手伸向隋炀帝。这个时候，隋炀帝大声喝道："天子有天子死去的方法，将毒酒给我拿来！"但是，裴虔通却没有找到毒酒。没有办法，隋炀帝不得不将自己的腰带解下来，然后，自缢而亡。就这样，隋炀帝在江都宫中走完了自己生命的最后一程。隋炀帝死了之后，隋氏宗室、外戚以及宠臣等也都受到了一定的株连。

事情平息之后，给事郎许善心非常悲壮地为隋炀帝殉葬了。大臣朱贵人因为对叛军进行谩骂，所以被叛军杀死了。将领麦孟才、钱杰以及沈光等秘密商量，准备在出发的时候前去刺杀宇文化及。但是，由于消息不慎走漏了，宇文化及立即派司马德戡率领部众前去镇压，沈光等将领以及其部下几百将士全部战死。

宇文化及带着叛军西返关中的过程中，遭到了李密瓦岗军的大力抵抗，宇文化及的部队受到了非常严重的创伤，手下的兵士变得越来越少，最后被窦建德彻底打败。

公元 618 年八月，江都太守陈棱将炀帝的灵柩找了回来，改葬在江都宫西吴公台之下。九月，大将李渊为杨广追谥号为炀帝。公元 622 年八月，李渊将隋炀帝改葬到了扬州雷塘的数亩田之上。

隋炀帝失败的原因

隋炀帝自从大业元年（605）正月登基称帝，到大业十四年（618），唐军进驻长安，共做了13年的皇帝，隋王朝也由昌盛走向了衰败。隋炀帝的作为加剧了社会矛盾，因而加快了本身的灭亡。除此之外，这里面还是有一些社会原因的。

首先，隋朝的统治阶级都非常贪婪腐败，大肆兼并土地，导致众多贫穷百姓家破人亡，形成了非常尖锐的社会矛盾。当时，隋炀帝最为器重的大臣杨素权倾朝野。根据历史记载，他仗着自己手中的权力大肆圈占邸店以及民户田宅，逼得很多平民百姓走投无路，卖身为奴。他的家中有数千名家童，有上千名妓妾。

根据历史记载，因为以隋炀帝为首的整个统治集团都非常残酷，大力剥削压榨百姓，所以到了隋炀帝后期，全国的农业基本上已经彻底瘫痪了，导致“黄河之北，则千里无烟，江淮之间，则鞠为茂草”，田地全都荒芜了，百姓们也都逃散了。“父母不保其赤子，夫妻相弃于匡床”，全国上下形成了“万户则城郭空虚，千里则烟火断灭”的悲惨局面。

其次，到了隋炀帝后期，统治阶级内部矛盾也变得更加尖锐。那个时候，在隋炀帝所信任的人中，有很多都结党营私，排除异己。权臣宇文述“言无不从，势倾朝廷”。隋炀帝的亲信虞世基，非常善于揣摩皇帝的脾性，将隋炀帝讨厌的人全部除掉。他认为可以用的人，即便犯了重罪也不会受到任何的惩罚。吏治相当腐败，百姓深受其害。

隋朝末年，除了那些正直、有良心的官员对朝廷很失望外，最高统治集团中，原本狼狈为奸的君臣间也不断摩擦。即便当时的重臣杨素，隋炀帝也不完全相信。根据《资治通鉴》的记载，很早的时候，隋炀帝就不满于杨素的居功自傲，在杨素死了之后，他曾经对身边的人说道：“假如杨素不死，也应当全家抄斩。”这对杨素的儿子杨玄感与隋炀帝之间的关系，产生了一定的影响。后来，杨玄感，这位头脑还不算糊涂的隋朝贵族在大业九年（613）带领很多青年贵族举起义旗，反叛朝廷。这可以算是大隋王朝统治阶级内部离心离德的典型案例。最后，隋炀帝被心腹大臣逼得自杀而死，这也可以说是隋炀帝后期统治集团内部的矛盾持续发展的必然结果。

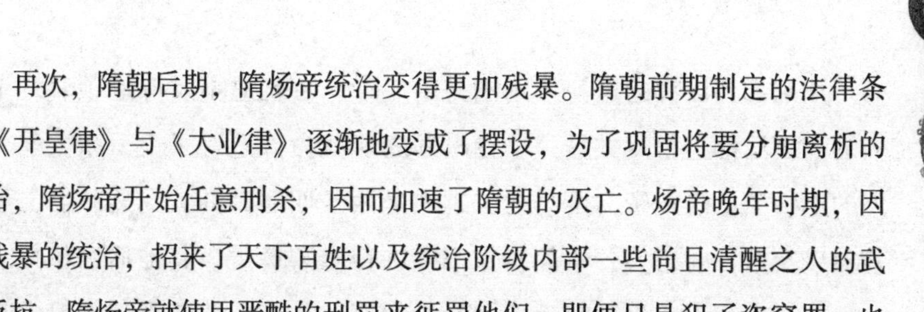

再次，隋朝后期，隋炀帝统治变得更加残暴。隋朝前期制定的法律条文《开皇律》与《大业律》逐渐地变成了摆设，为了巩固将要分崩离析的统治，隋炀帝开始任意刑杀，因而加速了隋朝的灭亡。炀帝晚年时期，因为残暴的统治，招来了天下百姓以及统治阶级内部一些尚且清醒之人的武装反抗。隋炀帝就使用严酷的刑罚来惩罚他们。即便只是犯了盗窃罪，也要被判死刑，并且根本不需要向朝廷上报。这就使得那些贪官暴吏掌握了生杀的权力。他们更加无所顾忌地作威作福，任意地生杀抢夺。

大业九年（613），杨玄感率领众人起兵反对隋王朝之后，隋炀帝在对待起义者的时候，采用了非常残酷的刑罚，将参与杨玄感起义的人“行轘裂枭首之刑，或磔而射之，命公卿以下，脔啖其肉”。古代的刑罚轘裂，是一种利用车马将人体分裂的刑罚；而磔刑则是一种将人的肢体进行分裂的酷刑。隋炀帝采用如此严酷的刑罚惩罚起义军，不仅没有平息反叛，反而更加激起了全国百姓的反抗，历史上将之称为“百姓怨嗟，天下大溃”。在人民起义的大风暴中，隋王朝最终走向了覆灭。

为何修建南北大运河

隋炀帝先后两次征用大量民工，开通运河，一条从洛阳的黄河北岸到涿郡（今北京市），称为“永济渠”；一条从江都对江的京口（今江苏镇江）到余杭（今浙江杭州），称为“江南河”。最后，将这四条运河连接起来，就形成了一条横贯南北，全长达到四千里的大运河。成千上万的劳动人民用自己的血汗，甚至生命换来的这条南北大运河，是中国历史上非常伟大的工程之一，对于我国的经济、文化的发展以及全国的统一起到了十分积极的作用。

不过，学术界对于隋炀帝开凿这条南北大运河的初衷存在着争议。有一部分人认为，当初，昏庸的隋炀帝之所以会开凿这条运河，并不是出于为国为民的民族大义，完全是方便自己前去江南地区游玩，显示自己的尊贵而已。

从东都到江都的运河才刚刚完工，隋炀帝就迫不及待地领着二十万人马前去江都巡游。并且，早在出发之前就命人造好了上万条大船。出发的那一天，隋炀帝与萧皇后分别乘坐两条四层高的大龙船，船上建有宫殿以及数百间宫室，每间宫室都装饰得金碧辉煌。其他后宫嫔妃、王公贵族、文武大臣坐着数千条彩船紧随其后。最后的几千条大船上是将士以及携带的武器与帐幕等物品。这上万条大船在运河上一字排开，船头船尾连接起来，居然有两百里之长。另外，运河两岸还专门修筑了柳树成荫的御道，征发了八万多名民工进行拉纤，同时还有两队骑兵在两岸进行护送。长长的运河之上行驶着光彩夺目的大船，陆地上飘扬着色彩缤纷的旗子。一天到晚，灯火通明，锣鼓喧天，一派说不尽的豪华景象……所以，隋炀帝是为了自己玩耍取乐才开凿了南北大运河。

然而，大多数人对此表示怀疑。他们认为很多历史典籍为了树立李世民的大唐盛世，才刻意贬低了杨广。实际上，隋炀帝杨广也是一个很有才华，志向远大之人，在年轻时也曾经为国家做出过很多贡献。只不过，到了晚年，他错信奸臣，刑罚严酷，最终才落得个被逼自杀的悲惨下场。但是，我们不能因此就否定了他年轻时所作出的成绩，其中就包括这条贯穿南北的大运河。当初，隋炀帝基于当时社会的实际情况，想要实现：输送货物，繁荣商业；加强对南方的管辖；连接南北，便利交通这三个目的，才最终下令开凿一条贯穿南北的大运河。虽然在运河开通之后，隋炀帝曾经利用它前去南方游玩，但是我们不能因此就否认他为国为民的初衷，而认为他纯碎是为了自己玩耍享乐才下令开凿运河的。

近年来，这两种观点一直争论不休，不能达成一个统一的共识。所以，隋炀帝开凿南北大运河的初衷到底是什么，只能等着后人继续研究与探索了。

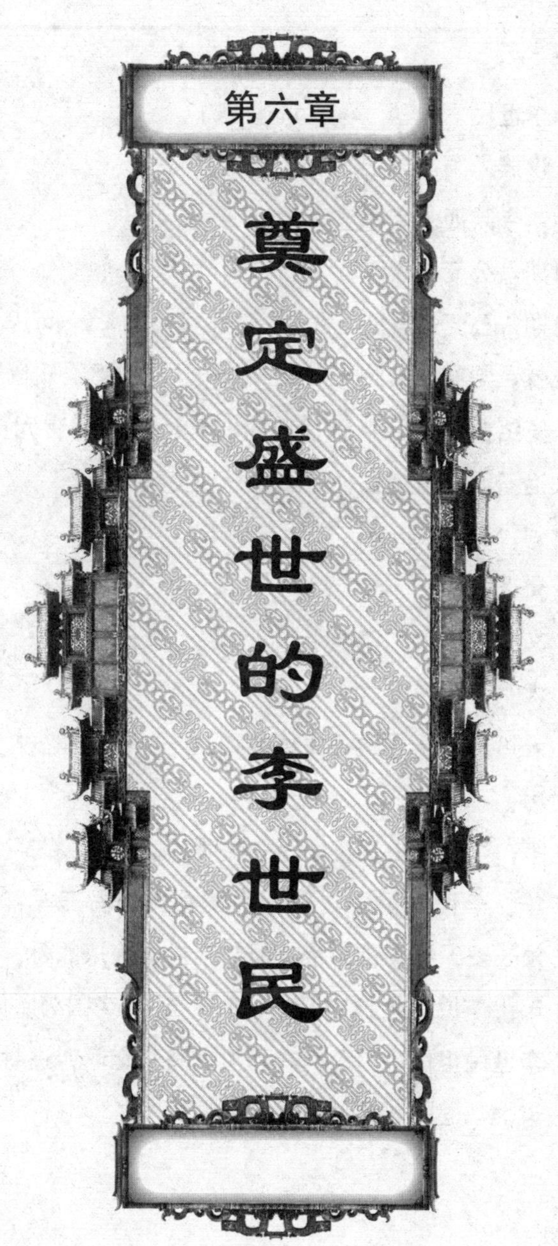

第六章

奠定盛世的李世民

皇帝档案

☆姓名：李世民

☆民族：汉族

☆出生地：今陕西省武功县

☆出生日期：公元 599 年

☆逝世日期：公元 649 年

☆主要成就：帮助父亲统一大唐；大破边疆突厥，巩固帝国统治；扩充教育机构，笼络国家人才；精简政府机构、裁汰冗官冗员；改革三省六部，朝廷政治清明；夙夜在公治国，开创贞观之治

☆在位时间：公元 626 年~公元 649 年

☆享年：50 岁

☆谥号：文武大圣大广孝皇帝

☆庙号：太宗

☆尊号：天可汗（唐周边各民族尊称）

☆生平简历：

公元 599 年，李世民出生在今天的陕西省武功县。

公元 617 年，李世民担任右领军大都督，统右三军，封敦煌郡公。不久之后，占领长安，立杨侑为帝，册封李世民为京兆尹，改封秦国公。

公元 618 年，李世民担任右元帅之职，封辅祭国公。同年五月，父亲李渊继位，李世民担任尚书令、右翊卫大将军之职，进封秦王。

公元 621 年，李世民被册封为天策上将。

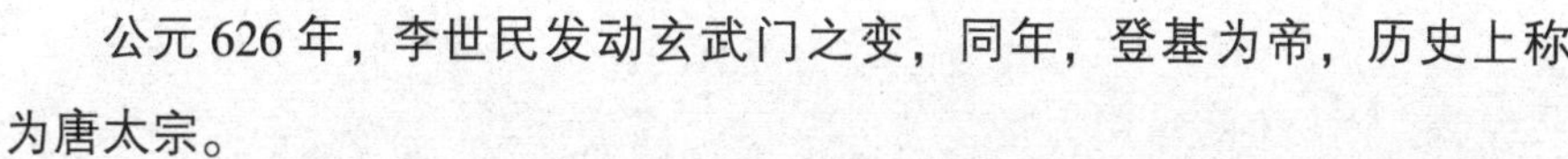

公元 626 年，李世民发动玄武门之变，同年，登基为帝，历史上称为唐太宗。

公元 630 年，唐太宗李世民派遣李靖平定东突厥，俘获了颉利可汗，使北边的威胁得以解除。

公元 635 年，唐太宗李世民派兵平定吐谷浑，俘虏了慕容伏允。

公元 640 年，唐太宗李世民派侯君集平定高昌氏，并且在那里设置了西州，在交河城，也就是今天的新疆吐鲁番西，设置了安西都护府。

公元 641 年，唐太宗李世民将文成公主嫁给了吐蕃的赞普松赞干布，从而使汉、藏两族之间的经济文化更好地进行交流。

公元 648 年，唐太宗李世民撰写《帝范》十二篇颁赐给太子李治。

公元 649 年，唐太宗患上了痢疾，命令太子李治代理国事。最后，因为医治无效，在南山上的翠微宫含风殿病逝。

人物简评

作为一国之君，毫无疑问，李世民是非常成功的。他能够选贤任能、唯才是举、广开言路、从善如流，重视法令，发展经济，开创了“贞观之治”，是千百年来，人人称道的好皇帝。但是，在这位圣明的君王身上，玄武门之变是一块永远无法洗掉的污点。在他晚年时期，当年他与自己亲兄弟之间发生的争斗，又在他的儿子们身上重演。他是一位非常成功的帝王，却是一个十分失败的父亲……

生平故事

随父起兵建大业

自古以来，从来都是时势造英雄，乱世出豪杰。在历朝历代的开国皇帝中，唐高祖李渊就是很出色的一个。隋朝末年，天下大乱，地方势力全都拥兵自重，各地农民起义也是此起彼伏，大隋王朝的统治已经岌岌可危了。在众多反对隋朝的势力当中，李渊的起步很晚，但却可以迅速地脱颖而出，顺利地拿下长安，并且完成一番大业。从大业十三年（617）六月开始起兵反对隋朝，到武德元年（618）五月登基称帝，建立大唐王朝，仅仅用了一年的时间。

公元613年，隋炀帝征伐高丽，李渊在怀远镇督运粮草，从涿郡路过。有一天深夜，李渊与宇文士及秘密地讨论当今时事的时候，心中产生了起兵反对隋朝，争夺天下的念头。公元616年，李渊被册封担任太原留守之职，以王威、高君雅作为副将。那个时候，太原属于一个非常

重要的军事重镇，有着充足的兵源，丰沛的粮饷，能够“食支十年”。李渊觉得这是一个不可多得的好机会，于是就让大儿子李建成留在河东地区，命令他“潜结英俊”；他带着二儿子世民来到太原地区，让他“密招豪友”，为起兵反隋积极地做好准备工作。李世民暗中与晋阳宫监裴寂以及晋阳令刘文静等人结交，悄悄地部署着一切。

大业十三年（617），突厥兵犯隋朝的边境，隋炀帝命令李渊和马邑太守王仁恭一起率领部队进行抵抗，两军在马邑形成对峙的状态。王仁恭看到突厥军队人马非常多，远远地多于自己这一方，担忧寡不敌众。这个时候，李渊却说：“我们的军队距离朝廷太远，没有任何的外援，倘若不和突厥大军来一场生死决战，恐怕会全军覆没的。”于是，他亲自带领精兵四千名，与突厥的大军展开了激烈的战争。两军相遇的时候，李渊并不会立即出击，而是摆好严整的阵势等待着突厥大军。突厥人被这样的阵势弄懵了，不敢轻易地行动。这个时候，李渊又突然袭击突厥大军，斩杀了千余名突厥士兵。就这样，突厥大军接连不断地受挫，其锐气大减。

公元617年初，李渊指使刘文静制造假的敕书，说隋炀帝要征发太原、马邑等好几个郡中所有年龄在20岁以上，50岁以下的百姓从军，年底在涿郡聚集，打算向高丽发起攻击。一时间，群情激愤，马邑刘武周趁着这个机会起兵，引突厥兵占领了汾阳宫。李渊也借着这个机会大量地招募新兵，并且秘密地让自己的大儿子李建成与四儿子李元吉等火速赶往晋阳。因为当时的形势已经相当紧张，隋炀帝才没有反对李渊自行招募兵马。然而，眼看着新兵已经募集了上万人，隋炀帝才开始怀疑李渊的真正用心。于是，他便在暗地里悄悄地策划晋祠祈雨大会，想要趁机将李渊父子骗到晋祠，然后再将其除去。

晋阳乡长刘世龙与李渊的关系很好，因为李渊没有因为他出身卑微而瞧不起他，在他面前总是以礼相待。所以，当刘世龙知道这件事情之后，马上告诉了李渊。李渊父子经过商量决定来一个“先发制人”。于是，公元617年五月，李渊父子在晋阳起兵反隋。

对此，还有另一种说法：李渊的二儿子李世民悄悄在晋阳部署好了一切，打算起兵反隋，但是李渊并不知道这件事情。当李世民将这个计划告诉父亲李渊的时候，李渊非常惊慌，甚至想要将李世民送到朝廷治罪。不过，这种说法的真实性不大。这样说也许是为了让李世民成为大唐王朝的真正奠基人，从而使他的王位具有合法性。这点一定要注意。当然了，李世民心思敏捷，行为大胆，善于审时度势，劝导过父亲李渊尽早起兵，也许对李渊行动太过迟缓的弱点进行过纠正。在父亲李渊的授意下，李世民组织起兵方面有着非常大的作用。

大业十三年（617）六月，当王威与高君雅，这两个隋炀帝安插在太原的心腹被除掉之后，李渊在晋阳正式起兵，并且顺势将西河（今山西汾阳）拿下。八月，占领了霍邑（今山西霍县）。九月，李建成率领部众来到灞上，而李世民则率领部众向长安发起进攻，这样一来，就对其形成了一种包围之势。

十一月，李建成的部下雷永吉利用云梯登上了城墙，长安的守将在顷刻之间就土崩瓦解了。但是，在攻占长安之后，李渊害怕变成众矢之的，所以，并没有着急着自己登基称帝，而是打着尊隋的旗号，将隋炀帝架空，让年龄仅仅只有13岁的杨侑登基为帝。从表面上看，杨侑是皇帝，实际上，他只不过是李渊“挟天子以令诸侯”的一个工具罢了。李渊这样做的原因包括两方面：第一，能够避免戴上谋反的帽子，使敌对面缩小；第二，能够借着安定隋室的幌子公开地进行招兵买马，使自己的势力进一步扩大。与此同时，对于那些有功的臣子以及隋朝旧臣，李渊都给予了很多封赏，以此来收买人心。

义宁二年（618）四月，隋炀帝被逼自杀而死。秦王杨浩与越王杨侗先后被立为皇帝，其他各方势力以及各地的起义军也都开始称王称帝。在这样的形势下，李渊也加快了自己取代隋王朝的步伐。

公元618年，隋炀帝被逼死后，李渊趁机建立了唐王朝，立大儿子李建成为太子。据说，太原起兵的这个谋略是二儿子李世民想出来的，而且李渊曾经应允事成后立李世民为太子。天下平定之后，李世民的功

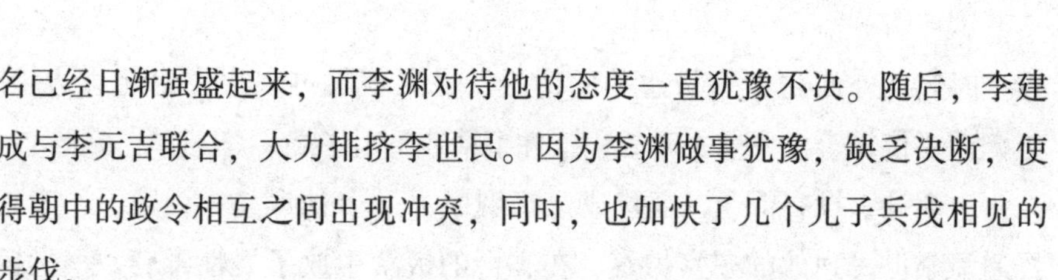

名已经日渐强盛起来，而李渊对待他的态度一直犹豫不决。随后，李建成与李元吉联合，大力排挤李世民。因为李渊做事犹豫，缺乏决断，使得朝中的政令相互之间出现冲突，同时，也加快了几个儿子兵戎相见的步伐。

李渊在对待几个儿子的时候，一方面极力地宣扬孝悌之道，以史为鉴，盼望着他们兄弟之间的矛盾能够化解；另一方面，依旧对李世民加以重用，在制定重大政令与实施较大军事行动的时候，都会听从李世民的意见；与此同时，他也非常关注太子李建成的政治动向，而且，还想利用四儿子李元吉来使李建成和李世民之间的关系得以平衡，李元吉与李世民之间的关系能够缓和。然而，李元吉认为李世民不可能永远甘居人下，所以，他与李建成之间的仇恨是不可能化解的；更何况，李元吉本身也有夺宗的心思。因此，李元吉使用很消极的抵抗态度，这让李渊相当为难。

兄弟夺权发动政变

有一次，为了缓和李建成、李世民以及李元吉这三兄弟之间的矛盾，李渊就带着他们前往长安城南打猎，并且让他们兄弟驰射角胜。李建成将自己的一匹非常难驯服的烈马让给李世民。李世民刚刚坐到马上，那匹马就立即狂蹦乱跳起来。李世民见状急忙从马上跳了下来，然后再一次骑上去。但是，刚坐到马上，马儿又开始蹦跳了。如此连续三次之后，李世民才将这匹烈马制服。

他坐在马上，对周围的人说道："有人想要利用这匹烈马将我害死，难道不知道生死有命，并不是随随便便就能够害得了的吗？"李建成听完李世民的话之后，就在李世民所说的"生死有命"上大做文章。他通过李渊的妃子们向李渊告状："秦王实在太狂了，他竟然说天命在自己身上，势必要做天子之人，是不会随便死掉的！"李渊听后非常生气，马上将李世民召了过来，十分严厉地责备他说道："天子自会有天命，并不是你要一些手段就能够做的！现在，我还没有死，你怎么就那么心急呢！"李世民对此极力进行解释，但是，李渊根本听不进去，大发雷霆。正在这个时候，外面送来一份边关的情报，说突厥兵再一次进犯北边边境。李渊需要依靠李世民前去对战，这件事情才不了了之了。

一个计谋没有得逞，李建成又想到了另一个计谋。一天晚上，李建民邀请李世民到他的东宫做客，在宴会的饭菜中放了慢性毒药。李世民吃完酒宴回到他的秦王府之后，就开始一直呕吐、腹泻，最后居然吐出了很多血。比较幸运的是，平时李世民能够礼贤下士，所以，他的门下有好几个名医，经过大家多方抢救，最后才脱离了危险。从此之后，李世民在面对李建成的时候，就提高了警惕，与之形成了对立的局面。

为了确保争夺权位的时候能够万无一失，李世民就派心腹温大雅前去洛阳镇守，并且用很多金帛作贿赂之用。同时，李世民又让心腹张亮前去与山东的众多豪杰结交，以便等待长安的事变，如果失手了也有一个退路。李元吉知道这件事情之后，就告发张亮谋划着不轨之事。于是，李渊就下令逮捕了张亮，但是张亮死也不肯认罪，最后，李渊不得不把他无罪释放了。

李世民三兄弟之间的矛盾越来越深，为了缓和他们兄弟间的关系，李渊又想到了一个折中的方法。他对二儿子李世民说："首建大谋，削平海内，都是你的功劳。所以，我原本准备立你为太子，但是你一直推辞不就，再加上建成的年龄比你大，做太子已经很长时间了，并没有犯下什么大的过错，我真的不忍心将他废掉。根据我的观察。你们兄弟之间已经相处不下去了，倘若都待在京城的话，肯定会一直争斗不休。我想要让你到洛阳镇守，主持东部的政务，同时，还允许你修建天子旌旗，与汉朝的梁孝王一样。"

李世民非常清楚，父亲这样做是对自己的宽容，同时也是在试探自己的政治企图。但是，他也深深地明白，只要他从政治中心长安离开，就几乎不可能夺取太子之位了。于是，他就用不想离开父亲，想要在父亲膝下尽孝作为理由进行推辞。然而，李渊还是坚持让他从长安离开，前去洛阳。他这样安慰李世民："天下本来就是一家，东、西两都离得也不算远。我想你时，就会到洛阳去看你。你根本不需要为了这个而伤心。"

而李建成、李元吉却与李渊想得不一样，他们觉得倘若让李世民前

往洛阳，李世民的手中就有了土地与兵将，就不好控制了。而且把他留在长安，他只是一个匹夫而已，想要收拾他是非常容易的事情。于是，当李世民准备动身前往洛阳上任的时候，李建成与李元吉暗中指使好几个人秘密地给李渊上书，诬告说："秦王的部下得知要去洛阳的消息之后，全部都高兴得手舞足蹈，这样看来，秦王再也不需要回长安了。"他们又命令心腹秘密地规劝李渊，为其分析其中的"利害关系"。在这样的情况下，李渊就改变了想法，不再让李世民前去洛阳镇守了。

为了更好地使自己的地位得以巩固，李建成又开始走后宫路线，对于李渊的各个嫔妃百般讨好，而那些嫔妃们都知道他是未来的皇帝，所以也与他交好，在李渊的面前，尽可能地为他说好话。而且，还帮他散播一些不利于李世民的言辞。而李世民也充分利用自己的妻子长孙氏在父亲李渊身边服侍的大好时机，加紧对宫门的守将进行收买，为先发制人做准备。与此同时，李世民还在李建成的东宫与李元吉的齐王府安插了耳目。

同年，李建成建议李渊，任命李元吉担任统帅之职，率兵征讨突厥，以便借着这个机会拿下李世民手中的兵马，然后再将他除掉。在这样万分危急的时刻，李世民下定决心背水一战，来一个"先发制人"。

原本，在唐朝建立的过程中，出力最多，功劳最大的就是李世民，而且，他还有尉迟敬德、秦叔宝以及李靖等这些非常著名的将领为之效命。再加上，平时李世民也有意识地与一些知名人士结交。因此，他的势力是没有人能够比得了的。在太原起兵后，李建成也曾经统率过一支军队，在一些战役中获胜。尽管他的势力比不上李世民，但是，他有一个太子的合法身份，所以，很多皇亲国戚都选择跟在他的身边。他长时间留在关中，在京城长安一带有着非常牢固的基础，甚至控制着宫廷的守军，也就是玄武门的卫队，而且齐王李元吉也站在他这一边。所以，总的来说，李建成与李世民可以说是旗鼓相当的。

武德九年（626），有一天，李世民上朝的时候，揭发了李建成与李元吉在后宫胡作非为的罪行。李渊听了之后非常惊讶，说道："他们居然做出这样的事情？"李世民说："不仅这样，他们还曾经好几次谋害我的性命。要不是他们的计谋没有得逞，儿臣现在根本没有机会站在父皇的面前了!”李渊说:“你所说的事情,关系重大,明日我一定要亲自对他们进行审问!”当天晚上,李世民就开始调兵遣将。

公元626年六月初四,李世民亲自带着长孙无忌等人玄武门附近设下埋伏。在玄武门守卫的将领名字叫作常何,原本是李建成的人,但是现在李世民已经将其收买了。李建成与李元吉刚刚走到临湖殿的时候,发现情况不太对劲,马上将马调转过头向东宫的方向奔跑。只听这个时候有人喊道:“太子、齐王,你们为何不去上朝?”李元吉回过头来一看,原来是死对头李世民,就连忙拿出弓箭,搭上箭矢,连续向李世民射了三支箭,但是可惜的是,都没有射中。而李世民则手持弓箭对准李建成,一箭就将他射于马下,立即断气了。齐王李元吉急急忙忙地向西方逃去,结果,被李世民手下的大将尉迟敬德给射死了。

当李世民兄弟之间进行对战的时候,李渊正带着大臣与嫔妃们在海池当中乘坐着船尽情游玩。突然,李渊看到尉迟敬德急匆匆地赶来,就忙问道:“你来这儿做什么?”尉迟敬德回道:“太子与齐王发动叛乱,秦王担心惊扰陛下,特意派遣臣来保护陛下”。高祖听了之后,相当震惊,问道:“现在太子与齐王在什么地方?”尉迟敬德回答:“秦王已经将他们杀死了。”高祖非常伤心,吩咐游船立即靠岸,对着裴寂等人说道:“没想到今日居然会发生这种事,你们看应当怎么办?”萧瑀说道:“太子李建成与齐王李元吉原本就没有什么太大的功劳,而秦王李世民功德盖世,同时深得人心,应当立秦王李世民为太子。”高祖说:“原本我也是这么想的。”尉迟敬德趁机赶紧请求道:“外面的叛乱还没有平静下来,请陛下降旨,让秦王指挥各路军队。”于是,高祖马上派人前去传旨。就这样,这场政变以李世民的胜利而结束了。

三天之后,李渊正式宣布立秦王李世民为太子,所有国家大事,全都交给太子李世民处理。同年八月,李渊在不得已的情况下,将皇位让了出来,自称为太上皇。李世民终于如愿所偿当了皇帝。第二年,改年号为贞观。这场政变在历史上被称为“玄武门之变”。

“贞观之治”

李世民继承皇位之后，吸取了隋朝灭亡的经验与教训，实行了一系列非常开明的政策，在政治、经济、军事、文化、思想以及民族等众多方面进行整顿与改革，大大地促进了国家经济与文化的恢复与发展，使得百姓的生活慢慢地安定下来，国家的力量逐渐增强，从而出现了“贞观之治”的繁荣富强局面，为以后的“开元盛世”奠定了良好的基础，对于后世，甚至全世界都有着非常重大的影响。那么，“贞观之治”到底包括哪些内容呢？根据各种历史资料的记载，大体可概括为以下几方面：

其一，删减繁苛。

李世民起家时借助的是农民起义的力量，所以非常清楚百姓的力量足以决定一国之君的命运。为了避免自己重蹈前人的覆辙，在贞观初年的时候，他就非常重视处理与百姓之间的关系。他引用古人的话说道：“舟所以比人君，水所以比黎庶。水能载舟，亦能覆舟。”“国以民为本”，因此，民心向背可以决定一个国家的生死存亡。为了使国家得以安定，就一定要删减繁税苛政，先让百姓存活下来，富裕起来，使其“各有生业”。于是，李世民推行“轻徭薄赋，减免税收”的政策，尽可能地减免百姓的徭役与赋税，从而令百姓能够存活。他说道：“治国犹如栽树，本根不摇，则枝叶茂荣。君能清净，百姓何得不安乐乎！”只有减轻徭役赋税，粮食丰收，百姓才能够安居乐业，国家才能够得以安宁。根据历史的经验教训，李世民深刻地认识到“徒益其奢侈”就是危亡的根本。

为此，在贞观初年，李世民就实施了很多限制奢侈、厉行节约的措施，比如，对营造宫室进行限制；将厚葬的旧俗陈规废除，规定丧葬一切从简等，如果有人违背，就必须按照法令进行处罚。在他带领下，当时不少重臣都开始推崇节约、简肃的作风。同时，李世民能够体会百姓的疾苦，推行了一系列的“恤民”措施。

其二，唯才是举。

在利用人才方面，李世民做得非常好。他认为：“为政之要，惟在得人，用非其才，必难致治。今所任用，必须以德行、学识为本。”并且，他也真的做到了唯才是举。

早在与各个武装集团进行交战的时候，他就相当重视搜罗人才，每当将一个武装集团打败后，房玄龄都会“先收人物，致以幕府。及其谋臣猛将，皆与之潜相申结，各尽其死力”。

武德四年（621），李世民还是秦王的时候，就已经网罗了杜如晦、房玄龄等诸多人才，并且对他们“恩礼优厚”。

到了贞观时期，李世民拥有更多人才，不仅有早年就追随在他左右的秦府幕僚，比如，房玄龄、长孙无忌以及杜如晦等，而且还有政敌李建成的旧部，比如，魏徵、韦挺等；不仅有原本属于其他武装集团的人才，比如，岑文本、张玄素以及戴胄等，而且还有农民将领，比如，秦叔宝以及程知节等；不仅有出身贵族的人才，比如，李靖等，而且还有出身卑微的人才，比如，张亮、马周以及刘洎等。除此之外，还有很多出身少数民族的人才，比如，契何力以及阿史那社尔等。李世民在对待他们的时候，从来都是不论亲疏，不管门户，不避仇嫌，不分先后，只要你真的有才华，并且对唐朝是忠诚的，都会委以重任。为了能够选拔出合适的人才，李世民还制定了一整套很完整的制度，以便更好地搜罗人才，为朝廷效力。

更为可贵的是，李世民能够知人善用。他能够了解每个臣子的优点与缺点，在使用的时候做到扬长避短，使他们“各得其所，各尽其才”。对于房玄龄与杜如晦的任用就足以证明这一点。李世民“每与房玄龄谋事，必曰：‘非如晦不能决。’及如晦至，卒用玄龄之策。”所以，李世民任命房玄龄与杜如晦二人位尚书仆射，也就是丞相之职，一起管理朝廷的政务，充分发挥个人的优势，集思广益，从而更好地将事情办好。

在官吏任用方面，李世民也是十分重视的，尤其是地方官的任命。李世民还作出这样的规定：五品以上的中央官吏才能保举县令，而各州刺史则需要由皇帝亲自选择与任命。因为他深刻地认识到“古人云，王者须为官择人，不可造次即用。朕今行一事，则为天下所观；出一言，则为天下所听。用得正人，为善者皆劝；误用恶人，不善者竞进。赏当其劳，无功者自退；罚当其罪，为恶者戒惧。故赏罚不可轻行，用人弥须慎择。”

其三，广开言路。

李世民明白，没有忠臣贤吏在一旁辅佐，单单凭借一个人的力量，是不可能将国家治理好的。所以，在“纳谏”、“纳贤”方面，他做得相当到位，这是历代皇帝都没有办法相比的。对于魏徵所说的“兼听则明，偏听则暗”的意见，他非常赞同。同时，他也能够理解“明主思短而益善，暗主护短而永愚”的道理。他认为：“人欲自照，必须明镜；主欲知过，必藉忠臣。主若自贤，臣不匡正，欲不危败，岂可得乎？”因此，他以隋炀帝拒绝纳谏为戒，专门要求臣子们积极进谏。他曾经数次说过类似于“公等但能正词直谏，裨益政教，终不以犯颜忤旨，妄有诛责。朕比来临朝断决，亦有乖于律令者。公等以为小事，遂不执言。凡大事皆起于小事，小事不论，大事又将不可救，社稷倾危，莫不由此”的言论。

在李世民大力的提倡下，贞观前期，“进谏”与“纳谏”形成了一种风尚。比如，魏徵停止封禅的谏言，张玄素停止修建洛阳宫的谏言以及戴胄设立义仓的谏言等，都被李世民接受。在纳谏与纳贤方面，李世民与大臣魏徵之间的关系可以称为君臣之典范。

魏徵原本是李世民的死对头李建成的部下，曾经向李建成提出建议，让其尽早将秦王李世民除去。在玄武门之变后，李世民将魏徵召过来，严厉地责问他：“你为什么要离间我们兄弟二人？”面对这样的情景，魏徵脸上没有一点儿害怕的神色，举止从容淡定，大声回答：“如果先太子能够早早听从我的话，肯定没有今天的灾祸。”李世民听了之后，并没有生气而治魏徵的罪，反而以礼相待，让其担任詹事主簿之职。其原因就是李世民向来重视人才。他曾经在评价魏徵与他之间的关系时，说道：“魏徵往者实我所仇，但其尽心所事，有足嘉者。朕能擢而用之，何惭古烈？徵每犯颜切谏，不许我为非，我所以重之也。”

有一次，魏徵对李世民说道：“人们都说陛下想要巡游南山，外面都已经准备妥当了，但是现在还没有实行，这是为什么呢？”李世民笑着回道：“刚开始的时候的确有这个想法，但是害怕你生气，就终止了。”又有一次，李世民得到了一只鸟，非常喜欢，放在手中玩弄。这个时候，魏徵来了，李世民担心魏徵会因此而批评他，就将这只鸟藏在怀中。其实，魏徵早已经知道了，所以，故意一直与他说政事，结果，那只鸟就被憋死了。

当然了，李世民也有忍不住的时候。有一次，李世民下了早朝回到后宫，非常生气地说道："早晚我要杀了他。"长孙皇后听了之后，问道："陛下，您想要杀谁?"李世民回道："魏徵，他总是在朝堂上刁难我。"长孙皇后听后，退了出去，换上礼服再来见李世民。李世民忙问原因，长孙皇后说："臣妾听说，君主贤明，臣子才敢直谏。今天，魏徵敢于直言相谏，完全是因为陛下是贤明之君啊。臣妾怎么能够不祝贺呢!"李世民听了长孙皇后的这番话，才转怒为喜。

总而言之，李世民经常"自比于金"，而以魏徵"为良工"。魏徵也非常高兴遇到像李世民这样如同知己的君王，竭尽全力地为朝廷效命。仅仅在贞观初年，魏徵进谏的次数就多达两百余次，而且几乎全部被李世民接受。因此，李世民说："贞观之前，从我统一天下开始到继承王位，房玄龄的功劳，无人能敌。贞观之后，尽心竭力效忠于我，献纳忠谠，安国利人，成就如今的功业，被天下所称道的人，只有魏徵罢了。"当魏徵死了之后，李世民亲自前去奔丧，并且哭得非常伤心，他对左右的侍臣说道："夫以铜为镜，可以正衣冠；以古为镜，可以知兴替；以人为镜，可以明得失。朕常保此三镜，以防己过。今魏徵殂逝，遂亡一镜矣!"

其四，重视法令的制定与施行。

在立法方面，李世民的原则是"力求宽简"。他说道："国家的法令，必须简略，不能够一个罪名作数种条。格式太多，官吏不能全部记住，更容易生奸诈。"制定法令，不但应该将繁冗的变成简略的，而且应当去重而轻。他专门强调，一旦法令制定出来后，就必须力求稳定，不能够多次进行改变。不管是在制定法令的时候，还是在修改法令的时候，都必须秉承十分慎重的态度，万万不能朝令夕改，轻易将法令进行变更。

在此思想的指导之下，李世民登基称帝之后，就命令长孙无忌与房玄龄等人重新对《武德律》进行了修订，并且在贞观十一年正式颁布《贞观律》。与此同时，他们还编制与删定大量令、格、式为律作补充。特别是对于死刑一再从轻。刚开始的时候，"议绞刑之属五十条，免死

罪，断其右趾”，后来，又更改断趾法为流刑，并且将“兄弟连坐俱死”之法删除。如此一来；与之前的死刑规定相比，几乎减少一半。

总而言之，从制定法令的基本倾向上来看，唐朝的法令务求宽平，并且在很大程度上克服了隋朝末年的法令太过苛刻的弊端。这有效地减轻了百姓遭受司法镇压之苦，同时对后世的封建国家制定法令也产生了很大的影响。

在“贞观之治”时期，法令贯彻执行得非常好。之所以会形成这样的局面，主要是因为李世民知道，单纯地依靠严酷的刑罚，是不能从根本上将问题解决的。只有实施仁政，不滥用重刑，才可以让百姓慢慢地懂得廉耻，官吏与百姓都遵守法令，盗贼慢慢地减少。对于执法的官员而言，最重要的是严格执法做事。是否能够按照法令进行断案，绝对不是一件小事，而是关系国家生死存亡的大问题。

李世民鼓励他的臣子，对于那些不遵守法令的事情，应当敢于直谏，不可以等闲视之。只有朝廷上下都按照法令断案，才能够做到“庶免冤滥”。因此，李世民对于法令的严肃性与相对独立性，能够给予非常大的尊重，即便对自己的权威有损也会在所不惜。

其五，恢复与发展经济。

李世民知道，“一个国家以人为本，一个人以粮食为命，如果粮食歉收，那么，百姓就不再属于统治者”。因此，他秉承“国以民为本”的思想，一方面推行均田制，一方面采用“以农为本”、“与民休息”等政策。为了不让百姓错过农时，在征收赋役方面，实施以庸代役的租庸调制，尽可能地少征发徭役；为了鼓舞百姓开垦荒田，特别规定流亡归来的百姓能够减免赋役，设立义仓，救济那些有困难的百姓；为了促进人口的增长，以便增加劳动力，规定年轻的男女到了一定的年龄就应当嫁娶，对于寡妇，鼓励她们再嫁人，将宫中多余或者年老的宫女放回家自由嫁人，运用“御府金宝”将百姓由于灾荒而贩卖掉的孩子以及被突厥人抢走的人们赎回来；为了促进生产，修复和新建了很多水利工程。上述的这些措施，在很大程度上促进了当时社会经济的恢复与发展。

·除此之外，在军事、外交以及民族关系，尤其是文化建设方面，李世民都做出了不少成绩，因此，大唐王朝成为了那个时候世界上众人瞩目的强大的帝国。

全面进行扩张

唐朝拓展疆土最迅猛，同时获得胜利最多的时期，就是在贞观年间。唐朝依次在征战东突厥、吐蕃、吐谷浑、高昌、焉耆、西突厥、薛延陀、高丽、龟兹甚至很有可能包括印度在内的时候，全都大获全胜。这为大唐王朝三百年的基业奠定了非常坚实的基础。有史以来，在草原帝国的最高统治者中，颉利可汗是第一个被中国军队生擒的。唐朝大军出兵定襄，打败了突厥兵，将颉利可汗生擒，并且送到长安。在唐朝开拓边疆的战争史上，这次战争的胜利应当算是最为辉煌的。突厥一直都是唐朝边疆上最大的隐患，作为两个同时存在的超级帝国，毁灭了其中之一，建立单极世界就变得十分容易了。

唐朝著名将领侯君集奉命率领部众前去攻打吐蕃。侯君集在夜晚的时候，对吐蕃大军发动了突然袭击，结果斩杀了千余名吐蕃将士。吐蕃的军队撤退之后，松赞干布就学习颉利可汗那样派遣使者前去谢罪，并且请求和解。而且，他一直坚持和亲的政策，多次向唐朝提出和亲的请求。或许他的执着打动了李世民，在七年之后，他终于如愿以偿了。在贞观十五年（641），李世民将文成公主嫁给了松赞干布。

贞观八年（634），吐谷浑侵略大唐的领土，唐朝军队再一次远征作战。在行军的过程中，因为缺乏水资源，为了解渴，将士们就将马匹刺死，然后喝马血。唐朝的将士们正是依靠着不达目的誓不罢休的决心，最后终于一直向前前进，直到攻破可汗伏允的牙帐。当时，伏允被吓坏了，将自己的妻子与孩子丢下，非常狼狈地逃跑了。没有过多长时间，在沙漠中，伏允就被自己的部下杀死了。从此之后，吐谷浑正式归入大唐王朝的版图中。贞观十三年（639），高昌国不愿意臣服于唐朝，但是高昌王麹文泰没有想到的是，唐朝的军队来得如此迅速，结果，被吓病了，一直卧床不起。不久之后，就去世了。从此之后，他也由于是首个被唐朝军队活活吓死的人而写入了史册当中。

贞观十九年（645），唐朝的军队向辽东前进。李世民在途中对自己

的部下说："四方几乎都已经安定了，只剩这块地方了，趁着我现在还健在，精兵良将们的精力尚存，必须将其解决掉。"

于是，李勣就在暗中行动，然后突然率领兵将出现在辽东城下，将高丽人吓得不轻。营州都督张俭与将领李道宗也率领自己的部众进入辽东地区，与高丽兵进行交战，并且取得胜利，斩杀了数千名高丽兵。四月，唐朝军队将高丽盖牟城拿下，抓住了两万多名俘虏，缴获了十多万石的粮食。五月，另一支唐朝军队从山东渡海向高丽卑沙城发起进攻，并且成功拿下，抓住了八千名俘虏。百年以来，这是中国军队首次在鸭绿江边进行阅兵。

没过多久，李勣与李道宗所统率的部队向辽东城下逼近。高丽派出数万名将士前来对战。这个时候，唐朝军队中有人建议："因为高丽军要比我们的军队多很多，所以，我们应当坚守。"但是，李道宗却说道："高丽人就仰仗他们人多，认为我们不敢将他们怎么着，可是，我们偏偏不如他们所愿，就是向他们发起进攻，以便好好地杀杀其锐气。而且，皇上派遣我们来这里，就是替皇上开道的。如今，道路不顺畅，我们不能就这么躲避啊！"于是，唐军明显处于劣势却还要猛烈出击，高丽兵对此根本没有想到，因为事先毫无准备，其阵型就被瞬间冲散了，最终被打得落花流水。

唐朝军队到来之后，将辽东地区团团围住，不分昼夜地攻打。李世民紧紧抓住一次刮南风的机会，指挥将士们将城池西南楼点燃，顺着大风进行放火。高丽军队没有抵挡住，最后，辽东被唐朝大军拿下了。在这次战争中，唐朝军队斩杀了一万多高丽兵，抓了一万多士兵以及四万多的百姓作为俘虏。

占领辽东之后，唐朝军队继续前进，向白岩城奔去。乌骨城派出一万精兵进行支援，但是，唐朝军队仅仅用了八百士兵就将其击败了。六月，白岩城的军队没有与唐朝军队交战就主动投降了，唐朝军队继续向安市方向前进。高丽的将领高延寿等人带领十五万大军前来救援，但是都被唐朝的军队给击败了。最后，高延寿在无可奈何之下，向唐朝军队乞求投降，来到了唐朝军队的军营中。高延寿刚一进门就立即跪倒在地，进行参拜。李世民对他们说道："东夷少年，跳梁海曲……自今复敢与天子战乎?”高延寿等人都跪在地上不能应答。李世民将投降的高丽军官、酋长等共计三千多人押回了中原，将其他的高丽人都释放回去了。

安市城虽然不大，但是却很坚固，在城主杨万春的顽强抵抗之下，唐朝军队围攻了好几个月也没能将其攻克。长孙无忌认为：“天子亲征，异于诸将，不可乘危徼幸。今建安、新城之虏，众犹十万，若向乌骨，皆蹑吾后，不如先破安市，取建安，然后长驱而进，此万全之策也。”而在过去，这种方法一直都是唐朝军队在战争中获胜的法宝。最后，李世民决定暂时将这次出征停止。九月，唐朝军队正式班师。这一次，唐朝军队征讨高丽，先后攻克了十座城池。在新城、建安以及驻跸三大战役中，斩杀敌军四万多人，而唐朝军队中大约有两千将士阵亡，但是，却有七八成的战马损失。

尽管这次征战使高丽遭到了很严重的创伤，但是，战事进行的时间非常长，花销也相当大，最终却没有能够将高丽消灭。所以，李世民认为这一次征战虽然取得了胜利，实际上却是失败了。他非常痛心地说道：“倘若魏徵没有死的话，一定会阻止我进行这一次远征的。”不过，这场规模巨大的战役是几百年来中国军队首次真正地将高丽人打败，将高丽人在南北朝时期夺走的辽宁一带地区收复了，为后来唐朝彻底地将朝鲜征服奠定了非常坚实的基础。

8世纪中期，安史之乱全面爆发，原本繁荣的盛唐景象最终化成了云烟，到了10世纪初期，唐王朝正式分崩离析。从此，中华民族步入了一段极其黑暗混乱的时期，在短短五十多年中，臣子杀君王，儿子杀父亲，阴谋纷飞，鲜血横流，中国大地前后出现了五朝八姓十三君，就好像一台巨大的绞肉机一样将人们的生命吞噬。

玄武门之变的争议

近几年来，学术界对“玄武门之变”到底是被逼的兵变，还是蓄谋的兵变一直存在着争议。有些专家学者认为这场兵变完全是被逼出来的，而有些专家学者则表示，这是一场蓄谋已久的兵变。为此，他们争论不休，莫衷一是。

支持“被逼兵变”的专家认为，当时，身为嫡长子的李建成虽然已经被册封为太子，但是他的手中并没有统军的实权。而李世民则不同，他不仅坐拥实权，而且曾经在统一战争中立下了赫赫战功，有着非常高的声望，再加上他手下有不少治国统兵的人才，所以，李建成认为弟弟李世民是与自己争夺皇位的最大隐患，想要将其除去。因此，他与齐王李元吉串通起来，多次加害李世民。比如，李建成在李世民赴东宫宴中下毒。

不过，从这件事情上可以看出，李建成已经迫不及待地想要将李世民除掉。这个时候，李世民的手下劝告他赶紧行动，先下手为强，否则，极有可能性命难保。为了自保，李世民才下定决心，先出手将李建成等人除去。这才有了后来李世民诱骗李建成与李元吉，并且将之除去的兵变。因此，玄武门之变是被逼的无奈之举。

而支持“蓄谋兵变”的专家表示，虽然根据唐初实录的记载，“玄武门兵变”是被逼的，但是，我们不能尽信其记载。自从初唐开始，朝廷任命史官编修本朝的历史，而宰相负责监修。那个时候，许敬宗负责修改唐初实录。根据《旧唐书·许敬宗李义府传》记载，他这个人非常喜欢按照自己的爱憎随意对实录进行修改。同时，也有历史资料证明，唐太宗李世民曾经强行将实录拿来阅读之后，命令史官遵从他的意思进行修改。由此可以看出，李世民在位时期的历史实录，其真实程度非常值得我们怀疑。司马光的《资治通鉴》中虽然怀疑实录多处记载的真实性，但是关于唐朝初期的政治内容很多都是以实录作为参考的。这样一来，实录后的史书都在相当大的程度上受到了实录记载的影响，其中就包括两唐史书与《资治通鉴》。所以，史书上对这件事的记载不可以全部相信。

根据实录记载，李渊平庸昏暗，而太子李建成则冥顽不灵，整天沉迷在酒色当中。然而，实际上，出身北周贵族的李渊“身怀经世之略，有经纶天下之心”。他低调地集聚自身力量，在恰当的时机策划起兵，引唐军入隋都，最终建立唐王朝。他采取一系列措施安定社会，恢复与发展经济，在其统治期间也是很有作为的，为后来李世民的“贞观之治”奠定了良好的基础。至于李建成，他为人宽厚，具有政治军事才能。在辅佐父亲李渊处理政事，支援前线等方面也做出了很大的贡献。而且，在全国的统一战争中，李建成也立下了显著的战功，绝对不是实录中所写的昏庸无能之人。只不过他大多数时间都是在北方边疆对突厥人进行防御，所以他的战功才没有那么明显，其威望才逊于李世民。

既然李渊不是昏庸之君，而李建成也不是无能之人，由于受到李世民的授意，史书在对事实进行掩盖。那么，“玄武门之变”就绝对不会是被逼的无奈之举，而应当是李世民想要抢夺皇帝之位，而李建成不肯退让，所以，李世民才发动了兵变将李建成等人除去。

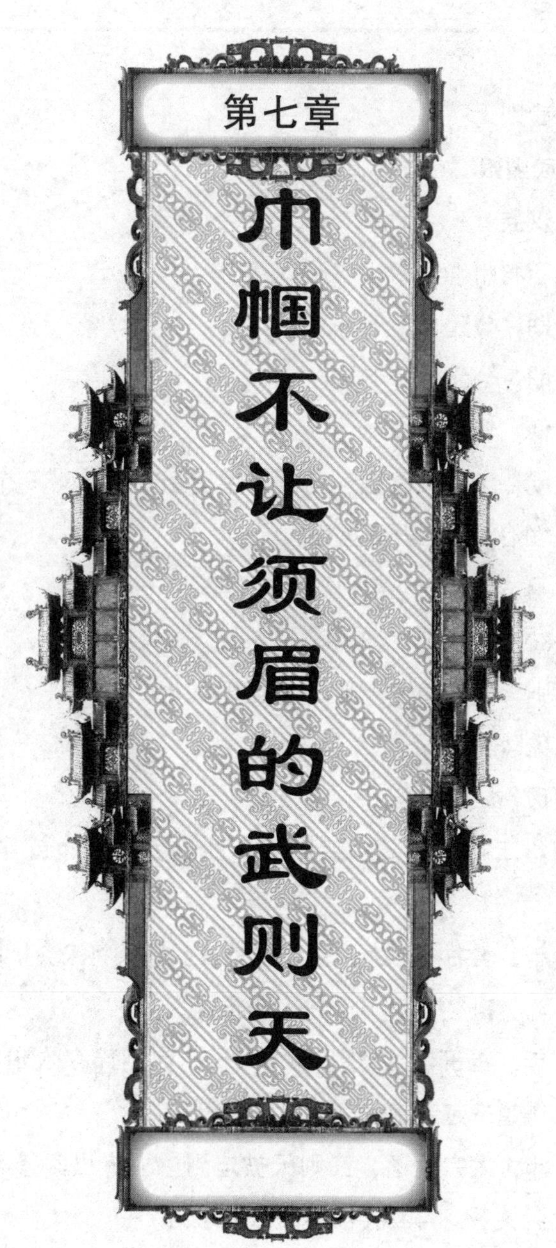

第七章 巾帼不让须眉的武则天

皇帝档案

☆姓名：武则天

☆别名：武媚娘

☆民族：汉族

☆出生地：利州（今四川广元）

☆出生日期：公元 624 年

☆逝世日期：公元 705 年

☆宗教信仰：佛教

☆主要成就：废唐，改国号为周；中国历史上唯一一个正统的女皇帝；上承贞观之治，下启开元盛世

☆在位时间：公元 690 年~公元 705 年

☆享年：82 岁

☆谥号：则天大圣皇帝、则天顺圣皇后

☆陵墓：乾陵

☆生平简历：

公元 624 年二月十七日，武则天出生在利州，也就是今天的四川广元。

公元 627 年，著名相术大师袁天罡预言武则天将来会执掌天下。

公元 637 年，14 岁的武则天进宫被册封为“才人”。

公元 643 年，晋王李治被册封为太子，武则天多次借机与之亲近，两人的关系变得越来越亲密。

公元 649 年，太宗病逝，武则天被迫到感业寺出家修行，在临走前与太子李治发生关系，得到会被接回宫的承诺。

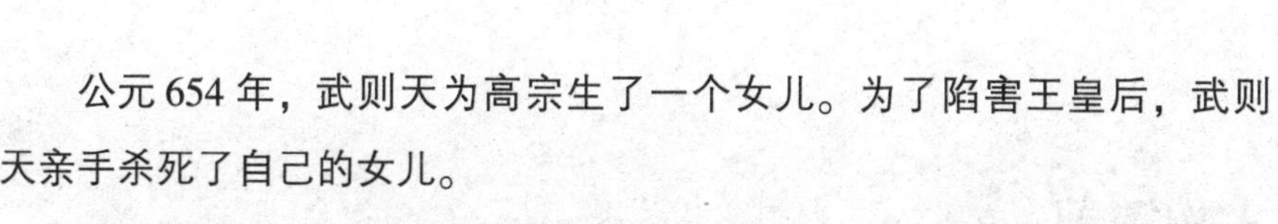

公元 654 年，武则天为高宗生了一个女儿。为了陷害王皇后，武则天亲手杀死了自己的女儿。

公元 655 年，王皇后与萧淑妃被贬为庶人，武则天正式被册封为皇后。

公元 659 年，武则天设计除掉了长孙无忌等反对她的大臣。

公元 666 年，武则天主持在泰山的封禅大典，其间笼络了不少人心。

公元 674 年，高宗称天皇，而武则天则称为天后。

公元 675 年，武则天毒死了太子李弘。同年六月，雍王李贤被册封为太子。

公元 680 年，武则天将太子李贤废为庶人。同年八月，英王李显被册封为太子。

公元 683 年，高宗去世，太子李显继承皇位，历史上称为中宗，武则天变成了皇太后。

公元 690 年，67 岁的武则天终于登上了皇帝的宝座。

公元 705 年，宰相张柬之等朝廷大臣发动政变，拥立太子李显重新登基为帝，将武则天囚禁在洛阳皇城西南的上阳宫。同年十二月，武则天病死在上阳宫中。

人物简评

纵观中国封建史，女人的地位向来要远远低于男人。在皇宫之中更是如此，即便是皇后也只不过是皇帝众多“物品”中的一个，最多就是某一段时间内把持着朝政，做到垂帘听政罢了。然而，却有一个女子对这样屈居男人之下，相当不甘心。她想成为万人之上的“真龙天子”，并且最终也实现了这个愿望，在长达十年的时间中，成为了中国历史上女权的一种象征。她是谁？她就是唐朝的武则天。唐贞观年间，在民间流传着一种说法，“唐三世之后女主武氏代有天下”。后来，高宗在为自己选择陵址的时候，由于选中的梁山形状像女乳，于是，就有相术大师说，高宗以后肯定会被女人所伤。也许，这种说法很可能是后人的一种附会，把历史的变化归结到天理术数之上。但是，不管这个传闻是不是真实，这位中国第一位，也是唯一一位女皇帝武则天侍奉两朝天子，杀三子、代唐自立却成为了众所周知的故事，一直流传至今。

生平故事

貌美的“假小子”

武则天的父亲名叫武士彟，虽然他们家祖辈都非常殷富，但是，武士彟本身却没有做出什么大的成就。相传，在武则天出生的时候，天边飘来几朵祥云，没过多长时间，又忽然刮起了大风，下起了大雨，结果武则天刚落地，暴雨就停了，天空也变得晴朗了。武士彟认为伴随着异象出生的女儿不是一般人，以后肯定会有大出息，因此从小就将她视为掌上明珠，倍加宠爱。

关于武则天的长相，众人一直各执己见，莫衷一是，正史与野史中的记载也不一样。不过，根据唐朝流传下来的彩绘壁画与一些历史书籍上的记载，我们能够肯定武则天长得很漂亮。但是，武则天究竟长得什么样子？历史资料上没有给出明确的记载。然而，现代专家以史书的记载作为依据，进行推测得出，武则天长得应当是“方额广颐”，也就是说她长得大额头，宽下巴，丰颐秀目，可以算作是一个大美人。

少年时期的武则天，精力十分充沛，也很顽皮，对以父亲为代表的大丈夫行为非常崇拜，属于一个男性气质很强的女孩子。随着武则天不断长大，其身上的男性气质极具增强。她依靠自己超强的领悟能力，逐渐地将早年时期无意识的模仿变成了自觉遵守大丈夫行为与价值观。从小到大，对于自己的女子气质，她不去培养；对于社会规定的女子德行，她不去遵守；对于女子诸如织布、烹调等基本功，她更是丝毫不在意。小小年龄，她就学会了用计对整天跟着她，催她学习女工的乳母进行捉弄。她讨厌女工，却非常喜欢坐船前往嘉陵江游玩，到山上摘野果。此外，她还喜欢打听各种政务，对父亲做的所有事情都十分好奇。

其实，虽然武则天的年纪不大，但是已经非常明显地表现出了对权力与男人的渴望。她的这种不太正常的心理与其生长环境有关。母亲杨氏是父亲的第二任妻子。武则天是杨氏所生的第二个孩子，上面还有一个姐姐。在武则天还小的时候，父亲原配妻子所生的俩儿子已经长大成人，并且对母亲杨氏与武则天姐妹非常不好，常常欺负她们。这给武则天幼小心灵留下了阴影，所以，武则天一方面渴望自己能够保护母亲与自己的姐妹，另一方面又盼望可以出现一个男人拯救自己与亲人。在这样环境下长大的武则天，慢慢地学会了隐忍，并且形成了狠毒的性情。

耍尽手段夺后位

贞观十一年（637），年仅 14 岁的武则天进宫做了唐太宗李世民的才人。刚开始的时候，唐太宗李世民十分宠爱她，并且为她赐名为“武媚”。但是，没过多长时间，因为太史令李淳风的预言，武则天失宠了。所以，武则天的地位一直没有得到提升，做了整整十二年的才人。不过，在唐太宗李世民病重的时候，因为武则天在一旁侍奉，就与唐太宗李世民的儿子，也就是后来的唐高宗李治产生了感情。

贞观二十三年（649），唐太宗李世民病情加重，不久就离开人世。唐朝有一个规矩，如果妃子在皇帝驾崩之后仍然没有生育，那就必须进尼姑庵出家修行。武则天知道，如果再不采取点措施，自己的一生就要与青灯古佛相伴了。于是，她趁着李治身边没人之际，走近了他。李治看到是她很高兴，但迫于她是父皇的人，不得不有所收敛。但是，武媚娘已经打定主意，忽然将他紧紧地抱住，李治再也忍不住了，于是，两个人就倒在了床上……激情过后，武则天才痛哭着说，自己早已爱上了李治，但现在按照唐制就要被送到尼姑庵，一辈子都没有办法再见到李治了。李治自然舍不得，就承诺说，等到自己登基后，必定重新迎她回宫。武媚娘这才稍稍地放了点心。

李治继承皇位后，并没有立即实现对武则天的诺言，而是逐渐将她淡忘了。直到一年之后，高宗去感业寺烧香祭奠时与武则天相遇，两个人的感情才死灰复燃。高宗答应武则天这次一定将她接回宫。而当时高宗专宠萧淑妃，让王皇后非常嫉妒。所以，当高宗提出想要将武则天接回宫的时候，王皇后表示赞同，因为她想“以毒攻毒”，利用武则天打击萧淑妃。武则天回宫后，极力讨好王皇后，帮助王皇后打败了萧淑妃。所以，王皇后很喜欢武则天，多次在高宗面前为她说好话。于是，武则天迅速得到了高宗的宠爱，第二年就被晋升为昭仪，之后，武则天还为高宗生下了一个儿子李弘。后来，武则天逐渐不满足于昭仪之位，想要取代王皇后，成为后宫之主。这个时候，王皇后又与萧淑妃结成一派，与武则天进行周旋。

永徽五年（654），武则天为高宗生了个女儿。小公主长得非常可爱，与武则天有几分相似，高宗相当喜欢这个女儿。在公主满月的时候，更

是大摆宴席，大家都来为小公主庆贺。当王皇后来看小公主时，小公主正睡着，即使敌视武则天的王皇后，在看到小公主那张可爱的小脸时，也非常喜欢。于是，她告诉左右别将小公主吵醒了，然后悄悄地离开了。

武则天看到皇后来看小公主，并悄然离去，脑海中显现出一个非常恶毒的念头。虽然她自己也被这个计划吓了一跳。但是，为了能早日成为皇后，这样做也是值得的。其实，在王皇后来看小公主的时候，武则天就一直躲在帐后偷看。当皇后走了之后，她就一咬牙，将自己的亲生女儿给掐死了！武则天为了诬陷王皇后，居然能亲手杀死自己的女儿，其手段可谓毒辣至极，令人恐惧！

尽管亲手杀死刚出生没多久的女儿，武则天很伤心，但一想到自己的前程，她又咬咬牙，强颜欢笑，迎接高宗的到来。不久，高宗来了，他可相当喜欢这个小女儿的。但是他看到的却是一具冰凉的尸体，他大吃一惊，而武则天也“愣了片刻”，然后失声痛哭起来。高宗厉声追问小公主的房间都有谁来过。宫女答只有皇后来过。高宗震怒，认为以前皇后一直与萧淑妃作对，现在，萧淑妃已慢慢失宠了，就来将武则天生的女儿杀了，自己绝对不能原谅。

武则天就趁机将皇后是如何让她对付萧淑妃，自己又是怎样被迫去伺候她告诉了高宗，还说自己一直很敬重皇后，没想到她却杀死了自己的女儿，太让人痛心了。当王皇后得知这个消息时，更是大惊失色！她怎么也没有想到会发生这样的事情，更想不出这件事情是如何发生的。

高宗已经下定决心要废了王皇后，但是废后不容易。首先就是，朝廷的众位大臣极力反对，这让高宗感到压力很大。其中，反对声音最强的来自太尉长孙无忌。长孙无忌不仅是当朝的国舅，是国家的重臣，而且在朝廷中有着相当高的威望。高宗知道废后的事情一定要让他点头，才能顺利进行。但是，长孙无忌自然不会同意，他与褚遂良等大臣不仅不相信皇后真的会做出这样的事情，而且对立两代皇帝妃子的武则天为皇后极力反对，因此，态度异常坚决地表示反对。高宗顿时感觉压力很大，不知道该怎么办才好。而卫尉卿许敬宗一直不满压着他的长孙无忌等人，他看到有机可乘，就到长孙无忌家中进行劝说，让其支持皇上的决定，却遭到长孙无忌严厉责骂。但是许敬宗并没有生气，因为他早已经预料到了这个结果，他之所以这样做是想让武则天知道。果不其然，没多久，武则天就赏赐给许敬宗很多东西。

而从此之后，武则天就将长孙无忌、褚遂良等人看作是眼中钉、肉中刺，想要尽快拔掉，但却找不到适合的理由。不过，这个时候，王皇后偏偏不争气，自己非要去犯宫中之禁。她和母亲魏国夫人柳氏对巫术产生了很大的兴趣，并沉迷其中。这在宫中是绝对不允许的。尽管这母女二人做得十分隐秘，但纸里包不住火，武则天知道了这件事。她非常高兴，知道机会来了，就把这件事情告诉了高宗。高宗心中异常恼怒，更加坚定了废后的念头。

虽然长孙无忌等人对废后坚决反对，但是也有很多嫉妒他手握重权的大臣纷纷说，这是皇帝的家事，外人不该过问太多。这其中就包括武则天曾经拉拢的一些权臣，甚至还有个别的开国功臣。也有一部分看出现在武则天的地位，明白唯有支持她才能使自己得以保全，就讨好般地向高宗奏道："王皇后有失妇德，已经不配为皇后，应当尽早废除，立武则天为后。"

如此一来，高宗废后的底气就更足了。于是，他马上对这些表示支持的官员进行了重赏，武则天也适时对他们表示感谢。而对于反对派，武则天就让高宗狠狠地惩罚了他们。这样一来，很多原来属于长孙无忌这一派的人也开始动摇了。所以，武则天的势力变得越来越大，她知道自己很快就要成为皇后了。

有一天，高宗正式将长孙无忌等四位朝廷重臣召进大殿议事，商量废后的事情。四位大臣有的支持，有的反对，但高宗心意已决，将他们找来也只不过是走个形式而已。因此，虽然长孙无忌仍然反对，但却没有任何作用。当几位大臣知道事情已经不能改变之后，只能叹息了。当武则天得知这样的情况后，就马上让高宗将反对她的褚遂良贬到了潭州担任都督之职。

永徽六年（655）十月，高宗颁发圣旨把王皇后与萧淑妃贬为庶人，正式册封武则天为皇后。十一月，为了让朝廷大臣更加支持武则天为后，高宗决定举行一场隆重的封后大典，而且让皇后在肃仪门的城楼上面，接受满朝文武的朝贺。众位大臣对这个举措很意外，因为皇后接受百官朝贺是一件相当罕见的事情。于是，众臣就按照规矩进行跪拜，嘴里高呼着“皇后万寿无疆”。第二年，高宗将原来的太子废掉，改立武则天的儿子李弘为太子。

武则天终于实现了自己的梦想，坐上了皇后的宝座！她在从一位普通民间女子走到尊贵的皇后的这个过程中，充满了坎坷和磨难，而且也付出了不小的代价，但她最后还是成功了！尽管年龄已经不小了，但是她十分擅长养颜，看上去就好像是一个小姑娘，因此，高宗仍然非常宠爱她。

不过，高宗天生多愁善感，性格也是优柔寡断的。有一天，他又想起了王皇后和萧淑妃，就让太监前面领路，去看望她们。只见囚禁她们的牢狱周围都是封闭的，只留下了一个小洞送饭，而且盘子中掺杂不少泥土杂渣，让人看了就感到心酸。当高宗看到王皇后和萧淑妃的情况这么悲惨的时候，心中顿时升起了无限的怜悯。王皇后和萧淑妃连忙呼唤皇上，请求让她们重见天日。高宗沉默了很长时间之后，答应几天后再来看她们。

武则天知道这件事情后，相当生气，她知道高宗的心很软，肯定将她们放出来，于是，就抢在高宗前面将这两个心腹大患给处死了。几天之后，武则天就派人来痛斥她们无心悔过，还想着迷惑皇上，罪加一等，罚她们各自杖责一百，将她们打得皮开肉绽。然后，武则天又命人砍掉了她们的手脚，将她们放入酒缸当中，直到她们疼死。萧淑妃在临死的时候说，她恨妖妇武媚娘，下辈子一定要变成一只猫，让武媚娘化为一只鼠，然后，她就将武媚娘的喉咙给咬断，让她痛苦地死去。

从此之后，武则天就下令，宫中禁止养猫。武则天处死王皇后和萧淑妃的手段真是太毒辣了，也许只有汉初吕雉所策划的“人彘惨案”才能够与之相提并论。高宗原本想将王皇后和萧淑妃放出来，然而没想到武则天这么快就下毒手，将她们折磨死了，心中很不高兴，但是，武则天利用温言细语以及软玉温香诱惑高宗，高宗很快就不生气了，并且慢慢将这件事忘了。

大胆挑战皇权

武则天做了皇后之后，就开始干预朝政。她一直没有忘记当初极力反对自己当皇后的长孙无忌，觉得只要有长孙无忌在，自己就会永无宁日。于是，在武则天有意策划之下，长孙无忌一派的大臣不是被贬，就是因为害怕武则天而转投向她。不过，武则天也知道，要想打倒长孙无忌不是一件容易的事情。

显庆四年（659），她精心设了一个局，首先把韦季方与李巢卷了进去，说他们结党营私，想要造反；然后，她派心腹大臣许敬宗前去审理这个案子，想要诬陷长孙无忌。韦季方不愿做出伤天害理的事情，在严刑逼供下想要自杀。许敬宗抓住这个有利的时机，又编了很多他的供词向高宗汇报。对于供词中说国舅想造反，高宗不是太相信。但许敬宗一再强调这件事情的严重性，稍有不慎，后果就不堪设想了。武则天也适时地向高宗陈述这件事情的危害，高宗原本就是一个没有主见的人，在听了他们的话之后，心中真的开始有些不安，于是，他决定将长孙无忌的官位罢黜，然后把他流放到了黔州。

没过多长时间，武则天又悄悄地派人前往黔州，硬逼着长孙无忌自缢而亡。武则天与长孙无忌之间的斗争，最后以武则天的完胜而结束了。武则天不仅心肠恶毒，而且手段也很毒辣，就是为了坐上皇后之位以及排除异己，从而使自己得到更多的权力。因此，她开始在朝廷中广泛地培植党羽，扩展自己的势力。皇后是她刚开始的愿望，现在真的坐上了这个位置后，她发现自己还有更多的东西可以去争取，比如朝政大权等。于是，她又开始向着新的目标前进了。

有一次，高宗病了，十分严重，不能看奏章。武则天就完全代替他进行批改，并且将所有事情都安排得很好，于是，高宗很放心地去养病了。但是当他痊愈之后，却发现武则天在处理政务的时候，自己居然没有办法插手了，武则天把一切都管理得相当好，没有一丝破绽。又过了几年，高宗越发觉得自己这个皇帝形同虚设，武则天几乎完全把持着朝政大权。尽管高宗心中有些不满，但也没有什么办法。然而，后来发生了一件事情，让他真正恼了武则天。高宗的嫔妃虽然不少，但是她们由于王皇后和萧淑妃之死而感到十分害怕，都开始故意躲着高宗。在一段时间内，高宗觉得很郁闷。这个时候，武则天的姐姐和 18 岁的女儿来宫中做客。虽然武则天长得比她姐姐美，但是她的姐姐也是一个风华绝代的女子；姐姐的女儿正好芳华妙龄，更是貌美如花。高宗马上被这母女两个人给迷住了，封武则天的姐姐为韩国夫人，并且开始不断地召她们入宫，享受床笫之欢。

有一天晚上，高宗正在和韩国夫人享乐的时候，武则天忽然来了，高宗吃了一惊，虽然心中略有不满，却不敢当面说出来。武则天厉声将床上的那个女人叫了出来，看到是自己的姐姐后，假装很惊讶，还说她一点儿也不怨姐姐，而且还很感谢姐姐替自己陪高宗。韩国夫人听了之后，心中非常害怕，也不敢出声。结果，第二天，韩国夫人就死在了宫中。大家都知道这事是武则天做的，但谁也不敢说出来。

高宗终于不能忍受了，悄悄做了一个决定。正好在这个时候，宰相上官仪觉得武则天专权将会发生祸患，同时也看出高宗已经对武则天不满，就适时地派遣王伏胜向高宗上奏说武则天引道士郭行真入禁宫行厌胜之术，请求皇上进行处置。高宗马上借着这个机会让上官仪起草一份废后的诏书，要将武后废掉。但是，武则天在朝廷上下布满了耳目，又怎么可能不知道这件事情呢？

她得知消息后，暗暗吃了一惊，没有想到高宗会忽然这样做，顿时心中有些慌张。但是，不久，她就冷静下来，然后，直奔高宗的殿中。高宗一见到武则天，原本已经十分高涨的气势马上熄了不少。武则天冷笑着责备高宗污蔑她，然后撕碎了诏书。高宗本来就有点儿害怕武则天，这个时候更不敢多说什么，只能任凭武则天妄为。武则天一边哭，一边控诉高宗不体谅她的苦楚，还想要将她废了……

高宗再一次被武则天的媚惑之术打败了，连连向她道歉，而且还说这都是上官仪的主意，自己只不过错信了他的话才差点犯错误的。而且他还承诺，以后上朝的时候让武则天垂帘听政。武则天听了之后，才表示满意，又和高宗缠绵了一会儿，让高宗又体会到武则天所带给他的快乐。高宗在武则天面前提到了上官仪，那么，就注定上官仪要遭殃了。武则天指使许敬宗诬赖上官仪和原太子李忠造反，王伏胜加入其中。高宗立即处死了他们，就连上官仪的儿子上官庭芝也没有放过。不过，上官庭芝还在襁褓中的女儿上官婉儿以及她的母亲却由于在宫中作奴婢，才捡回了一条命。与此同时，与上官仪交情好的大臣都受到了牵连，全都受到了武则天的责罚。如此一来，在朝廷当中，武则天的声威已经达到了无人能及的地步，朝政大权基本上已全部落到了武则天的手中。

高宗也真的实现了诺言，不仅让武则天拥有了更多的权力，而且从此后每次上朝的时候，都让武则天垂帘听政。皇后垂帘听皇上的政，这在封建史上是绝无仅有的，同时，这也表现出了武则天夺权道路上的魄力。到了这个时候，朝廷大臣都已经知道武则天掌握着实权，就在很多事情上都将奏事目标指向武则天而不是高宗，就连百姓上奏的时候，也都不光呈给高宗，两个人共同执政的事情在天下传开。

乾封元年（666），武则天提出了一个十分大胆的建议——由她来主持在泰山的封禅大典，并且得到了高宗的认可。她在典礼之上不断笼络人心，同时在典礼之后为朝廷众位大臣全部加官晋爵，于是，更多的人开始支持与拥戴她。后来，她又自己培养了一批学士，创作了大量的著作，而且还让他们直接参与朝政，这成为她对外廷进行控制的另一种力量。

上元元年（674），高宗开始称为天皇，而武则天则称为天后。于是，武则天对于政治方面的控制变得更大了，在朝廷以及百姓的诸多方面全

都开始施行新的主张和建议，高宗言听计从，一律照办。这个时候的朝廷，实际上已经是由武则天一个人说了算了。武则天凭借着自己的头脑和魄力正在一步步地向着她心中的权欲理想前进。

鸩杀太子做女皇

尽管高宗很懦弱，但他却不是什么也没感觉到。他心中很清楚，武则天正在一步步抢夺所有的权力，而李家的江山快要改姓武了。但是，他又没有能力将武则天废掉。于是，他就想让太子李弘牵制武则天。他决定将自己手中的权力慢慢地转移给太子李弘，让他逐步执掌朝纲，最终执掌天下。他认为，李弘是武则天生的儿子，把权力都交给自己的亲生儿子，她应该能接受，而这个天下最终也还姓李，一举两得。于是，他开始不停地让太子熟悉政事，在生病的时候就让太子监国，接受朝臣的奏事。因为太子李弘很得人心，所以正在逐渐地向着最高权力处走去。而武则天却眼睁睁地看着自己手中的权力正在一点点减少。

上元二年（675），高宗终于下定决心将皇位禅让给太子。他专门在议政的时候对百官进行询问，是不是在自己不能处理朝政之后由皇后摄政。尽管不少朝臣支持武则天，但是由她来摄政的话，很多朝臣还是接受不了的。于是，有些官员就站出来持反对票。高宗看到这样的情况之后，十分满意，就提出禅位给太子李弘，自己做太上皇。现在太子李弘也已经20多岁了，这样，所有的事情好像都是按照高宗的设计发展的。但结果却出现了一个令无数人想不到的情况。这件事情发生在太子监国期间，他发现萧淑妃的两个女儿，也就是义阳公主与宣城公主，这时都已超过30岁还被囚禁在宫中不能嫁人，显得非常凄凉。太子知道这都是母亲武则天的过错，开始有些反感武则天。于是，他向高宗奏明，请求将两个姐姐放出来，允许她们嫁人。高宗对此表示赞同，但武则天却异常生气，就让两个身份十分低微的人娶了这两位公主。与此同时，武则天的脑中又产生了一个非常恶毒的计划。

上元二年（675），太子李弘在与高宗、武则天一起用饭之后，竟然暴毙了。尽管表面上太子的死因好像不太明朗，但是很多人都知道，这是武则天下的毒手。为了权力，武则天先杀了亲生女儿，现在又杀了亲生儿子。如此狠毒的心肠与手段，恐怕世界上再也找不到第二个了。

李弘死了之后，高宗的计划就算失败了。他感到心灰意冷，更加不想处理朝政了。在李弘死的那一年六月，他的弟弟雍王李贤，也是武则天所生的另一个儿子被册封为天子。那一年，李贤22岁。令高宗开心的是，李贤不仅聪敏机智，而且非常有见地。于是，高宗多次让太子贤监国，结果政绩居然很好，这也充分地显示出了李贤的才能。

武则天在将太子李弘毒死后，原本认为能重新将大权夺回来，但太子李贤随时都能登基为帝，她又面对一个丧失大权的局面。她内心很喜欢聪明的李贤，就想把他引到自己的阵营作助手。但太子李贤却经常想到哥哥的死，时刻防备着武则天，甚至为了以防不测，在马厩中还藏了不少武器。武则天为了将李贤控制在自己手中，多次召见李贤。但太子李贤害怕武则天会暗害自己，就多次抗命不从。武则天逐渐地由对他的喜欢变成了愤怒，于是就派人向高宗揭发太子李贤生活不检，而且时刻都有可能造反。

高宗不相信，就派宰相薛元超与裴炎跟着御史大夫高智周前去调查，结果在马厩当中发现了很多兵器，于是，武则天更理直气壮地说太子李贤造反属实。高宗对此依旧不相信，但证据确凿，武则天又坚持要严惩，高宗在不得已的情况下，于调露二年（680）八月，将太子贤废为庶人，流放到了巴州。几年之后，武则天就派人杀死了李贤与他的儿子，永绝后患。

永隆元年（680）八月，英王李显被册封为太子。弘道元年（683）十二月，高宗的生命终于走到了尽头，就留下遗言，让侍中裴炎辅佐太子，而天后负责朝中的大事。高宗死了之后，李显继承皇位，历史上称为中宗。与此同时，太子妃韦氏顺理成章地做了皇后，武后也变成了皇太后。另外，李显遵从高宗的遗命，册封裴炎为中书令，辅佐自己。但

是，对于手中能用的这一小部分权力，李显并不满足。他提升岳父韦玄贞担任豫州刺史的职位，又想要册封为侍中。裴炎对此表示坚决反对，他觉得韦玄贞没有一点儿功劳，怎么能够一封再封呢？中宗很生气，怒斥道："朕为天子，即便将整个天下都给了韦玄贞，又有什么不可以的呢？"

就这么一句话给他招来了大祸！这个时候的武则天，正在为怎么将朝政大权夺回来而发愁，听到李显说了这句话后，马上将百官召集到了乾元殿，宣布将李显的帝位废黜，降为庐陵王。中宗对此不服气，大声质问武则天自己到底犯了什么过错。武则天回答："既然你想要将整个天下都让给韦玄贞，那还做什么皇帝？"李显非常懊恼自己的鲁莽，但事情已经这样了，他也只好认命。

只不过利用一句话的破绽，就将李显这个皇帝给废掉了，武则天的能力真的很恐怖。但在后来一段时间内，武则天却一直不提再立新君的事情。因为如今唯一能够继承皇位的，就只有她的小儿子豫王李旦了。武则天表面上表现得很平静，其实心中始终平静不下来，因为她在对群臣的反应进行观察。百官都知道武则天的心愿，就纷纷奏请她登基称帝，但是李旦却仅仅向她进献了皇太后的封号。她明白现在登基还不是最好的时机，于是拥立李旦坐上了皇帝之位，历史上称为睿宗。但是，睿宗登基之后，不仅没有实权，而且还被关在后宫中。与此同时国家的一切军政大事，都由武则天天亲自进行处理.

武则天在掌握大权的时候，对武氏的几代祖先进行追封，为武氏修建了祠堂，而且还更改了唐朝官署与官职的名称，与此同时，还在其他很多方面做了调整。终于，朝廷中有一部分朝臣不想再忍耐下去了。面对武则天的各种行为，不少反对武则天的人聚集在扬州，打算发起一场反对武则天的战争。由于武则天的专权与狠毒，一场对决爆发了。不管她是否在做什么更为伟大的事业，这样对待自己的亲生儿子，即便是现在人听了都不免感到有些震惊，在当时就更容易引发事端了。于是，一场规模巨大的战争无法避免了。

在刚开始征讨武则天的时候，作为初唐四杰之一的骆宾王还专门写了一篇《讨武曌檄》，从而形成更大的声势。当武则天看到这篇檄文的时候，不仅没有恼怒，而且还为朝廷没有这样激昂的人才收罗帐下而遗憾。虽然她觉得叛乱有些突然，但却丝毫不惧怕。她快速地集结了三十万大军，只用了短短四十多天就击败了叛军。

接着，她派人找了骆宾王，众人都感觉骆宾王这次要凶多吉少了，然而，出人意料的是，武则天不仅没有惩罚骆宾王，反而对其加以重用。由此能够看出，武则天很有政治家的范儿，在做大事的时候也是十分大度的。叛军原本气势汹汹，但武则天没费什么力气就击败了叛军，由此可见，武则天也是一位不可多得的能人。这个时候的武则天觉得时机已经成熟了，就开始想方设法为自己创造一些支持的声音，以便为登基做好准备。武则天的侄子武承嗣将一块刻有“圣母临人，永昌帝业”字迹的白石送给了武则天，武则天将其称为“宝图”。没过多久，她给自己加尊号为“圣母神皇”，并且让朝中大臣改称她为“陛下”。

此外，在登基之前，她还做了很多准备。距离正式登基的日子越来越近了，但是“反武”的声音并未由于叛军被打败而停止。当她一步步地走向皇帝宝座的时候，李唐宗室王公们再也忍受不了了。他们联合起来一起率兵反叛，想要拥立中宗还朝为帝，让武则天从此由政治的舞台上退下去。武则天对此一点儿也慌张，一个已经计划了大半辈子的理想，怎么可能因为这点小叛乱就失败呢？不久之后，武则天就将所有的叛乱全都平息了，她继续向着最后一步走去。

这一年，在新修建的明堂举行祭奠活动的时候，武则天首次穿上了皇帝的大礼服衮冕。而睿宗则在她的身后跟着。所有人都能够看出来，除了权力之外，即便在形式上，武则天距离皇帝之位仅仅只差一个头衔了。不过，这最后一步却不是容易做到的。她接受了侍御史鱼承晔的儿子鱼保家的建议，在朝堂的门前设置了一个铜匦，用来接受天下告密文书。与此同时，她还专门培养了一批残酷的官吏。于是，只要是有可能对抗她的李唐家族人，都由于被举报出来而受到了很严重的惩罚。如此

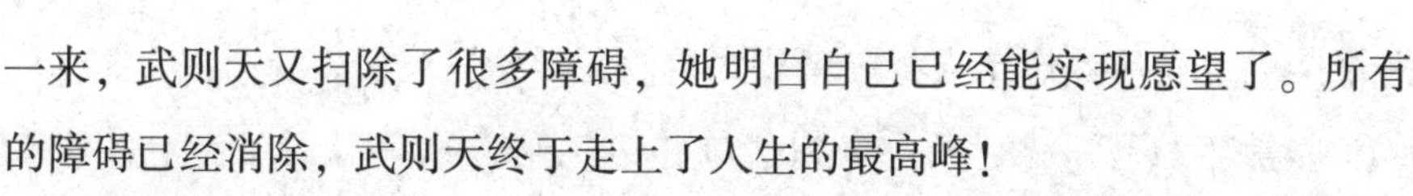

一来，武则天又扫除了很多障碍，她明白自己已经能实现愿望了。所有的障碍已经消除，武则天终于走上了人生的最高峰！

天授元年（690）九月初九，已经67岁的武则天终于实现了自己一生的梦想，正式坐在了天下最尊贵的龙椅之上。她将“大唐王朝”改为“大周王朝”，实行了彻底的改朝换代。几日之后，武则天加尊号为“圣神皇帝”，以睿宗作为皇嗣。历史上称这个事件为“武周革命”。通过不断的努力，在克服众多磨难与挫折之后，武则天终于成为了一代帝王，成为了中国历史上第一个，也是唯一的一个女皇！

荒淫无度养面首

高宗李治死了之后，武则天所宠幸的人包括薛怀义、沈南蓼以及张易之、张昌宗两兄弟等。其中，薛怀义是第一个侍奉武则天的。薛怀义原本叫作冯小宝，本来是同官县（今陕西铜川）街头一个贩卖膏药的小贩。后来，由于在帮别人打架的时候不慎杀了人，为了躲避官府对他的追捕，就悄悄地逃到了洛阳，在一个名叫白马寺的寺院做了和尚。

唐太宗李世民死了之后，身为李世民没有生下子嗣的嫔妃的武则天，被送到了感业寺出家做了尼姑。感业寺紧挨着白马寺，两者之间仅仅只隔了一座墙，而且这两座寺院共同使用一口井中的水。

有一天，武则天前去井边打水，但是因为力气小而打不动水，正在为此发愁。这个时候，长得人高马大的冯小宝也来到这口井边打水。于是，他就帮助武则天将水打好，而且还挑着水将她送到了感业寺的大门口。然后，他再返回自己去挑水。就这样，武则天与冯小宝认识了。

不管是和尚还是尼姑，都是不允许吃荤腥的。但是，冯小宝是在半路出家的，怎么都戒不掉。有一次，冯小宝又来井边打水，看到有一只山鸡刚好飞到井沿儿找水喝。看着肥肥的山鸡，冯小宝馋得直流口水。于是，他蹑手蹑脚地靠上去，举起扁担就将那只山鸡打死了。冯小宝也顾不上挑水了，提起山鸡就去捡柴火。于是，他在旁边树林子中，捡了一堆柴火，然后点燃柴火将山鸡放到上面，开始烤鸡了。

非常巧的是，武则天也来到这口井边挑水。她只看到井台上放着水桶，却没有看到人。她四处看了看，也没有发现冯小宝的影子。这个时候，一股烤肉的香味儿顺着风飘了过来。自从离开皇宫来到感业寺之后，武则天就再也没有吃过一块肉。这肉味儿真是太香了！这是从什么地方飘过来的呢？她看到离这里不远的小树林中，有一缕青烟在徐徐上升，心想：肯定是在那里。想到这里，她不由自主地向那片小树林走去。武则天看到真的是冯小宝正在火上烤肉，虽然不知道那是什么肉，但是，它的香味儿一直往武则天的鼻孔中钻。片刻之后，肉终于烤熟了，冯小宝从火上将烤好的山鸡肉拿下来，然后用力扯下一只大腿放到嘴中，狠狠地咬了一口。“那是什么肉啊，这么香？”武则天忍不住地问道。突然有人说话，可把冯小宝吓了一跳。他赶忙回过头来一看，原来是自己认识的武则天，就非常不好意思地笑了笑，回答道：“是野山鸡，刚才落在井台上找水喝，我举起扁担，一下子就将它打死了，哈哈哈……”冯小宝一边说着，一边将另一只鸡大腿撕下来，递给了武则天，说道：“你是不是敢吃？非常香的！”武则天毫不犹豫地接过来，也大口大口地吃起来。

从此之后，冯小宝三天两头给武则天弄肉吃，不是弄一只鸡，就是弄一个狗大腿，悄悄地送给武则天吃。为了与冯小宝相会，武则天也经常抢着前去井边打水。

武则天成为皇后以后，就马上让冯小宝做了洛阳名刹白马寺的住持。高宗死了之后，武则天就给了冯小宝可以随意出入后宫的特权，又替他改名字为“怀义”，并且赐给他薛姓。于是，薛怀义凭借着自己的聪明才智以及当年与武则天之间的感情，得到了武则天的宠爱。后来，薛怀义由于督建万象神宫立了功，就被提升为正三品左武卫大将军，并且册封为梁国公。之后，薛怀义还数次担任大总管之职，率领部队，前去征讨突厥。

没过多长时间，担任御医之职的沈南蓼成为了武则天的新宠。薛怀

义因为嫉妒沈南蓼，就非常生气地在万象神宫放了一把火，将耗资巨大的万象神宫烧毁。但是，疼爱薛怀义的武则天居然没有对其进行惩罚。这让薛怀义逐渐地变得骄纵蛮横起来，最后，武则天终于对其产生厌恶之情，然后派人暗中将他杀了。薛怀义死了之后，已经过了中年的沈南蓼非常温和，但是却身心十分虚弱，根本不能满足武则天的要求。于是，已经70多岁的武则天又陷入了无限的寂寞与烦闷中，脾气开始变得异常暴躁，喜怒无常。

就在这个时候，有人向武则天推荐了张易之与张昌宗两兄弟侍寝。20多岁的张易之与张昌宗长得十分俊美，不仅聪明伶俐，而且擅长音律，最重要的是，他们懂得侍寝的秘诀，并且精力非常旺盛，完全能够满足武则天的欲望。所以，武则天非常喜欢他们两兄弟，立即给他们加官四品。从此之后，张易之与张昌宗两兄弟就好像王侯一样，每日跟着武则天上早朝，等到其听政完了之后，就在后宫中陪侍。

不过，张易之与张昌宗恃宠而骄，不但在后宫的时候，专横不讲理，而且还在朝堂上结党营私，对朝政横加干预，引发了众怒。终于在神龙元年（705），张柬之等人发动了“宫廷政变”，将张易之与张昌宗两兄弟杀死，同时，将因为疾病而卧床不起的武则天“请”下龙椅，将皇位让给了唐中宗李显。

武则天作为一位聪明的政治家，一代女皇，养几个男宠主要应该是向天下人展示自己作为女皇的权威。张易之与张昌宗入宫侍寝的时候，武则天已经73岁了，即便是生活再优越，养生再得当，也不能让她这个老妪重新变得年轻。她这样做很可能就是在向世人进行炫耀：男人做了皇帝之后，就可以享有三宫六院，那么，女人登基称帝后同样也可以拥有男宠。她以一位女政治家的身份在男性皇帝专制的时代，想要永久地立于不败之地，就需要面临孤军作战的困境。为了让大臣与百姓信服，她就需要人为自己树立绝对的威信。在每一个领域内，她都要求享受与男性皇帝相同的权力与利益。所以，在“性”这个问题上面，她也效仿以前的男性皇帝。即便没有“性欲”，她也想身边有几个能够替自己排解忧愁的年轻异性，这对于身为女皇的武则天来说，也是能够理解的。

广泛招纳贤才

为了增强政治力量，扩大其政权的社会基础，武则天广泛地招纳人才，并且在对待人才的时候，相当宽容。武则天利用各种手段对庶族地主官僚进行扶植，并且从中寻找人才。为此，她采取一系列的措施：

其一，朝廷派存抚使到全国各地寻找并举荐可用之才。凡是存抚使推荐的人，不管是否真的具有才能，都能够获得试用的机会。才能较高的人试着让其担任凤阁（中书）舍人、给事中等职位；才能略逊一筹的人就试着让他们担任员外郎、侍御史、补阙、拾遗以及校书郎等职位，从此，官员试任制度正式开始。

其二，不管是当官的还是普通百姓都能够毛遂自荐。这个措施不仅可以避免在举荐人才的时候有所遗漏，而且也为寻常百姓提供一个进入政界的平等机会。

其三，进一步发展科举制度，在增加考试科目的同时，也增加了录取的人数。与唐太宗贞观年间相比，武则天在位的时候平均每年录取的人数要增加一倍以上。

因为武则天在录用官吏的时候，从来不问出身与门第，要求也比较宽泛，所以使得官员的数量剧增，流于冗滥。不过，对于那些在试用期不称职的人，武则天也不会姑息，会随时将之撤换掉。如果谁在工作中失职或者犯罪，武则天会毫不犹豫地将其处理掉。她利用刑罚与赏赐的手段来驾驭天下臣民。所有的政令都是由武则天自己作出的，明察秋毫，懂得决断，因此，那个时候，很多出色的人才都争着为她效力。

武则天在用人上所采用的这种优胜劣汰的政策，不但笼络了天下之人的心，让天下的人才甘愿为自己效力，而且也真的选出了很多有才能的人，让他们有了施展抱负的地方。那个时候，他们不但成为武则天时期加强统治的重要支柱，而且其中有不少人还成为了唐玄宗时期，帮助

朝廷开创“开元盛世”的贤臣良将，比如，狄仁杰、魏元忠、姚崇、张柬之、宋璟以及张说等人在中唐以后都起到了相当重要的作用。如果不是武则天求才若渴，并且对人才十分宽容，就不会出现这样的结果。在人才的选拔与使用上，武则天的确是一代英明的君主。

在武则天长寿年间曾发生过这样一个故事，担任左拾遗之职的张德的夫人为他生了一个儿子，张德非常高兴，就在儿子出生后的第二天，偷偷将一只羊杀了，并且邀请了一些亲朋好友来自己的家中喝“三朝酒”。在张德邀请的朋友中，有一个名叫杜肃的人，当时担任补阙之职。拾遗与补阙都属于朝廷的谏官，因此，张德与杜肃也可以算是同僚。原本，这只不过是一次非常平常的宴请，由于是为了庆祝，众人来的时候都带了一份礼物表示祝贺。大家吃完饭，然后离开，不会发生什么事情。但是，这位叫杜肃的人却在吃饱后，偷偷地将一块肉饼带走了。他回到家之后，就给武则天写了一份奏疏，并且呈上肉饼作证据，控告张德。

第二天，武则天在上早朝的时候，专门将张德叫到跟前，询问：“听闻你的夫人为你生了一个儿子，这可是一件值得高兴的喜事，朕祝贺你。”张德连忙磕头拜谢。武则天接着问道：“那你用来请客的肉来自什么地方？”张德非常聪明，知道武则天有不少耳目，任何事情都别想瞒过她。这个时候，自己没有其他办法，只能如实禀报。于是，他连忙跪下，向武则天认罪。武则天说道：“朕不允许对牲畜进行屠宰，但是红白喜事可除外。不过，你以后如果再有喜事需要请客的时候，注意选择好客人，不要什么人都邀请！”武则天说完之后，将杜肃的奏疏拿给张德看。这个时候，杜肃在一旁简直都要羞愧死了。

任用人才之前先要识别人才。要想很好地识别人才，就必须有一套有效地选拔人才的机制。如何挑选有才能的人呢？武则天将科举制度作为主要的手段。在对待科举制度上面，武则天主要做出了三大贡献：

第一，提高进士科的地位。

唐朝的科举主要分为常科与制科。所谓“常科”，指的是每年都会举行的考试；而“制科”则是指皇帝下诏临时举行的考试，也可以称为

“制举”。进士科与明经科是常科中非常重要的两种。原本，从级别上来看，进士科要比明经科低，但是，从武则天时期开始，进士科慢慢地演变成了科举考试中最为重要的一科。武则天为何要使进士科的地位得以提升呢？因为在选拔人才的时候，进士科更加有利。明经科主要考察的是对经典的记忆，这就要求对儒家经典十分熟悉，而要做到这一点的前提就是家中应该有经典。但是，平凡的老百姓家中的藏书通常都比较少，所以，这种考试有利于世家子弟，而不利于寻常百姓。而进士科则不一样，它考察的是文才，当然，这也需要知识的积累，但是更为重要的却是依靠天赋与灵气。不少寒门小户的人，他们家中没有多少藏书，但是依靠自己的灵气与天赋在进士科考试中也能够脱颖而出。所以，如此看来，进士科更加公平，大大拓展了选拔人才的范围。

第二，充分发挥制举的作用。

为什么在常科之外还要设立制举呢？它主要包括三方面的原因：首先，制举与现实有着非常紧密的联系，可以检验出考生的实际行政能力。其次，参加制举的考生范围十分广泛。再次，制举考试见效快，只要通过制举，就可以立即做官，选拔出来的有才能的人能够直接发挥自身的作用。

武则天从担任太后临朝称制之后，平均每一年半都会举行一次制举。而且，为了使考生与自己的关系更为亲近，武则天经常亲自主持殿试。显庆四年（659），唐高宗主持了唐朝的第一次殿试，但是规模不算太大。

载初元年（689）二月，武则天在东都洛阳洛城殿中亲自考察天下的贤才。后世将这一次考试视为科举史上的“殿试”之始。尽管这只是皇帝偶然代替主考官，亲自进行考察，与后来宋朝确立的殿试制度有着很大的不同，但是，却非常明显地表现出了武则天对于科举取士的高度重视。为了这一次的殿试，在一年以前，武则天就下发诏书，让五品以上的大臣为朝廷举荐人才，还专门注明不限制人数。到考试正式开始的时候，足足有一万多名考生从四面八方赶来参加这次考试。这些考生全部聚集在洛城殿。武则天非常着急地想要选出可以为她的武周政权效力的

人才，所以对于这一次的殿试相当重视，并且亲自监考。殿试中的所有问题都是她非常关心的时政问题。因为考试众多，科目也不少，所以考试的时间持续了好几天，可以说规模相当庞大。在这一次殿试中，年轻的才子张说表现非常出色，他的文采出众，言辞犀利，直接指出了武则天重用酷吏的各种弊端。武则天钦点他为对策天下第一，立即任命他为太子校书，使之从此正式踏入政界。

第三，开创武举。

在武则天看来，虽然有的人文化水平不高，但是却有胆识有武功，因此，她又开创了武举。尽管这样，武则天还是感觉人才不足，所以她经常鼓励人们相互进行推荐或者毛遂自荐。

当然了，武则天采用这么多渠道选拔了太多的人才，也会出现一些问题。其中最为主要的问题就是官职不够。面对这个问题，她想出了两种解决途径——增加新官职与大量试官。这样一来，剩下的人才都是经过甄选的真正有用的人才。为了给朝廷选拔有用的人才，武则天可谓是煞费苦心啊！

大周王朝为何没有被单独列入朝代表中

武则天是中国历史上唯一一个正统的女皇帝，也是继位年龄较大，寿命较长的皇帝之一。在唐高宗时期，她为后宫之主——皇后，在唐中宗与唐睿宗时期，她为皇太后。后来，自立为武周皇帝，将国号由“唐”改为“周”，定都洛阳，并且号为“神都”。历史上称为“武周”或者“南周”，在位 15 年，于公元 705 年被迫退位。武则天认为自己就好像太阳与月亮一样伟大，高高地悬挂在天空，在登基称帝之后，上尊号“圣神皇帝”，去世之后，留下遗诏：“去帝号，称则天大圣皇后。”

多年以来，对于武则天的大周王朝，学术界认为其存在，但是却没有将其单独地列入中国历史表中。这是为什么呢？大家众说纷纭，没有达成统一的意见。

有的人认为，古代“重男轻女”的思想非常严重，虽然武则天确实建立了大周王朝，但是历朝历代的封建统治者却并不承认。因为武则天永远是李唐的儿媳，以古代的伦理道德来看，她仍然是李唐的一份子。而且，继承她皇帝之位的是儿子李显，属于李家的皇室成员。所以，它没有被单独列入中国历史朝代表中。

有的人认为，之所以没有将大周王朝单独列出来的原因主要包括三方面：一是虽然武则天建立了大周王朝，但是却只经历了武则天一朝，没有传承下去；二是武则天在交出皇位，去世之前，留下遗照为“去帝号，称则天大圣皇后”；三是武则天最终是以皇后的身份与唐高宗合葬在一起的。

还有的人认为。武则天虽然建立大周王朝，但是国家的体制没有改变，仍然沿用了李唐的治国措施，对李唐的发展来说，起到了承上启下的作用，所以，昙花一现的大周王朝没有被单独拉出来，放入中国历史朝代表中。

总而言之，不管是什么原因，我们都可以肯定，学术界承认武则天的大周王朝存在过，但是却没有将其视为一个单独的个体，而将其放在了李唐历史中。

第八章

永远不会被忘记的赵匡胤

皇帝档案

☆姓名：赵匡胤

☆别名：香孩儿、赵九重

☆民族：汉族

☆出生地：洛阳夹马营

☆出生日期：公元927年

☆逝世日期：公元976年

☆信仰：佛教

☆主要成就：建立宋朝，结束五代十国战乱局面

☆在位时间：公元960年~公元976年

☆享年：50岁

☆庙号：太祖

☆生平简历：

公元927年，赵匡胤出生在洛阳夹马营。

公元948年，赵匡胤成为后汉枢密使郭威的幕僚。

公元951年，郭威即位，赵匡胤担任后周禁军首领。

公元954年，周世宗柴荣即位之后，赵匡胤被提升为殿前都虞侯。

公元960年，赵匡胤登基称帝，建立大宋王朝，定都开封，历史上称为宋太祖。

公元976年，赵匡胤暴死。

人物简评

赵匡胤是一个非常有心机的人，手中掌握着重权却示人以低调、不张扬。据说，他一觉醒来还不知道怎么回事，就被手下强行披上黄袍，成为了皇帝。登基称帝没多久，他又利用“杯酒释兵权”将往日里与他同生共死的兄弟手中的权力夺了回来。有人认为他非常虚伪，过河拆桥；有人认为他极其聪慧，懂得为帝之道。不管怎么说，我们都必须承认，他确实做出过很大的贡献与成绩。其中最为重要的就是，使华夏主要的地区重新恢复了统一，使安史之乱以来两百年之久的诸侯割据与军阀战乱局面结束了，让百姓在饱经战乱之苦后终于有了一个和平的生活环境，为社会的稳定与进步，经济的恢复与发展以及文化的繁荣创造了非常良好的条件。他可以算得上是一个有作为的好皇帝。

生平故事

乱世之中渐成名

赵匡胤生活的时代背景可以用一句话进行概括，那就是“城头变换大王旗”。赵匡胤的曾祖父与祖父都曾经在唐朝担任过官职。到了他父亲赵弘殷的时候，赵家已经从文宦之家转变为武将之门，赵弘殷为后唐时期的正捷指挥使。他原来是庄宗李存勖非常信任与宠爱的将领，但是，后来，李嗣源将李存勖杀死，夺取皇帝之位后，就把赵弘殷视为庄宗的人。所以，他的官运变得不再顺畅，在两次更换朝代的十几年中，他的官职没有任何的提升。在一段时间内，赵家先后增添了两个儿子，两个女儿，家中的日子也逐渐地艰难起来，只能够勉勉强强地维持生活。

后晋将后唐取代之后，赵家就搬到了汴梁居住。但是，没过多长时间，契丹军又打到了汴梁，赵家人先是遇到叛军之将的强行抢掠，然后又被契丹军洗劫一空。而且在这期间，赵光义与赵光美也先后降生，全家人的生活陷入了无比窘困的境地。

几年之后，赵弘殷经过慎重考虑给二儿子取名为赵匡胤。赵匡胤从小就爱读书，通晓历史典故。不仅这样，他还与父亲赵弘殷一样，非常喜欢习武。每天完成功课之后，就缠着父亲赵弘殷教他练武。短短几年之后，他就懂得了马上步下的各类武功，成为了当地名气很大的骑手。

少年时期的赵匡胤不仅长得很英俊，而且非常有气度，对骑马射箭情有独钟。他的朋友曾经牵来一匹难以驯服的烈马，据说，没有一个人可以将它驯服。赵匡胤不慌不忙地来到这匹马的跟前，没有丝毫的惧怕，直接跨步上马。刚开始的时候，这匹马一点儿也不听他的调教，朝着城外狂奔而去。在经过城门洞的时候，赵匡胤的脑袋忽然撞上了门檐，一下子就从马上摔了下来。跟在后面的朋友都吓坏了，他们觉得这下赵匡胤肯定被撞坏了，起不来了。令人意想不到的是，赵匡胤在地上打了一个滚后就站了起来，冲着马奔跑的方向就追了过去。正在大家感叹的时候，赵匡胤已经再次骑到马上，继续驯马了。不久之后，赵匡胤就骑着马轻轻松松地回来了，而且身上没有一点儿伤。从此之后，赵匡胤立即成为了少年朋友中的大英雄。他的名声也随之慢慢地传开了。

后汉初年，年龄只有20岁的赵匡胤为了追求理想，忍痛离开了自己的家乡，离开了自己的妻子，从汴梁出发，沿着黄河溯源向西去了。他去过河南、陕西以及甘肃等地，但是都没有多大的收获。之后，他又向东折向汉水，前往湖北投奔复州防御使王彦超。王彦超看到非常落魄的赵匡胤之后，拒绝收留他。于是，赵匡胤又前去随州投奔刺史董宗本，董宗本与他的父亲赵弘殷曾经同朝为官，不好意思拒绝，所以就将他留了下来。但是，董宗本的儿子董遵诲非常嫉妒赵匡胤，就仗势欺人，对他百般刁难。赵匡胤生性比较耿直，不想过这种寄人篱下、忍气吞声的生活，就离开了随州。

后汉乾祐元年（948），21岁的赵匡胤在好几个月的奔波之后，花完了身上所有的钱财，但是却依旧没有找到适合自己投身的地方。他在长

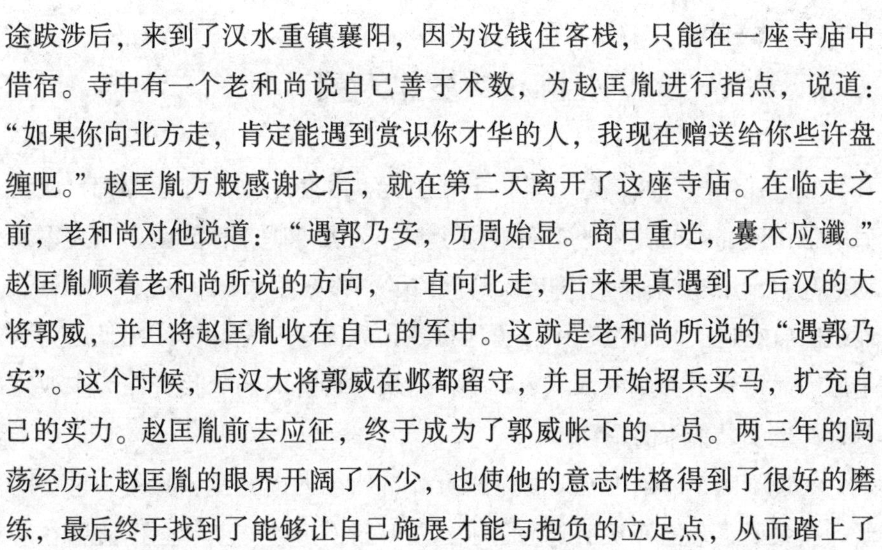

途跋涉后，来到了汉水重镇襄阳，因为没钱住客栈，只能在一座寺庙中借宿。寺中有一个老和尚说自己善于术数，为赵匡胤进行指点，说道：“如果你向北方走，肯定能遇到赏识你才华的人，我现在赠送给你些许盘缠吧。”赵匡胤万般感谢之后，就在第二天离开了这座寺庙。在临走之前，老和尚对他说道：“遇郭乃安，历周始显。商日重光，囊木应谶。”赵匡胤顺着老和尚所说的方向，一直向北走，后来果真遇到了后汉的大将郭威，并且将赵匡胤收在自己的军中。这就是老和尚所说的“遇郭乃安”。这个时候，后汉大将郭威在邺都留守，并且开始招兵买马，扩充自己的实力。赵匡胤前去应征，终于成为了郭威帐下的一员。两三年的闯荡经历让赵匡胤的眼界开阔了不少，也使他的意志性格得到了很好的磨练，最后终于找到了能够让自己施展才能与抱负的立足点，从而踏上了人生新的起跑线。

从此之后，赵匡胤开始了实现自己理想的道路。老和尚赠给他的十六字真言也慢慢地得到了应验。十年之后，一代令人无比敬畏的帝王横空出世。谁也不会想到，当年那个长相俊美的孩子，会逐渐成为叱咤风云、令天下人仰望的宋太祖。

再说这个时候的大将郭威，正处在个人事业的最高峰。他以枢密使的身份率领大军将李守贞叛乱平定之后，得到了汉隐帝的信任与恩宠，对他进行封赏加官。于是，郭威成为了掌控实权的人物，在后汉朝廷中，他的地位已经上升到了无人能敌的地位。而且他还在担任宰相之职的时候，兼任负责河北诸州所有军政事务的节度使之职，面对契丹的进犯进行抵御。他和自己的养子柴荣在邺地主持政务，做出了很大的政绩，赢得了相当高的声誉。但是，自古以来，功高一定会震主。最终，汉隐帝对郭威的行为有所猜疑，同时也开始对他进行防范，派遣使者前去斩杀郭威，并且还将郭威留在京城的妻子与孩子等人全都杀死了。郭威得知这个消息之后，相当震怒，举起义旗开始反抗朝廷，亲自统率大军直接将京城拿下，最后，取代了后汉而自立，将国号改为周，历史上称他为周太祖。在梁、唐、晋、汉后，中原大地再一次更换了主人。

陈桥兵变建宋朝

经过几年的奔波，赵匡胤终于在公元948年来到了河北邺都，成为后汉枢密使郭威的营中的一名普通士兵。公元951年，郭威率领大军发动叛乱，没用多长时间就将后汉给灭掉了。郭威登基称帝，创建了后周。而赵匡胤在这次起兵过程中，勇猛拼杀，立下了汗马功劳，并且因为这个原因而得到了郭威的赏识。于是，他从一名普通的士兵升职为东西班行首，也就是禁军的军官。

又过了两年，赵匡胤又被提升为滑州（今河南）副指挥使。这个时候的皇太子柴荣已经被册封为晋王，任开封府尹。柴荣和赵匡胤曾在军营中一起杀敌，因此，对于赵匡胤的勇猛和才能，他非常了解。于是，他就向太祖提出请求，想要把赵匡胤留在自己的营帐中。就这样，担任开封府马直军使之职的赵匡胤成为了柴荣的亲信。没过多长时间，郭威因为疾病去世了，柴荣登基做了皇帝，历史上称为周世宗。赵匡胤也因此到了中央禁军中担任官职。

不久，晋王柴荣登基称帝的消息就传到了北汉，北汉主刘崇感觉这是一个非常难得的良机，就想趁着新君登基，还没有站稳脚跟的时候，率领兵马前去攻打，以便使自己的势力得到进一步扩充。然而，他担心自己的兵力不足，就派遣使者前去契丹，承诺给契丹很多好处，请求契丹国能够派出兵将前去相助。这个时候的契丹已经将国号改为了辽，新任国王（即皇帝），正是辽穆宗耶律璟。他出身武将，能征善战，在很早的时候，就已经有野心，想要入主中原，并且把北汉看作是自己将中原地区夺过来的一块跳板，因此，当他收到北汉的求援的时候，也就很痛快地答应了这件事情，并且立即派遣武定军节度使政事令杨衮带着兵马一万多人，前去晋阳与刘崇的军队会合，一起向后周发起进攻。

显德元年（954）二月，刘崇的实力得到了很大增长，马上率领部队浩浩荡荡地前往潞州（今山西长治北）。潞州的昭义节度使李筠得知北汉前来进犯的消息之后，立即派遣部将穆令均率领部队前去迎敌，而他自己则率领大军驻守在南下的要道太平驿。穆令均率领大军来到战场之后，

迅速地将阵势摆开了。因为北军早早地做好了埋伏，所以，穆令均中了敌军的计谋最终战死了。周朝大军失去主帅之后被打得非常悲惨。李筠得知大将穆令均战死，而北汉兵又来势汹汹的消息之后，马上下令坚守城池。与此同时，他又派人前往朝廷告急求救。世宗柴荣收到边关告急的文书之后，相当愤怒，立即决定御驾亲征，将北汉大军全部消灭掉。但是，朝廷众位大臣却认为皇上才刚刚即位，朝政还没有稳定下来，不适合离开京师亲自前往战场，只要派出一位大将率领部队前往就可以了。但是，柴荣却觉得这是为自己树立威信的好机会，就决心亲自率领部队出征，并且在那一天就颁发圣旨，调集大军前去征讨北汉。

第三天，世宗带领赵匡胤和殿前都指挥使张永德，率领众多兵马声势浩大地出发了。当世宗等人来到高平（今山西晋城东北）的时候，两国的部队碰面了。汉主刘崇命令张元徽带着精兵一千多人冲向周军大营。就这样，两军展开了一场非常激烈的争斗。但是，由于汉军这一方面拥有更多的兵将，而且充分利用地形不停地发射箭矢攻击周朝的军队，致使周军士兵损失十分惨重，开始不断地向后撤退，整个阵型都开始出现混乱了。眼看形势变得非常危急起来，世宗柴荣就顶着像大雨一样密集的箭矢前去一线亲自督战。因为士兵不停地向后撤退，将世宗柴荣暴露在阵地的最前方。这个时候，汉军快速地围上来，包围了世宗柴荣。

尽管赵匡胤的心中非常着急，但是，他的头脑还是十分冷静的。他很清楚，这个时候正是他大显身手的最佳时机。于是，他奋不顾身地站到了队伍的最前方，瞪大眼睛，大声怒喝道：“如今皇上最为危急的时候，正是我们拼死报效的时候，各位将军，我们一起杀上前去!”接着，他又对旁边的张永德说道：“现在是敌兵的士气最旺的时候，只要我们能将他们的锐气挫去，我军肯定能够取得胜利的！驸马可以率领弓箭手，前去左边高地上，向敌军发射箭矢。我率领部队从右翼进攻，一定能够击败敌军的。”张永德觉得赵匡胤的话很有道理，就率领部队抢占了制高点，然后，万箭齐发射向敌营。而赵匡胤则带着两千人马以及郑恩、石守信、高怀德三个人，冲进了汉军的阵营，突出重重包围，救出了世宗。大将马仁璃也挥动着手中的大刀，喊道：“皇上有难，赶快跟着我一起前去救驾!”说完，他就率领自己的部众，冲进了敌军的阵中，周军的士兵全部都奋力杀敌，汉军没有抵挡住，开始纷纷向后败退。周军趁着这个好机会，在敌人的阵营当中左杀右砍，将汉军的士气全都打散了，阵脚大乱。在双方混战的过程中，刘祟不慎受了伤，带头逃向了北方。主帅都逃跑了，士兵们自然也就不会拼死抵抗了，也开始四处逃命去了。因而周军的战线大大扩大，同时，斩杀了无数的敌军。除了保护刘祟逃走的数百骑兵之外，其他敌军全都归顺了周军。在高平之战中，因为赵匡胤表现得非常英勇，周世宗对其十分赏识。

大军班师回朝之后，周世宗提拔赵匡胤做了殿前都虞候，而且还把整顿禁军的重要任务交给了他负责。

赵匡胤手中握住了一些兵权之后，就开始大力培养自己的势力。他先将禁军中的老弱病残之人辞退，然后，又从其他军队中抽出了很多年轻兵士补充过来，在这样的基础之上，他又重组了殿前司诸军。为了能够将禁军控制在自己的手中，赵匡胤趁着对禁军进行整顿的机会，把自己的好朋友罗彦环、田重进、潘美、郭廷斌、张琼、米信以及王彦升等人都安插到了殿前司诸军中担任要职。与此同时，他还充分利用自己比较显赫的身份，积极主动地与其他的中高级将领结交，并且，还与很多人，比如，石守信、韩重斌、王审琦、李继勋、刘廷让、王政忠、刘庆义、刘守忠以及杨光义等人结拜成了异姓兄弟。如此一来，以赵匡胤作为核心的势力就慢慢地形成了，最后，在军营当中，没有一个人敢与其进行对抗。尽管这样，禁军的最高统帅却不是赵匡胤。身为殿前都虞候的赵匡胤上面还有殿前都点检、副都点检以及四五位正副都指挥使。然而，在禁军当中，有很多年轻的中级以下的将领都愿意听从赵匡胤的指挥，所以，他在禁军中有着非常大的活动余地，与他的上司们相比，他指挥起禁军进行作战更为得心应手一些。

显德二年（955），周世宗下定决心派遣军队向后蜀发起进攻，并且派大将王景、向训带领罗彦环、潘美等人率领着大军出发。因为后蜀的军队顽强的抵抗，所以，双方的军队形成了一种僵持的局面，因而导致这场战争拖了非常长的时间。尽管周军的将士与补给都消耗相当大，然而，却没有一丁点儿获胜的迹象表现出来。为此，赵匡胤的心中十分着急，但是，他觉得这是一个立功的好机会。于是，经过慎重考虑之后，

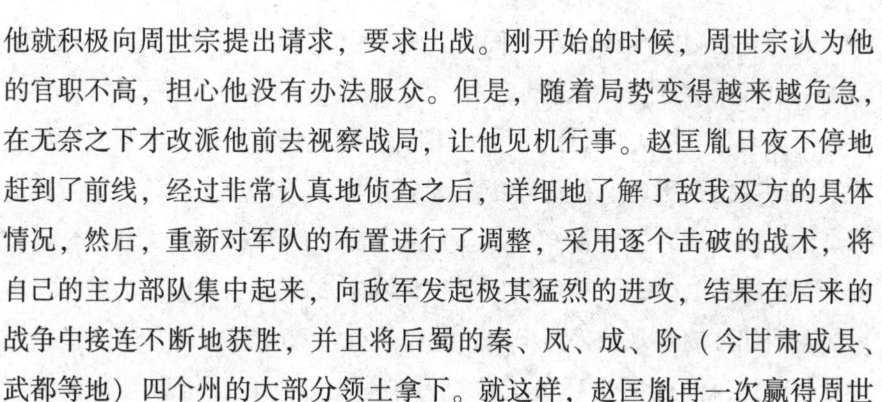

他就积极向周世宗提出请求，要求出战。刚开始的时候，周世宗认为他的官职不高，担心他没有办法服众。但是，随着局势变得越来越危急，在无奈之下才改派他前去视察战局，让他见机行事。赵匡胤日夜不停地赶到了前线，经过非常认真地侦查之后，详细地了解了敌我双方的具体情况，然后，重新对军队的布置进行了调整，采用逐个击破的战术，将自己的主力部队集中起来，向敌军发起极其猛烈的进攻，结果在后来的战争中接连不断地获胜，并且将后蜀的秦、凤、成、阶（今甘肃成县、武都等地）四个州的大部分领土拿下。就这样，赵匡胤再一次赢得周世宗以及朝廷上下的称赞。

在三次对南唐发起的进攻过程中，赵匡胤每次都会身先士卒，骁勇善战，凭借自身的聪明才智，带着自己的部下取得一个又一个的胜利，最后逼得南唐在万般不得已的情况下把江北十四个州的土地割让给了后周。战争结束之后，周世宗根据赵匡胤所立下的战功，提拔他做了忠武军节度使，同时兼任殿前都指挥使。这个时候，赵匡胤慢慢地拥有至高无上的权力与地位，在朝廷上下树立了非常高的威望。

早年时期，赵匡胤在流浪的过程中，曾经在河南地区让人给他占了一卦，卦上显示他未来能够坐上天子的宝座。那个时候，他根本没有将卦中所说的当回事儿。然而，现在随着他的地位不断地提高，手中的权力不断地增大，他开始越来越相信那次占卦上面所说的是真的，他早晚可以坐上龙椅的。从此之后，他在为人处事上面发生了非常大的转变。以前，他只是重视与军队中武将的结交，如今，他也开始非常重视结交一些文人，并且先后把赵普、王仁瞻以及楚昭辅等人拉入了自己帐下。除了这些之外，他开始对经史感兴趣，不再像以前那样莽撞了。在进攻南唐的时候，他曾经搜集了几千卷史书，命令专人随身携带，以便能够让自己随时阅读。周世宗在发现赵匡胤产生如此大的变化之后非常吃惊，就将他召来，询问其中的原因。赵匡胤回答说："皇上这样信任我，常常让我产生一种力不从心的感觉，因此，我才要多学习一些知识，多增长一些见识，以免辜负了皇上的重托。"世宗听了他的回答之后，不仅没有对此起任何的疑心，反而更加欣赏他。赵匡胤除了尽可能地拉拢外界的朋友之外，而且还通过他们认识并结交很多有着很深资历的将领、节度使，甚至是当朝宰相等。与此同时，为了给自己前进的道路扫除障碍，赵匡胤也开始对异己势力进行打击。

显德六年（959）六月，周世宗因为疾病去世了，他年仅 7 岁的儿子柴宗训即皇位，历史上称为恭帝。这个时候，赵匡胤已做了六年的殿前都点检，而且拥有了非常高的威望，几乎能够做到“一声令下，余者皆从”。那个时候，后周所出现的“主少国疑”的局面，正好成为赵匡胤将后周取而代之的客观条件。但是，赵匡胤并没有立即行动，因为世宗死得十分突然，他在不少环节上还没有准备好。所以，他耐着性子继续潜伏。

显德七年（960）正月初三，在诸多将领的带领之下，士兵们一个个将弓上好弦，刀拔出鞘，然后威风凛凛地站在赵匡胤的帅帐外面，并且一起高声喊道：“愿意立点检为皇帝。”这喊声惊天动地，响彻整个苍穹。而赵匡胤假装刚刚睡醒，极其惊讶的样子，披着衣服来到了大帐的外面。这个时候，有一个将领马上把象征皇权的黄袍给赵匡胤披到了身上。与此同时，全体将士一起跪下来进行朝拜，嘴中高声喊着：“万岁，万岁！”于是，赵匡胤就按照事先已经想好的步骤，开始行使皇帝的权力——严禁任何一个人抢夺他人的财物，禁止对后周君臣以及黎民百姓进行杀害；派遣亲信潘美前去向执掌朝政的宰相范质等人说明情况。所有的事情都安排妥当之后，赵匡胤就率领部队回到了京城开封。这个时候，京城大部分的禁军已经在石守信的手中，看到赵匡胤的部队回来之后，立即将城门打开，对于新皇上的到来表示欢迎。大队的兵马排着非常整齐的队伍进入城中，而城中诸多百姓也照常欢快地庆祝节日，根本没有出现由于改朝换代而一片混乱的局面。

原来对后周忠心耿耿的大臣们看到大势已去后，不得不匆忙地草拟禅位的诏书，逼着恭帝把皇帝之位让给了赵匡胤。到了这个时候，赵匡胤才真正地登上了龙椅宝座，正式对外将国号改为“宋”，改元“建隆”，历史上将其称为宋太祖。

独特的驭臣之道

开宝元年（968），赵匡胤想要向北汉发起进攻，就此征求了张永德的意见。张永德觉得虽然北汉不是很大，但是其兵力十分强悍，战斗力相当强大，再加上它得到了契丹辽朝的保护，随时都可能从辽朝得到支援，所以，并不能够轻而易举地将其打败。同时，张永德提出一个建议：可以经常派出一小股军队，在北汉边境进行骚扰，促使北汉军不能在边境地区立稳脚跟。与此同时，可以派间谍进入辽朝，然后，利用离间之计，对辽朝和北汉关系进行破坏，以便能够使北汉的支援断绝，然后，我们再考虑对北汉出兵征讨的事情。

赵匡胤听了张永德的这番见解之后，觉得很有道理，就将其贯穿在后来讨伐北汉的战略当中。尽管赵匡胤去世三年之后，北汉才被完全灭亡，但是赵匡胤生前对待北汉的时候，始终坚持像张永德所提出意见那样，对其进行经济封锁与外交困扰的政策。北汉在连续数年的打击之下，才逐渐地变得衰弱起来，最后在太平兴国四年（979）被北宋彻底地歼灭了。这在很大程度上要归功于赵匡胤。正是因为赵匡胤擅长听从他人的意见与建议，能够做到集思广益，纳谏如流，根据实际情况采用最为妥善的战略战术，才为后来大宋军队再一次进行北伐奠定了非常坚实的基础。在他死了三年之后，大宋的军队才能够一举将太原攻克，彻彻底底地将北汉征服。

有一次，赵匡胤在宫中与宰相赵普商议事情的时候，因为在有些问题上的看法不一样，他就感慨万分地说道："如何才可以让担任宰相之职的人如同桑维翰一样富有谋略呢？"

那么，桑维翰到底是一个什么样的人呢？桑维翰在中国历史上可以算得上臭名昭著了。他最早的时候是后唐河东节度使石敬塘营帐中的谋士。因为石敬塘想要谋夺后唐的江山，就一直与后唐作对。为了更有把握地将后唐推翻，石敬塘就派遣桑维翰作为使者，出使契丹辽朝。最后以将燕云十六州割让给辽朝，每年向辽朝进贡三十万匹绢帛，认辽朝皇帝耶律德光作为自己的父皇帝的代价，最终得到了辽朝的支持。就这样，石敬塘终于如愿以偿地坐上了后晋皇帝的宝座。正是由于石敬塘和辽朝做了这笔非常肮脏的交易，所以才给中原王朝留下了长时间不能治愈的后遗症。从此之后，中原王朝一直处在被动挨打的位置。因为石敬塘叫比自己小9岁的耶律德光为父亲，心甘情愿地做这个“儿皇帝”，所以，他也成为了千年以来众人嘲笑的对象。而桑维翰就是促成这笔肮脏交易的推手。

在这一次石敬塘割地求荣当中，桑维翰起到了推波助澜的作用，因而留下了被后世唾骂之名。尽管如此，他却成为了一个有功之臣，在后晋王朝始终受到皇帝的信任与重用，担任宰相、枢密使等非常重要的职务，手中拥有至高无上的权力。因为他手中掌握着重要的权力，而且又非常贪财，所以有很多人出巨资对他进行贿赂。他对此向来都是来者不拒，全部接收。

后晋第二代皇帝石重贵即皇帝位之后，想要断绝与契丹之间的关系。那个时候，担任节度使之职的桑维翰对此极力劝说，让石重贵与契丹结成友好关系，甚至厚着脸皮地说道：“制契丹而安天下，非用维翰不可。”由于这些原因，因此桑维翰就被当成了能够为君主提供谋略，协助做大事的能人，所以才经常被人提起。赵匡胤说起桑维翰，不是对他卖国求荣的行为进行肯定，而是盼望着自己的大臣拥有负山戴岳的能力，可以为君王分忧。

赵普听到赵匡胤说起桑维翰，非常不以为然地说道：“即便是桑维翰现在没有死，陛下也不会用他的。”赵匡胤询问其中的原因，赵普这样回答道：“桑维翰实在是太喜欢钱了。”赵匡胤听到这里说道：“苟用其长，亦当护其短。”这句话的意思是说，倘若要使用一个人的优点，那么，就应该将他的缺点一起容纳。赵匡胤表示“钱本身并是不一个不好的东西，我们不能够由于谁喜欢钱就认为这个人不好。即便他有一些贪图钱财的毛病，我们也应当体谅对方。有哪个人能够不喜欢钱呢？使用一个人，不仅仅要用好他的优点，同时也应当包容他的缺点。比如，凡是读书人，大多都非常贫寒，他们也很喜欢拥有较多的钱财，希望自己的生活能够过得更好一些。但是，倘若因为这个原因就不用读书人，那就实在太愚蠢了！

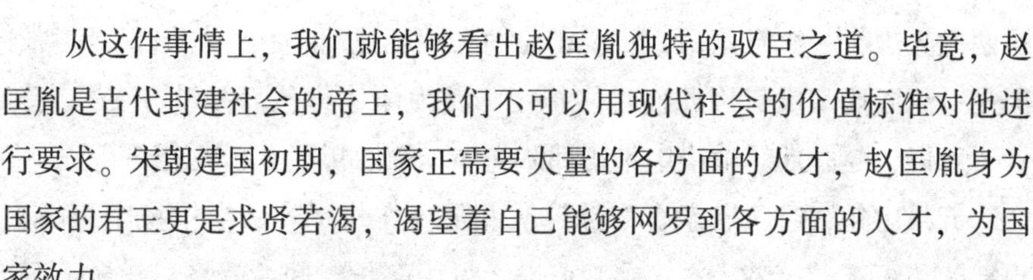

从这件事情上，我们就能够看出赵匡胤独特的驭臣之道。毕竟，赵匡胤是古代封建社会的帝王，我们不可以用现代社会的价值标准对他进行要求。宋朝建国初期，国家正需要大量的各方面的人才，赵匡胤身为国家的君王更是求贤若渴，渴望着自己能够网罗到各方面的人才，为国家效力。

对有功之臣进行清洗

赵匡胤成为皇帝之后，首先要做的事情就是使京城的局势得以稳定，所以他在对待后周旧臣的事情上，采用大力拉拢的态度，从而避免他们发生较大的异动。因为在各个势力进行角逐的年代中，有很多人都想要称王称帝，而周世宗死了之后所出现的“主少国疑”局面，又大大刺激了这种野心。为此，赵匡胤下令：后周旧臣的官位不发生任何的变化，不会裁撤任何一个官员。遇到重大的事情时，也会积极主动向那些旧臣们征求意见，以便缓解他们那种紧张不安的心情，从而使他们积极拥护新王朝。为了更好地对那些后周旧臣进行笼络与收买，宋太祖还对一些恃势欺凌旧臣的新贵们进行了非常严厉的处罚。

那个时候，京城巡检王彦升在发动兵变的时候，作为先锋进入京师，所以，他仗着自己拥立新皇帝立下了很大的功劳，就变得非常骄横而狂妄。有一天晚上已经非常晚了，王彦升没有任何理由就去敲宰相王溥的大门，吓得王溥一家人惊慌失措，还以为要有重大灾祸降临了呢。令人想不到的是，王彦升却说想吃宵夜，让王溥替他去准备，并且还趁着这个机会对王溥进行敲诈勒索。第二天，王溥把这件事情告诉了赵匡胤，赵匡胤就将王彦升贬为唐州刺史。然而，即便赵匡胤这么做，也并没有将所有后周旧臣的心全部笼络住，那些手中有点儿兵权并且有当皇帝的野心的大藩镇节度使，相继起兵反叛宋朝。

建隆元年（960）四月，昭义军节度使李筠率领兵将反叛宋朝。李筠驻守在潞州整整八年，河东与河北这两个非常富庶的地区都在他的控制之下。在那个时候，他的实力在各个地方藩镇当中是最强大的。一个月以后，在扬州驻守的马步军都指挥使李重进也率领自己的部队反叛宋朝。

这两股势力，一个在南面，一个在北面，相互进行声援，气焰相当嚣张，但是，赵匡胤却没有因此而过多担忧，因为他认为他们并没有多少支持者。所以，赵匡胤马上决定带领部队先向李筠的叛军发起进攻。

五月中旬，赵匡胤亲自带领部队北上，在长平一战当中将李筠的主力部队消灭了，接着大军又乘胜追击，没用多长时间，就将泽州拿下了。李筠在走投无路之下不得不自杀而死了。宋朝的军队在短暂的休整之后，又开始向南前进，最终将扬州李重进的叛军也全都消灭了。就这样，宋朝初期的"二李之乱"被平定了，在赵匡胤恩威并施的政策下，宋朝与后周旧臣之间的矛盾基本上都被解决了。

当赵匡胤认为可以毫无顾忌地享受胜利果实之际，他和新贵们间的矛盾又慢慢地表现出来了。赵匡胤亲身经历了后周太祖郭威称帝的事情，还不到十年的时间，他也被拥立成为了一国之君。而如今，他结盟的十个兄弟以及和他一起上阵杀敌的兄弟们，都掌握了重兵，而且拥有非常高的声望，成为了赵匡胤潜在的巨大威胁。因为一旦他们率兵反叛，就会带来非常严重的后果。所以，赵匡胤决定慢慢地收回兵权。然而，赵匡胤是一个非常重情谊的人，不忍心把与自己情同手足的兄弟们撵下台或者杀死。

有一天，赵普对赵匡胤说道："我不担心他们会背弃陛下，因为与您相比，他们都缺乏统御天下的才能。然而，万一有一天他们的部下给他们披上黄袍，根本就由不得他们本身了。"经过赵普的不断劝解，赵匡胤最终才咬咬牙决定了。

建隆二年（961）七月，赵匡胤在皇宫中设好宴席，把石守信以及王审琦等高级将领都请到了宫中。正当大家喝得高兴的时候，突然，赵匡胤将左右侍从挥退，长长地叹了一口气，非常担忧地说道："如果没有各位兄弟的拥护，我根本不可能走到今天这个地步，我永远都忘不了你们的功劳。但是，做皇帝实在太困难了，我真的非常想念做节度使的生活，如今，我经常整夜整夜地睡不安稳啊。"石守信急忙询问："陛下，您到底是因为什么事情而没有办法安心睡觉呢？"赵匡胤回答："这不明摆着，谁不想坐我这个皇帝之位呢？"

石守信等人听到这里都非常惊慌，赶紧站起来说道："天命已经注定

了，没有人敢再有半点的异心了！”赵匡胤说道：“哎！我明白你们是不会有异心的，然而，倘若你们的部下因贪图富贵而强行把黄袍给你们披上，即便你们真的不想做皇帝，恐怕也拒绝不了了。”石守信等人心中非常清楚，赵匡胤这是对他们产生了猜忌，稍有不慎，极有可能就会丢了脑袋。于是，他们立即跪倒在地，恳求赵匡胤能够为他们指出一条道路。赵匡胤说道：“人这一辈子就好像白驹过隙一样转眼就没了。所有的人都追求大富贵，无非是想要积攒更多的钱财，以便让自己的子孙后代过上好生活。你们为什么不将手中的兵权放弃，到地方上去，多买一些田地和歌妓舞女，天天饮酒取乐，不是非常快乐吗？我再让自己的女儿嫁给你们的儿子，这样一来，我们君臣之间不是亲上加亲，上下都没有猜忌了吗？”各位将领明白，这件事情已经没有了回旋的余地，不得不叩头谢恩之后，打道回府了。

第二天，石守信等众多将领都上书说自己生病了，请求辞去官职回家乡。赵匡胤心中非常高兴，立即将高怀德、石守信、张令铎以及罗彦环等人的职务免去了，但是却并没有让他们回自己的家乡，而是让他们到各地做了一个挂着虚名的节度使。此后，赵匡胤也依照自己先前的承诺，让那几个大臣的儿子娶了自己的几个女儿。

赵匡胤在将禁军将领的军权解除后，就开始对那些威望比较低、容易掌控的年轻官员进行提拔，让他们担任禁军将领的官职。与此同时，将殿前都点检与侍卫马步军都指挥使的职位取消了，由殿前都指挥使司、侍卫马军都指挥使司以及侍卫步军都指挥使司三衙分别对禁军进行统领，枢密院掌管着军队的调动、招募、廪给、训练、屯戍、拣选以及迁补等军政，三衙根本不掌握发兵权，而枢密院也不可以统率军队。这样一来，两者之间就会形成一种相互牵制的关系，都听皇帝的命令。

此外，赵匡胤把全国一半的兵力调到了开封附近，而另一半兵力则在外驻扎，同时推行更戍法，定期对军队的将领进行调换。这样一来，那些武将们就没有办法形成属于自己的势力。为了避免出现“君弱臣强”的局面，他还对宰相的权力进行了削弱，在宰相之下设立了枢密使，分管了原本属于宰相的军政大权。同时，又设立三司使，分管原本属于宰相的财政大权。之后，赵匡胤又接受了赵普“稍夺其权，制其钱谷，收其精兵”的意见，将节度使兼管附近数州（支郡）的制度取消了，慢慢把节度使调往开封做不掌握实权的闲官，中央亲自派遣文臣担任各地的知州、知府等官吏，并且一任的时间为三年。与此同时，还在各州（府）设立通判，以便监督与牵制州（府）官员。全国各地的赋税除了必要的开支之外，剩下的必须全都上缴给中央政府，并且从各地军营中，将一些体质强健，善于作战的兵将抽调到中央充当禁军。在实施了上述一系列的措施之后，大大巩固了宋朝的统治。

千古死亡之谜

自古以来，生、老、病、死都是生命中的自然规律，根本不需要过多进行书写，但是，人们往往会对一些比较特殊的人物的生、老、病、死产生强烈的兴趣。不管时间如何流逝，岁月如何变化，人们猎奇、揭秘的心理没有发生一丝一毫的改变。

公元960年，赵匡胤通过“陈桥兵变”，成功地将政权夺到了自己的手中，历史上称为宋太祖。作为一个开国的皇帝，赵匡胤还是作出了一些成绩的，毕竟他的政权使常年的战乱得以结束，使社会的经济能够稳定地向前发展。但是，在公元976年，刚刚满50岁的赵匡胤却糊里糊涂地去世了。尽管官方正史《宋史》对赵匡胤突然死亡的原因进行了遮掩与粉饰，但是，依旧可以通过众多的破绽指明：赵匡胤死于谋杀。

官方在对赵匡胤死亡的记录上十分潦草：“癸丑夕，帝崩于万岁殿，年五十，殡于殿西阶……”根本就没有提到其死亡的原因。于是，民间就有了五花八门的猜测。有人说，赵匡胤是因为过度饮酒而死的；有人说，赵匡胤死于腹下肿疮发作……

实际上，赵匡胤的弟弟，同时也是赵匡胤的政治接班人赵光义的嫌疑是最大的。根据《湘山野录》记载，赵匡胤在死亡前一天的晚上，天气非常寒冷，他与弟弟赵光义一起喝酒，一直喝到了大半夜。原本不应该在内廷留宿的赵光义却守在皇帝哥哥的身边。第二天天蒙蒙亮的时候，赵匡胤已经不清不楚地死了。赵光义接受遗诏，在赵匡胤的灵前继承了皇位。那一天夜晚，赵匡胤曾经发出非常奇怪的呼喊声，并且有了“烛

影斧声”的传说。而《烬余录》中甚至写道，赵光义与花蕊夫人之间存在着奸情，所以才害死了赵匡胤。很多疑点都暴露出赵匡胤死亡的那一天晚上是不同寻常的。赵光义做了皇帝之后，主持编修了《太祖实录》，并且对其中的部分内容进行了三次的修改。即便如此，他仍然不是很满意。所以，很多人认为：“如果只是单纯地为一个死去的皇帝写‘起居注’，根本不需要费如此大的劲，他这样做完全是欲盖弥彰。”

而《太祖实录》中还突然爆出了所谓“金匮预盟”，使得赵光义继位的政治基础变得更加游移、暧昧，很难让人信服。在《宋史》中，有鼻子有眼地描绘了这份异常神秘的“金匮预盟”：杜太后是一个很通情理的好女人。她在病危临死之前，将宋太祖赵匡胤与丞相赵普召到了身边，留下了令人疑惑不解的“遗嘱”。太后觉得，周世宗立一个孩子为皇帝，所以才有了赵宋取而代之。倘若当时继位的是一位壮年英武的君王，就不可能发生“陈桥兵变”。

为了防止历史重演，维护赵宋万世的江山，杜太后责令赵匡胤在选接班人的时候，一定要选择一位“长君”。赵匡胤很痛快地答应了。于是，杜太后命令赵普给记录了下来，并且将这份政治遗嘱视为“基本国策”放到黄金宝柜中。如果事实真的是这样的，那么赵光义继承皇位也就光明正大了。然而，这“金匮预盟”偏偏来得十分暧昧，这可是出师有名的铁证啊！赵光义登基称帝之后，不应该对“金匮预盟”熟视无睹啊。但是，非常有趣的是，在《太祖实录》首次编修之时，竟然对此没有一丝一毫的记载。《宋史》所记载的“金匮预盟”，是后来才强行加进去的。

为了清除后患，赵光义甚至不惜对至亲骨肉下手。太平兴国四年(979)，赵光义逼死了赵德芳的兄长——赵德昭。太平兴国六年（981)，赵德芳因为疾病英年早逝，死的时候仅仅 23 岁。因为在这么短的时间内，赵德芳兄弟先后死亡，所以，不少人怀疑德芳的死亡原因并不像表面那么简单，应该与赵光义有很大的关系。

另外，还有人说：“宋太祖赵匡胤去世之后，他的弟弟赵光义登基做了皇帝。赵匡胤的大儿子——赵德昭对此表示不服。于是，赵德昭就上殿前去要回社稷，因此，惹怒了赵光义。赵光义想要将赵德昭斩杀，赵德昭最后含恨撞柱死了。赵匡胤的皇后听到这个消息之后，就带领赵匡胤的二儿子赵德芳急忙赶到金殿，对赵光义的行为大加斥责。赵光义自己感觉理亏，找不出任何话对答，但是又不愿意将皇位让出去，最后不得不对其好言相劝，重重加封。于是，赵光义将昭阳院改为养老宫，将尚方宝剑赐给了赵匡胤的皇后，让其管理三宫六院。赵光义又册封赵德芳为：勤王、良王、忠王、正王、德王、廷王；上殿不参王，下殿不辞王。同时，又将凹面金锏赐给了赵德芳，上可以打昏君，下可以打谗臣。从此之后，赵德芳就成为了宋朝掌握权势的八贤王了。”

最令人感觉诧异的是，对于赵光义杀兄篡位的说法，赵光义的子孙后代却是相信的，所以将皇位又传给了赵匡胤的后代。这里指的是宋高宗赵构传皇位的故事。

据说，因为赵构没有儿子，所以不知道应该由谁来继承王位。朝廷大臣对此也是争论不休。其中，有一种很强烈的意见就是：既然赵匡胤是宋朝的开国皇帝，就应当将皇位传给他的后代。刚开始的时候，赵构严加斥责了这种议论。但是，有一天，他突然改变了主意，说自己梦到宋太祖赵匡胤领着他去了“万岁殿”，目睹了那个时候“烛光剑影”的全过程，并且对他说：“只有你把皇位传给我的儿孙，大宋王朝的国势才有转机的可能。”于是，赵构最后将赵匡胤的七世孙——赵慎找了回来，然后传位于他。赵构这么做恰恰证明了，对于祖先赵光义的罪孽，他已经彻底地承认了。这也让赵匡胤的死亡之谜有了一个基本的答案。但是，也有很多人对此表示怀疑，他们极力否认这种说法，也不能拿出非常充分的证据，给赵匡胤死亡之谜一个十分确切的说法。

不管怎么说，赵匡胤死亡的原因有很多传闻，实在难以统一，于是酿成了千古谜团，但是，其中的是非曲直，估计与皇室内部夺位的阴谋与斗争是分不开的。

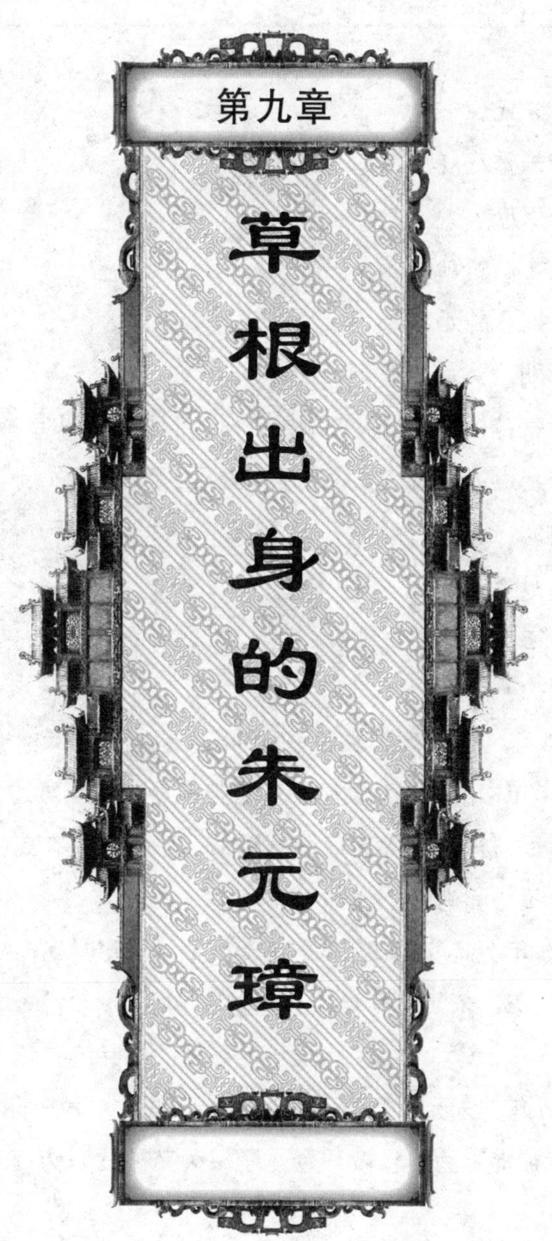

第九章

草根出身的朱元璋

皇帝档案

☆姓名：朱元璋

☆别名：朱重八（原名），字国瑞

☆民族：汉族

☆出生地：濠州钟离（今安徽凤阳）

☆出生日期：公元 1328 年

☆逝世日期：公元 1398 年

☆主要成就：推翻元朝，结束民族压迫制度；消灭群雄，建立明朝；加强中央集权，澄清吏治；发展经济，恢复生产

☆在位时间：公元 1368 年 1 月 23 日 ~ 公元 1398 年 6 月 24 日

☆享年：71 岁

☆陵墓：孝陵

☆生平简历：

公元 1328 年，朱元璋出生在濠州钟离，也就是今天的安徽凤阳。

公元 1344 年，由于濠州发生了灾害与瘟疫，朱元璋的父母与大哥相继病死，为了活命，朱元璋全家分开逃命了。后来，在走投无路之下前去皇觉寺投奔高彬和尚。

公元 1348 年，流浪了三年的朱元璋又回到了皇觉寺。

公元 1352 年，朱元璋投奔“红巾军”。

公元 1355 年，朱元璋攻克和县，被任命为总兵官，镇守和州。

公元 1356 年，朱元璋打败张士诚，拿下集庆，后来将集庆改名为应天府。朱元璋被提升为枢密院同佥，没多久又被提升为江南等处行中书省平章。

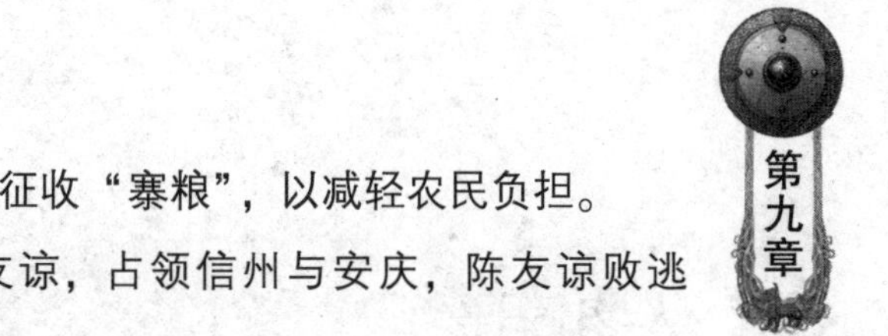

公元 1360 年，朱元璋下令不再征收“寨粮”，以减轻农民负担。

公元 1360 年，朱元璋打败陈友谅，占领信州与安庆，陈友谅败逃九江。

公元 1363 年，朱元璋与陈友谅鄱阳湖大战，最终朱元璋大获全胜，陈友谅被乱箭射死。

公元 1364 年，朱元璋称吴王，建立百官司属。

公元 1367 年，小明王死于江中，朱元璋不再使用龙凤纪年，称 1367 年为吴元年。

公元 1368 年，朱元璋攻占元朝都城，登基称帝，建立大明王朝，历史上称为明太祖。

公元 1376 年，朱元璋将行中书省废除，设立承宣布政使司、都指挥使司以及提刑按察使司，分别承担行中书省的职责，三者之间相互独立，又相互牵制，以便防止地方权力过重。

公元 1380 年，朱元璋用擅权枉法的罪名将胡惟庸以及有关的官员处死，与此同时，将中书省废除，并且宣布以后不会再设丞相之职。

公元 1392 年，朱元璋斩杀功臣蓝玉。

公元 1398 年，朱元璋病死在应天皇宫中。

人物简评

朱元璋，一个苟且偷生的孤儿、乞丐，在乱世之中拼命地寻找生存的道路。无情的现实逼他做了和尚，又逼他参加了起义军。不过，他却因祸得福，在军营中不断地立功建业，培养自己的势力。同时，他自学成才，不断努力，逐渐地创建了一个属于自己的政治集团。经过多年的努力，他终于率领部众推翻了元朝，建立了大明王朝，成为了一名开国之君。当然，我们不能否认，他在登基称帝后，为了巩固皇权，曾经对昔日的功臣大肆杀害，但是我们也不能忽视了他曾经驱逐胡虏，除去暴乱，拯救民族以及将蒙古人制定的种族政策废除等功绩，为中华民族作出了很大的贡献。所以，很多人都认为他是一个胸怀韬略的伟大明君。

生平故事

贫苦出身参义军

公元 1328 年，朱元璋出生在一个普通的农民家庭中。相传，陈氏，也就是朱元璋的母亲在怀孕的时候，曾经做了一个很神奇的梦。在梦中，她遇到一个神仙，那个神仙给了她一粒闪闪发光的仙药。她就将那颗仙药放到嘴中吃了下去。等到陈氏醒来之后，依旧觉得嘴中都是余香。朱元璋是在晚上出生的。那个时候，满屋都是红光，住在附近的邻居误以为是他们家着火了，赶紧跑来帮忙救火。当大家来到门口的时候，才知道只是虚惊一场而已。在家中的各个兄弟当中，朱元璋排行第八，因此，就取了一个“重八”作为小名。

朱元璋家世世代代都是种地的，祖父朱初一死了之后，家里变得更加贫穷。因为实在没有办法维持生计，父亲朱世珍（原名朱五四）不得不开始了四处漂泊的生活，直到50岁的时候，才在濠州钟离县（今安徽凤阳）东乡定居了下来，朱元璋就出生在那里。朱元璋出生之后，家中仍然相当穷困。因为营养不够，小时候，朱元璋的身体总是很虚弱，并且经常生病，可以说瘦得只剩下皮包骨头了，很多人都觉得他长不大，极有可能就夭折了。朱元璋的父母都很迷信，觉得儿子的命只有观音菩萨能救，所以在朱元璋还非常小的时候，就把他送到了距离他们家不远的皇觉寺中，并且让他认寺中的老和尚高彬作为自己的师傅。

朱元璋10岁那一年，由于父亲朱世珍负担不起非常沉重的赋役，不得不再一次搬家，来到了太平乡的孤庄，为这里一个名叫刘德的地主家种地，而朱元璋就开始为刘德家放牛。在放牛的时候，朱元璋认识了徐达、汤和以及周德兴等人，并且与他们成为了好朋友。朱元璋的长相很特殊——鼻子非常大，眉毛又粗又黑，眼睛也是长得滚圆，脑门骨高高的，与普通人相比，他的下巴要大出一寸多。整体来看，他黑黑的脸颊上散发着一种威严，所以，附近不少孩子都很听他的话。

朱元璋非常聪明，但是也十分调皮，由于他上过学，因此众多的小伙伴中，他的鬼点子是最多的。他们经常聚在一起扮演皇帝与大臣来玩耍。朱元璋穿着破破烂烂的衣服，把棕树叶撕成一条一条的，然后粘在嘴上当作胡子，用一块木板放在头上当作平天冠，然后坐到一个土堆上，扮演皇帝。而他的小伙伴们，每个人手中拿着一木块，对他三跪九叩，同时嘴中还高喊："万岁，万岁！"

放牛娃的生活非常困难，不仅经常吃不饱，而且还会被主人打骂。有的时候，一整天都吃不上饭，还得饿着肚子去放牛。有一天，他与小伙伴在放牛的时候，都觉得肚子非常饿。这个时候，朱元璋想到了一个自认为很不错的主意——杀掉一只小牛犊，大家一起烤着吃。就这样，大家争先恐后地烤牛肉吃，没过多长时间，一头小牛就仅仅剩下了牛皮、骨头以及一条完整的牛尾巴了。小牛吃完了，但是回去后应当如何交代呢？大家开始发愁了，然后相互埋怨。这个时候，朱元璋又出了一个主意：他让小伙伴们埋掉了牛骨头与牛皮，然后掩盖好地上的血迹，然后将牛尾巴硬塞进一座山的岩缝中，声称那头小牛钻到山洞中了，没有人能将它拉出来。小伙伴们都觉得这个主意很好。但是，结果可想而知，这样天真的想法怎么可能骗得了地主刘德呢？因为这件事情，朱元璋被狠狠地毒打了一顿，然后被撵回了家。当然了，他将小牛杀死的债务就落到了父亲朱世珍的头上。此事过后，因为朱元璋敢作敢当，所以小伙伴们都非常信任他。

朱元璋生活在元朝末年，当时的政治相当腐败，官员贪赃枉法，各种赋役非常沉重，再加上频繁的灾荒，天下的百姓都在死亡的边缘上艰难的挣扎。公元 1343 年，濠州地区发生一场很严重的旱灾，接着，第二年春天又发生了一场极其严重的蝗灾，所有的庄稼被蝗虫吃完了。然后，又爆发了瘟疫，而且开始大肆蔓延，致使每家每户都有人死掉。最多的时候，短短一天的时间，一个村子就会有几十人死去。

没过多长时间，朱元璋的父母与大哥也因为染上了瘟疫，在半个月内先后死了。朱元璋与二哥看到父母亲人死了之后，不仅没有钱购买棺材，而且也没有埋葬的地方，就忍不住放声痛哭。他的邻居刘继祖知道这件事情之后，就主动给他们提供了一块坟地。于是，朱元璋兄弟两个人费尽千辛万苦找来了几件很破旧的衣服，包裹好亲人的尸体，然后在刘家的土地上将亲人埋葬了。从此之后，每当朱元璋想起这件事情的时候，都忍不住心中万分悲痛之情，以至于三十多年后，他在《皇陵碑》里写道："殡无棺椁，被体恶裳，浮掩三尺，奠何肴浆！"因为家破人亡的惨痛经历，让朱元璋一下掉进了万丈深渊中。这个时候，为了活命，他们全家人不得不分开各自逃生了。

独自流浪在外的朱元璋，没多久就已经走投无路了。这个时候，他想起了小时候许诺要舍身的皇觉寺，于是就前去投奔了以前的师傅高彬

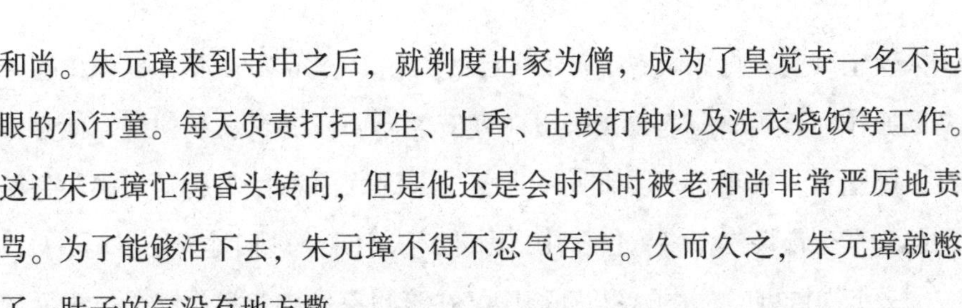

和尚。朱元璋来到寺中之后，就剃度出家为僧，成为了皇觉寺一名不起眼的小行童。每天负责打扫卫生、上香、击鼓打钟以及洗衣烧饭等工作。这让朱元璋忙得昏头转向，但是他还是会时不时被老和尚非常严厉地责骂。为了能够活下去，朱元璋不得不忍气吞声。久而久之，朱元璋就憋了一肚子的气没有地方撒。

有一次，他在打扫卫生的时候，伽蓝神座差一点儿将他绊倒。于是，他就拿着扫帚顺手将伽蓝神打了几下。没过多长时间，大殿上的蜡烛被老鼠给咬坏了，老和尚发现之后，就当着很多人的面对朱元璋大加训斥。朱元璋暗暗地想，伽蓝神连自己面前的东西都管不住，怎么能够管理殿宇呢？自己因为它被老和尚狠狠地骂了一顿，越想心中越生气。所以，朱元璋找到了一支笔，在伽蓝神的背后偷偷地写了几个字——发配三千里。时间一天一天地过去了，皇觉寺中的粮食也慢慢地吃完了。由于得不到施舍，住持高彬法师在万般无奈之下，只能将寺中的所有和尚打发出去，让大家云游化缘去了。就这样，年龄只有 17 岁的朱元璋刚做了五十天行童，还没有学会如何念经，怎样做佛事，就被安排到外面去化缘了。朱元璋又开始过四处流浪的生活了。

没有什么生存技能的朱元璋只能依靠乞讨为生，听别人说哪儿光景好，他就往哪儿去，就这样来到了合肥，然后又反过头向西走，来到了河南，先后到过固始、信阳、汝州以及陈州等地区。公元 1347 年，朱元璋在流浪了三年之后，再一次回到了皇觉寺。在此期间，他走遍了淮西大多数地区，在与当地百姓接触的过程中，逐渐地了解了各地的风俗习惯，不仅使自己的眼界得以开阔，而且也积累了非常丰富的社会经验，同时，也让自己的性格锻炼得更加坚毅、果敢。不过，在这段时间内，他也形成了残忍、猜忌的心性。

朱元璋在外出云游的时候，看到了各地百姓相当糟糕的生活现状，再加上社会中一直流传着“明王出世，普度众生”的说法，让他觉得用不了多长时间，这天下就会大乱了。于是，朱元璋开始有意识地与一些文人侠士结交，打算做一番属于自己的大业。公元1351年，以韩山童与刘福通作为首领的白莲教在颍州（今安徽阜阳）起义反叛朝廷。同年八月，彭莹玉、徐寿辉率领部队在蕲水（今湖北浠水）举起了义旗。各路的起义军全都用红巾将头包裹住，因此，人们又将他们称为红巾军。

公元1352年，郭子兴与孙德崖又在濠州率领部众举旗起义。朱元璋不断地听着各地起义的消息，心中暗暗地想：如果一直这样在寺庙中待着，很有可能被元朝官兵抓走，到了那个时候恐怕就难以保全性命了，还不如前去投奔“红巾军”。但是，朱元璋又觉得自己对红巾军内部的情况不甚了解，而且元朝的军队大肆对其进行围剿，恐怕他们也很难形成气候，所以，他一直犹豫不决，抱着观望的态度等待着。非常巧合的是，就在这个时候，小时候的伙伴汤和给他写了一封信，说自己已经成为了郭子兴的军队中的一个小头目，并且邀请朱元璋前去参加义军。但是，朱元璋仍然举棋不定。不过，他的师兄却偷偷告诉他，有人已经知道朱元璋收到汤和的来信，邀请他前去参军，并且已经悄悄地报告给官府了。就这样，朱元璋在对当时十分危急的形势认真分析之后，终于下定决心，前去参加义军了。

招募儒学之士

朱元璋非常清楚读书的重要性，但是因为自己读书不多，不少事情说不出其中的道理，所以，对于那些有学问的读书人，他是相当尊重的。朱元璋知道读书人不仅可以讲道理，而且还懂得出谋划策。谁对他们好，给他们高待遇，他们就会为谁效力。人们将这种形式称为“养士”。养士是一件好事，而且如果你不养，就会被别人甚至敌人养去，最终只能坏了自己的事情。因此，他不允许手下的将官结交那些儒士，禁止别人养士，而只有他自己来包办，养那些所有愿意被养的士。而且，还能够得到另一个好处，大多数的士在地方上的名气很大，百姓们都敬畏他们，佩服他们，只要你养了士，大多数的百姓也会跟过来。所花的费用不算

多，但是得到的好处却不少。因此，每当占领一个新地方，朱元璋就一定会访求这个地方的读书人，无论使用何种方法，都要将他们网罗起来到自己的幕府中做秘书，做顾问，做参谋。徽州的老儒朱升曾经告诉朱元璋：“高筑墙，广积粮，缓称王。”这句话的意思就是说，要大量扩充兵力，使后方得以巩固；极力发展生存，储备更多的粮食；不要贪图虚名，暂时不要称王，以便减小被攻击的目标。朱元璋听了之后，不断地点头，表示赞同。尽管朱升所说的话并不多，但是却成为了指导朱元璋争夺天下，创建明朝的行动纲领。

为了防止树大招风，过早地暴露自己，在力量还比较弱的时候被别人吃掉，朱元璋在形式上一直与小明王保持着君臣的关系，年号用的是宋政权的龙凤年号，战旗用的是红巾军的红色战旗，就连斗争的口号也与宋政权一模一样。

朱元璋非常重视屯田。龙凤四年（1358）二月，朱元璋任命康茂才为都水营田使，专门管理修建河堤，兴修水利工程以及恢复与发展农业生产的事情，以便保障军需的供给。朱元璋又将各位将领分派到各地前去开荒垦地，并且定下规矩，赏罚的标准就是生产量的多少。就这样，一边耕种一边打仗，没过几年就取得了非常显著的成绩，大小仓库都装得满满的，而且也不再缺军粮了。因而，朱元璋明令禁止征收寨粮，从而大大减轻了百姓的负担。通过这项措施，足食足兵，两个方面都被顾及到了。朱元璋还设立了管理民兵万户府，抽调很多壮丁，组成了民兵，农忙的时候就去耕种，闲暇的时候就练习战斗，作为维护地方平安的武装力量。而正规军则专门负责进攻打仗。就这样，将打仗的力量与生产的力量合二为一，不仅使军队的战斗力得到了很大的增强，同时也加强了社会的生产力。朱元璋通过这番作为，为他在群雄逐鹿的时代积攒了成功的基础。

解除掉外围的威胁，内部的生产也有了着落之后，朱元璋就将目光转移到了浙东与浙西的谷仓。首先将皖南各个县拿下，使后方基础得以巩固，然后又从徽州拿下了建德路，并且改名为严州府，先锋部队向东到达浦江，对婺州形成了侧面包围的形势。婺州是两百多年来的理学中心，有小邹鲁之称，经历了数年的战乱之后，学校已经关门，儒生也是四散逃走了，在这兵荒马乱的年代，没有一个人再顾及这些了。朱元璋刚刚进入城中，就马上聘请当地非常著名的十三名学者替他分别讲解经书历史，建立郡学，聘请学者充当五经师与学正进行训导，宋濂就是其中最为著名的。在宋濂的影响之下，朱元璋开始学习儒学。这样做极好地收拢了人心，特别是读书人的心。朱元璋身为红巾军的头目，宣扬明王降临世间的明教徒，也开始聘请学者为自己讲孔孟的经典，这在思想上的转变是相当重大的，虽然做的是小明王的官，但是所喊的口号却是“复宋”。

拿下婺州之后，朱元璋又采用逐个击破的策略，将部队分开对浙东的各个地区发起进攻。尽管浙东大部分地区已经平定，但是地方上名望高的大家豪族，特别是名士刘基、叶琛、章溢等人，拥有非常大的产业，十分好的学问，相当多的计谋，能够号召很多人。因为不满朱元璋在这个区域所建立的新政权，所以，他们都躲避不见。但是，朱元璋却用尽一切办法将他们逼出来为自己效力，充分利用豪绅巨贾的合作，借着孔孟之道的理论粉饰，创建了属于自己的基业，从此之后，在这批儒生的影响之下，朱元璋的思想作为与儒家慢慢地接近。

开国称帝建伟业

徐寿辉，又名真逸、真一，是罗田地区的一个贩卖布匹之人。他长得非常魁梧，满脸的福相。彭莹玉拥立他做了皇帝，定国号为天完，年号为治平。但是，徐寿辉这个人十分忠厚老实，没有什么见识，也没有整体计划。虽然他们所占领的地区很大，但是却总是守不住，不断地爆发战争，弄得那里的百姓民不聊生。

沔阳人陈友谅家中世世代代都依靠打渔为生，他在县衙中谋了一份

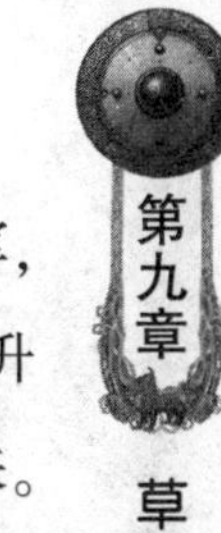

不大的差事。但是，他不甘心就这样被埋没下去，就前去投靠了红巾军，成为了徐寿辉手下一员普通的士兵。因为立下了很大的战功，他被提升为领军元帅。他心中有着非常大的野心，只是一直苦无机会施展出来。龙凤六年（1360）五月，陈友谅的部队攻占了太平，大军进驻采石，认为用不了多长时间就能够拿下应天。于是，陈友谅让部将杀死了自己的主子——徐寿辉。因为陈友谅的性子非常急，所以根本等不及挑选日期，就找了一个地方，将采石五通庙当作行殿，在暴风雨中坐上了皇帝的宝座，定国号为汉，将年号改为大义。

那个时候，朱元璋正好驻守在应天。陈友谅就派人前去张士诚处，并且与之定下协议，打算对朱元璋进行东西夹攻。陈友谅亲自率领水陆大军从江州（今江西九江）顺流东下。水军有一百多艘大舰，几百条战舸，浩浩荡荡地前进。当这个消息传到应天之后，应天的守兵都惊慌失措。

朱元璋连忙将众位将领召集起来，一起商量应对的策略。众位将领只是相互议论，并没有提出什么可行的意见，只有谋士刘基一直不吭声。朱元璋知道刘基肯定有自己的想法，就让众位将领退下，然后单独地与他在卧室中商量着应对之策。他们利用陈友谅这个人忌能护短的缺点，使用一个反间计，让陈友谅将他手下骁将赵普胜杀了，那么，其他将领就会生出兔死狐悲的感觉，然后，厌战的情绪会逐渐地升高。

之后，朱元璋又对敌情进行了非常认真的研究，断定这个时候，陈友谅将帅心中都十分不安，军心也异常涣散，于是，就大举向敌军发起猛烈的进攻。朱元璋亲自率领大军顺风溯流，一鼓作气占领了安庆与江州，守将丁普郎以及傅友德全军都投降了，陈友谅逃到了武昌。从此之后，江西州县与湖北东南角都纳入了朱元璋的势力范围内。

当江南朱元璋与陈友谅的军队在浴血奋战之际，江北的局面也发生了非常大的改变，红巾军不断地失败，形势变得相当危急。小明王的丞相刘福通看到情势是如此危急，就立即派人到朱元璋那里征兵解围。不过，当朱元璋率领部队赶到安丰的时候，刘福通已经战死了，朱元璋就将小明王韩林儿救了出来，并且把他安置在滁州。

正当朱元璋率领主力部队前去营救小明王韩林儿的时候，陈友谅认为这是一个非常难得的反攻时机，于是，就立即率领大军向洪都（今江西南昌）发起进攻。这一次，陈军的规模更为庞大。陈友谅特意命人打造了几丈高的大舰，带着家小以及文武百官，倾尽全国人马赶来，总共有六十万兵马。洪都守将，同时也是朱元璋的侄子朱文正死死地守着城池。陈友谅在攻城的时候用尽了各种各样的办法，而朱文正也是竭尽自己的一切力量进行防御。在八十五天激烈对战的过程中，陈友谅的部队先后好几次攻破了城墙，但是，涌进去的人都又被朱文正的火铳击退了。朱文正连夜对城墙的工事进行抢修，双方攻城与守城都死伤了无数人。

直到七月份，朱元璋亲自率领二十万大军前来救援，陈友谅才率领部队撤围了，然后，掉转头来，来到鄱阳湖与朱元璋进行决战。双方大战了三十六天，朱元璋充分地发挥自己船小，十分灵活的优势，对陈军发起火攻，将陈友谅的很多战舰都烧毁了。最终，陈友谅在突围的过程中被乱箭射死了。

公元 1364 年，朱元璋正式称吴王，设立了百官司属，但是依旧以龙凤纪年，使用“皇帝圣旨，吴王令旨”的名义对外颁发命令。因为早在公元 1363 年的时候，张士诚就自立为吴王，所以，历史上将张士诚称为东吴，而将朱元璋称为西吴。朱元璋称吴王之后，再次率领大军向武昌发起进攻，并且拿下了武昌。到了这个时候，朱元璋终于将陈友谅的势力彻彻底底地消灭了。

解决了陈友谅之后，朱元璋又将目标对准了张士诚与方国珍。朱元璋经过认真地分析与计划，将对张士诚的攻势分成了三步：

第一，起始时间为龙凤十一年（1365）十月，进攻目标为将东吴北境淮水流域拿下。龙凤十二年（1366）四月，用了半年的时间将预定的任务完成了，导致东吴的兵力局促到了长江南面。

第二，起始时间为龙凤十二年（1366）八月，将军队分成两路向湖州与杭州发起进攻，将东吴的这两只臂膀全部切断。同年十一月，湖州与杭州的守军全部投降，形成了从北面、西面以及南面包围平江的局面。

第三，就是平江的攻围战。起始时间为龙凤十二年（1366）十二月，截止时间为吴元年（1367）九月，总共用了十个月的时间，攻占了平江地区，抓住了张士诚。张士诚被俘之后，朱元璋问话，他怎么都不回答，而朱元璋的手下李善长问他，他就大声咒骂。朱元璋非常生气，就命令将士们用大棍把他活活打死了，然后又用大火烧毁了他的尸体。到这个时候，东吴彻底灭亡了。

其实，朱元璋在对平江进行围攻的同时，还派遣手下廖永忠前去将小明王韩林儿接到应天。但是，在他们渡江的时候，有人偷偷地将他们的船底给凿穿了，导致小明王被淹死在了江中。于是，朱元璋正式将公元 1367 年定为吴元年。

再说方国珍，在群雄当中，方国珍属于最早起义的，但却是最后被收拾掉的，二十年来一直在浙东称雄。朱元璋在对付方国珍的时候，采用水陆两路进攻的策略。朱元璋的陆路军队占领了台州、温州后，直接取得了庆元。方国珍战败逃到了海上，但是又被朱元璋的水军打败。在走投无路，万般无奈之下，方国珍最终选择了向朱元璋请求投降。这次战争从发起进攻到最后凯旋，前后仅仅用了三个多月的时间。这时，朱元璋感觉一统天下的时机已经到了。

那个时候，南方的具体形势是福建在陈友定的手中，四川在明玉珍的控制之下，而广东与广西依旧归元朝统治。朱元璋与各位将领认真仔细地商量北伐计划，并且制定了先夺取山东，再攻占河南，然后再回过头来攻打潼关，接着向大都发起进攻的计划。于是，朱元璋任命徐达担任征虏大将军之职，率领全部的军队；常遇春担任副将军之职，右丞薛显、参将冯胜以及参将傅友德各自率领一支兵马，全力进行北伐。

在大军临出发之前，朱元璋再三申明军队的纪律，告诫将领兵士，这一次所进行的北伐，其目的不在于占领土地，而是在于平定中原，将元朝统治推翻，将百姓从痛苦的深渊中解救出来。而且他让宋濂起草并发布了告北方官吏与人民的檄文，提出了口号“驱逐胡虏，恢复中华，立纲陈纪，救济斯民”，这对于广大的汉族百姓有着相当强大的号召力。檄文还明确指出，倘若蒙古人与色目人承认是新皇朝的臣民，将会得到与中原百姓相同的待遇。北伐军队接连不断地取得胜利，没用多长时间就占领了山东各个郡县以及开封、河南、潼关等地。

至正二十八年（1368）八月，朱元璋攻破了元朝首都大都，元顺帝在惊慌失措之下带着他的后妃太子们匆匆忙忙出城逃向了漠北，到这个时候，元朝在统治中原九十九年之后灭亡了。

至正二十八（1368）正月，在应天南郊，40 岁的朱元璋登基做了皇帝，建立明朝，改元洪武。朱元璋在经历了十六年的苦苦征战之后，终于梦想成真，从一个名不经传的放牛娃、小行僧，逐渐地成长为了大明王朝的开国之君。

公元 1371 年，明朝大军将四川收复了。公元 1381 年，朱元璋率领部队向云南发起进攻，在第二年占领了大理，到这个时候，大明王朝几乎已经将南方地区统一了。公元 1387 年，朱元璋又派冯胜、傅友德以及蓝玉率领大军向辽东的元朝残将纳哈出发起猛烈的进攻。在双方对阵的过程中，纳哈出连连败退，最后向大明王朝投降，就这样，辽东地区也归入了大明王朝的版图中。到这个时候，除去漠北草原以及新疆等地区，朱元璋基本上已经将全国统一了。

治理国家有方法

《大明律》中明确地规定“谋反”与“谋大逆”的人，无论是主犯，还是从犯，全部都要被凌迟处死，祖父、子、孙、兄弟以及同居的人，只要是 16 岁或者 16 岁以上的都要被斩首。对于贪官污吏的处罚也是相当重的。如果有官吏犯下贪赃罪，只要被查出来，就全部发配到北方荒漠

中充军。如果官员贪污的赃银多于六十两，就会被处斩，处以剥皮实草的刑罚。命令在各个府州县衙门左边设立皮场庙作为给犯人剥皮的刑场。贪官被押送到这里之后，就会被斩下脑袋，悬挂在竿子上面示众，然后再将人皮剥下来，塞满稻草，放到衙门公堂的旁边，以此来对继任的官员进行警告。

对于自己所制定的法令，朱元璋从来都是以身作则，带头实施的，而且执法的力度十分严格。这在中国古代封建社会的皇帝当中并不多见。朱元璋的女婿，也就是驸马都尉欧阳伦，仗着自己的夫人是马皇后亲生女儿安庆公主，就故意忽视了朝廷的禁令，往陕西地区贩运一些私茶。后来，这件事情被河桥巡检司的一名小吏揭发了出来。朱元璋并没有对其有丝毫的偏袒，马上下令将欧阳伦赐死了。与此同时，朱元璋还发了一份通敕令，表扬那位不畏权贵的小吏。朱元璋唯一的一个亲侄子，同时也是开国功臣朱文正因为违反了朝廷的法纪，同样也被朱元璋毫不留情地废除了官职。开国功臣汤和的姑夫觉得自己有亲戚做靠山，就对常州的土地进行隐瞒，不向朝廷纳税粮。朱元璋知道这件事情之后，也按照法令将其处死了。

朱元璋在位的三十年间，还曾经公开对几桩较大的贪污案进行了镇压，郭桓案就是其中最大的一个。郭桓在案发的时候担任户部侍郎之职。洪武十八年（1385），御史余敏等人将北京承宣布政使司、提刑按察使司的官吏李彧以及赵全德等人告发了，说他们与郭桓等人贪污受贿，私吞官粮。朱元璋紧紧抓着这个线索，命令司法部门对此严加查访。后来，这个案子又牵扯出了担任礼部尚书之职的赵瑁，担任刑部尚书之职的王惠迪，担任兵部侍郎之职的王杰，担任工部侍郎之职的麦至德等高级官员以及不少布政使司的官员。他们贪污盗窃的钱财折合成粮食高达 2400 多万石。这件案子被彻底查清楚之后，朱元璋立即下令杀了赵瑁、王惠迪等人，并将他们的尸体扔到街头示众。包括郭桓在内的六部侍郎以及各地方布政使司以下的官员共计一万多人，全部被处死了。另外，还有几万名官吏因为与这件案子有牵连，一律都被逮捕到了大牢中，并且对其进行了非常严厉的处罚。在这个案件中，有不计其数的下级官吏以及富豪等都被卷进去而被抄家处死了。

对于设立和推行各种基础制度，朱元璋是非常重视的。像常遇春那样的出色人才都是很难进行复制的，但是制度却不一样，其核心的基本精神与环节是可以复制到另外一个区域，在更广大的地区取得良好的成绩。所有军队的结构相同，并且拥有一样严明的纪律，所以其战斗力也就相似了。

在战争年代，朱元璋与众位大臣一起总结出来的制度框架，随着其势力不断地进行扩张，所施行范围也随之慢慢地扩展，从而保障了国家的稳定。他的这种领导模式可以说是相当成功的。朱家军新扩编的部队，一样向朱元璋效忠，新占领地区的百姓，也都奉朱元璋为皇帝。朱元璋的命令从南京出来，在他的势力范围内，没有一个人不遵从的。正因为这样，他才可以从一个小小的十夫长，慢慢地增加自身的影响力与控制力，直到创建大明王朝。

简而言之，朱元璋能够取得成功的基础就是非常重视制度的创建，这也是大明王朝能够立国几百年的关键所在。早在他刚刚占领应天，他就与察罕相互通好，察罕派遣张昶等作为使臣南下，等到使臣们来到应天，事情早已发生了非常大的变化。察罕已经遇刺身亡了。朱元璋在一怒之下就杀了另外一个使臣，只将张昶留了下来。由于张昶对典章制度十分熟悉，对元朝制度方面的事例都非常清楚，因此，朱元璋就将他视为很重要的客人，委以重用。张昶在大明王朝立足于元制建立各种制度中起到了极其重要的作用。

后来，朱元璋受到谋士的帮助，在其势力范围内建立了官吏、治安、收税等几项关键的制度。在发生战乱的时候，税收经常被忽略，但是“巧妇难为无米之炊”，如果想要在战争中取得胜利，除了要稳定后方，要拥有精兵良将之外，而且还有非常重要的一方面，那就是保障后方的

补给。那个时候的红巾军之所以会被叫作“贼”，与其中很多杀掠有很大的关系。朱元璋向来反对在占领城池之后进行杀掠，因为他非常清楚，单纯地依靠打家劫舍这种土匪行为是不可能长久的。在平定浙东前，朱元璋就曾经专门告诫各位将领万万不能滥杀无辜，他这样说道：“克城以武，戡乱以仁。吾入集庆，秋毫无犯，故一举而定。”

李善长帮助朱元璋创建了非常有效果但却不会过分扰民的生财方法，收取两淮的盐税，建立茶法，依照元朝旧例改革，将元朝的重税去除，从而使收税制度得到了规范，使府库中的银两有了保障。手中有钱了，那么，打起仗来就再也不用担心军饷了；心中不再慌乱了，那么，在攻占新的城池后，也就能禁止兵将的抢掠行为了，从而使老百姓接受朱家军。而且，经常将一部分地方，尤其是新攻下的城池，或者受灾地区的租税免除，也可以很好地笼络民心。

在管理百姓的法令制度方面，刚开始的时候，朱元璋认为乱世之中应该使用重典，后来觉得原先的法令“连坐三条”过于严格苛刻了，于是李善长与刘基就制定法律条文，在统治区域内外宣布与执行，取得了十分好的效果。

朱元璋从地方机构开始进行体制改革。元朝地方设立的行中书省，就是由中央的中书省分设出来的。职官的设置与中央中书省相同，执掌一个省的军政、民政、财政以及司法等实权。事实上，一个行中书省就相当于一个独立的小王国。当年，朱元璋也担任过好几年的中书省的丞相，因此，他非常清楚元朝所设立行中书省的弊端。

洪武九年（1376），朱元璋颁发命令，将地方上的行中书省废除，改设承宣布政使司，简称布政司。布政司设立左、右两个布政使。其权力范围也仅仅局限于民政与财政，遵从皇帝的意志对地方政事进行管理。那个时候，全国一共设立了十三个布政司。与此同时，地方上还设立了对军事进行管理的都指挥使司以及对司法进行管理的提刑按察使司。三个机构之间既有各自的独立性，又相互进行牵制，而且同时直接接受朝廷的指挥。

在对地方行政机构进行改革之后，朱元璋又开始全神贯注地对中央政府机构进行改革。首先进行改革的就是总管天下政务的中书省。原本中书省的位置在中央的各个权力中，是最高的。其行政长官左丞相与右丞相又担负统率百官的责任。这种形式的君权和相权，皇帝和丞相非常容易产生矛盾。明朝初期的首任左丞相与右丞相分别为李善长与徐达。李善长这个人在为人处事方面，一向小心谨慎；徐达大多数的时间则在外领兵打仗。朱元璋与他们之间并没有形成太大的矛盾与冲突，但是，胡惟庸做了丞相之后，事情就发生了很大的变化。

胡惟庸是开国功臣李善长的女婿，依靠岳父李善长坐上了左丞相之位，在朝中独揽大权，独断横行。对于官员的升降与生杀这样的大事，从来不请示朱元璋，而是自己擅作主张；朝廷内外的奏报，只要不利于自己就不上报；想要做官或者升官之人，在朝廷不得意的功臣与武将等人，都纷纷投于他的门下；接受他人赠送的金银、绢帛、名马以及各种玩物等不计其数。他到处网罗党羽，培养亲信，建立了属于自己的小集团，对于异己力量严厉地打击，称霸于天下。

胡惟庸这样任意妄为，不但使大明王朝的安定受到了威胁，而且与有着非常强烈的权力欲的朱元璋，也一定会产生相当尖锐的冲突。朱元璋决定找一个机会将胡惟庸这个心腹大患除掉，以便使皇权得以巩固。有一天，胡惟庸的儿子坐着马车在应天城中招摇过市，不慎从马车上摔了下来死了。胡惟庸就让车夫为他儿子偿了命。朱元璋得知这件事情之后，非常生气，他一定要让胡惟庸给那位车夫偿命，胡惟庸向朱元璋请求用金帛赔偿车夫的家人来了结这件事情。但是，朱元璋坚决不同意。胡惟庸听了之后非常害怕，心中就冒出了发动政变的念头。

洪武十三年（1380）正月，胡惟庸给朱元璋上奏，谎称他府邸中的一口井出现了醴泉，邀请朱元璋前去观看。朱元璋听了之后，误以为胡惟庸所说的是真的，就匆忙坐着马车从西华门出去。他的马车在行进的

过程中，内使云奇忽然冲上了跸道，将朱元璋的马车拦了下来。在慌忙之中，云奇一时之间怎么也说不出话来。朱元璋就将云奇的行为视为大不敬，随即命令左右侍卫用棍棒将其打走。霎时，云奇的右臂就被打断了，生命危在旦夕。但是，他依旧用左手指着胡惟庸的府邸不停地摇晃。朱元璋这才猛然醒悟，急忙返驾登城，远远看到胡惟庸的府邸中藏着不少伏兵，就以此断定胡惟庸想要谋反，马上命令御林军将胡惟庸逮捕归案，抄了他的家，灭了他的族。与此同时，朱元璋宣布将中书省撤销，将丞相之职取消，提升六部，也就是吏部、户部、礼部、兵部、刑部以及工部的地位。由六部分别管理朝政，直接对皇帝负责。而且还作出规定，后代皇帝不许再设立丞相之职，如果大臣当中再有人奏请设立这个职位的人，就要处以很重的刑罚。

朱元璋诛杀了胡惟庸之后，又顺藤摸瓜，借题发挥，把那些行为嚣张，心怀不轨，对皇家统治产生威胁的人，全部都算作是胡党罪犯，一律抄家问斩。胡惟庸这个案子株连蔓引，前后持续了好几年，先后共有三万多名官员被杀，就连“第一勋臣”，由于年迈早已在家养老的 77 岁的李善长以及他的全家七十多口人也都被斩杀了。

为巩固皇权而大肆杀戮

为了能够更好地巩固皇权，朱元璋对于有功劳的大臣大肆进行杀害。太子朱标对于朱元璋的做法十分反感，曾经进谏说道：“陛下过分杀戮，恐怕会伤了和气。”朱元璋听了之后，当时并没有说一句话。第二天，太子前去拜见的时候，朱元璋故意将一枝满是刺的荆棘放到地上，并且命令太子捡起来。朱标担心会被刺扎到手，就没有立即去拣。这个时候，朱元璋说道：“你担心会被刺扎到手，所以不敢去拣，等我除掉这些刺，然后再交给你，这样不更好吗？我所诛杀的那些人，都将会威胁江山社稷，现在，我将他们除去，以后你可以把江山坐稳。”但是，朱标仍然不以为然，说道：“皇上是什么样子的，臣民就会是什么样子的。”朱元璋听完之后非常生气，站起身来，搬起一张椅子就朝朱标扔去，朱标吓得急忙逃走了。

为了更好地将文武大臣控制在自己的手中，朱元璋专门设立了相应的机构，并且在公元1382年把对皇帝禁卫军进行管辖的亲军都尉府改为锦衣卫，皇帝亲自对其进行指挥。锦衣卫有很多权力，比如，侦察、缉捕、审判以及处罚罪犯等，设立有属于自己的法庭与监狱，俗称为“诏狱”，诏狱中包括剥皮、抽肠、刺心等各类非常严酷的刑罚。朱元璋还曾命令锦衣卫于朝堂之上执行过廷杖，不少大臣都死于这种刑罚之下，工部尚书薛禄就是被锦衣卫活活打死的。

除了这些之外，朱元璋派了很多叫作“检校”的人员，分布在朝廷上下。有一次上早朝的时候，朱元璋询问大学士宋濂昨日有没有在家中喝酒，都邀请了哪些人作客。宋濂对此都如实禀报。朱元璋听了之后，非常满意地说道：“你果真十分诚实，没有说假话骗朕。”朝廷征调著名儒士钱宰参编《孟子节文》。有一天，他在回家的路上，随口吟道：“四鼓冬冬起着衣，午门朝见尚嫌迟。何日得遂田园乐，睡到人间饭熟时。”结果，第二天上早朝的时候，朱元璋就对钱宰说道：“昨天，你作的诗很好，不过，朕可没有‘嫌’迟，改为‘忧’字怎么样？”钱宰听了，吓得浑身打哆嗦，连忙跪下磕头请罪。

朱元璋在废除中书、罢丞相之后，又开始改革与调整中央监察与审判机关。原来，中央的监察机关叫作御史台。洪武十四年（1381），朱元璋将其改为都察院，下面设13道，110位监察御史，负责对百官进行纠劾，辨明是非曲直。只要是奸佞之臣，朋党小人，作威作福，扰乱朝政的；或者是心术不正，贪污受贿，祸乱祖制的都应当检举弹劾。这些监察御史原本只不过是七品官，但是在朝廷中有监察所有官僚机构的权力，到地方出使代表着皇帝，如果是小事可以自行决断，倘若是大事则可以直接向皇上报告，请求皇上裁决。

经过朱元璋这一系列的改革与整顿之后，皇权的的确确得到了强化。

不过，皇帝所需要处理的政务也随之变得更为繁重。以前有丞相协助处理政务，现在，朱元璋一个人将大权揽在手中，无论大事小事，从早晨到深夜，他大多数的时间都用在了批阅奏章，处理朝政上了，即使在吃饭的时候，他也不断地在想着朝政。每当想到一件事情，他就会立即写在纸上，挂到衣服上。有的时候，事情记得实在太多了，全身都挂满了纸，等到上朝的时候，再一一进行处理。

繁重的政务经常累得朱元璋喘不过气来，长时间下去，如果朱元璋的身体出现问题，军国大事就一定会被耽误。为此，朱元璋在洪武十五年（1382）设立了华盖殿、文华殿、武英殿、文渊殿以及东阁等殿阁大学士，并且，由品级不高的编修、检讨以及讲读等官来充任，以便协助朱元璋批阅奏章，处理起草一些文书。这样一来，以前又忙又乱的现象慢慢地得到了改善。

朱元璋是依靠红巾军发迹的，登基称帝之后自然对于加强部队的控制与管理非常重视。原先统率全国部队的是大都督府，朱元璋就让朱文正，也就是自己的亲侄子担任大都督之职，成为全国最高的军事长官。后来，朱元璋认为大都督府掌握的权力过大了，就在洪武十三年(1380)，在将中书省废除的同时，把大都督府分成了五部分，建立了左、右、中、前、后五军都督府，分别管理全国的军队。每个都督府只负责管理军籍与军政，不掌握指挥与统帅军队的权力。只有兵部有权力颁发军令与铨选军官，但也没有权力直接指挥与统率军队。如果发生战事，需要指挥与调动军队的时候，应当由皇帝亲自委任军事统帅，然后由兵部颁发调兵的命令。战争结束之后，军归卫所，主帅交换帅印。

朱元璋在进行如此的改革之后，不仅消除了凶悍之将嚣张跋扈、骄傲之兵发动叛乱的弊端，而且还将军权全部集中到自己手中。不过，朱元璋还是不放心那些将领。后来，他又利用分封藩王的手段，将自己的儿子分别派往各个重要的城镇做亲王，以便更好地对各地的军事将领进行监视。这些藩王按照规定都会配有自己的护卫兵，其数量多的可以达到两万左右，少的也有三千多人。他们还掌握着对当地卫所守镇兵进行指挥的权力。如果遭遇突发情况，要想调动封地中的卫所守镇兵，不仅需要盖有皇帝御宝的文书，而且还一定要有藩王的令旨，否则，不能调动一兵一卒。

公元1370年，朱元璋下令设立科举取士，并且规定将八股文作为取士的标准，从“四书”、“五经”中出题，作答的时候一定要按照古人的思想，禁止掺杂自己的思想见解。这种考试的目的就在于为专制君王培养为之效命的奴才，这在很大程度上限制了人们的思想。同时，朱元璋还想尽一切办法镇压那些不愿意合作的知识分子。因为他出生在农民之家，而且还曾经做过和尚，所以对于“光”、“秃”这样的字眼十分忌讳，就连“曾”，这个类似于“僧”读音的字也不愿意听到。有不少人就是因为犯了这样的忌讳而丢了性命的。在《谢增俸表》中写道：“作则帝宪”，杭州府学徐一夔将这句话解释为“光天之下，天生圣人，为世作则”等语，朱元璋知道之后，硬说文章中的“光”指的是光头，“生”指的是僧，是在暗骂他曾经当过和尚，而“则”是在暗骂他是“贼”，因此，朱元璋对徐一夔进行了非常严厉的惩罚。

据说，有一年，朱元璋在逛灯会的时候，发现了一则灯谜：上面画着一个女子坐在马背上面，怀中还抱着一个很大的西瓜，而且马蹄画得非常大。朱元璋相当愤怒，认为这是有人故意在用这则灯谜暗讽他的皇后是一个大脚。于是，他立即命令手下对这件事情进行彻查，最终将那个作灯谜的人直接打死了。由于朱元璋推行了长达十三年的文字狱，导致社会上人人自危、不敢再提笔写字的局面。后来，文官们就纷纷上书提出请求，设计一种可以作为标准的文牍措辞，这样一来，就可以不用担心由于触犯忌讳而受到惩罚了。

朱元璋的晚年过得非常孤独，因为在洪武十五年（1382）八月，他最心爱的马皇后因为疾病去世了，那个时候，他相当悲痛，而且再也没有重新立后。洪武二十五年（1392），非常年轻的太子朱标也去世了，这

再一次给了朱元璋万分沉重的打击，导致他的思想发生了不少的转变。由于数年的征战与不断地操劳国事，朱元璋的身体也变得越来越衰弱了，迁都成了他唯一的愿望，但是却并没有实现。他曾经这样写道："朕经营天下数十年，事事按古就绪。维宫城前昂后洼，形势不称。本欲迁都，今朕年老，精力已倦，又天下初定，不欲劳民。且兴废有数，只得听天。惟愿鉴朕此心，福其子孙。"朱元璋的这些话具有一语双关的功效，不仅仅是他迁都没有实现，其中也隐隐包含了自己晚年生活极其凄凉的意思。

洪武三十一年（1398）闰五月，71 岁的朱元璋在应天皇宫中因为疾病去世了。朱元璋死了之后被葬入了孝陵，谥号"圣神文武钦明应运俊德成功统天大孝高皇帝"，庙号"太祖"。

朱元璋到底是不是好色皇帝

看过电视剧《传奇皇帝朱元璋》的人，都会对朱元璋产生这样一种印象：风流成性的大色鬼，不仅霸占别人的妻子，而且还要强奸身边侍女，导致被强奸的女孩要跳井寻死。这样的朱元璋给人的感觉不是传奇，而是有些离奇了。这部电视剧中朱元璋好色的形象与民间相传较多的暴君形象形成了非常强烈的对比。

相传，朱元璋为人相当残暴，经常是杀人如麻，比如，对待贪官从来都是满门抄斩。不仅这样，为了使自己建立的大明王朝得以稳定，他非常残酷地对昔日与自己一起出生入死的好兄弟下毒手，该处死的就处死，该撵走的就撵走，弄得朝廷上下人人自危。最为令人厌恶的就是，在他死了之后还让后宫中的嫔妃为他陪葬。

那么，历史上真实的朱元璋到底是风流成性的好色皇帝，还是一个不通人性的残暴之君呢？对此，有不少人都有自己的看法。

《明孝陵志》是一本在民国时期出版的专门记述朱元璋死了之后的事情的书籍。如果我们认真地从这本书中搜集相关的史料，就会非常容易地发现，朱元璋并不是一个坏人，反而是一个移风易俗的好皇帝。据说，朱元璋出生的时候还伴有异象的产生。

当然了，那些说法并不可信，很可能是朱元璋登上皇帝之位后的附会之说。不过，他小的时候，家里非常贫穷，他的父亲都是由于瘟疫而死，并且没有埋葬亲人的棺材，这些倒是真的。因为从小十分贫寒，他深深地知道民间的疾苦，所以，朱元璋在对待天下百姓的时候，还是比较厚道的，只要是鱼肉乡民的贪官污吏，他都会坚决处理掉，绝对不会有一丝一毫的手软。至于残杀那些忠良之臣，那是因为巩固大明王朝所需要的。我们也应该辩证地看待他的凶残，因为历朝历代的皇帝都有可能经历这一关。

朱元璋耗费十多年为自己建立了孝陵，但是在临死的时候，他留下的遗言却是丧事从简，不仅移风易俗，而且忧国忧民。根据《明史·太祖本纪》记载："遗制曰，朕膺天命三十有一年，忧危积心，日勤不怠，务有益于民。奈起自寒微，无古人之博知，好善恶恶，不及远矣。今得万物自然之理，其奚哀念之有？皇太孙允炆，仁明孝友，天下归心，可登大位。内外文武官僚，同心辅政，以安吾民。丧祭仪物，毋用金玉；孝陵山川因其故，毋改作；天下臣民，哭临三日皆释服，毋妨嫁娶；诸王临国中，毋至京师。诸不在令中者，推此令从事。"

看了朱元璋的这个遗言之后，大概不会有人再将他视为一位好色君王或者残暴之君了吧？

他在临死的时候，都没有忘记自己的出身，所以对于以前使用金银财宝进行陪葬的陋俗，朱元璋是非常坚决地反对的。他认为丧祭仪物，都不要使用金玉。正因为这个原因，即便目前有权威的考古学家当中，也有不少人认为孝陵内不会有什么特别值钱的东西：第一，明朝初期，其国力的确不盛，物资不算丰富；第二，因为有朱元璋的这个遗言。关于在钟山建造皇陵，朱元璋考虑到可能会破坏山陵，所以也千叮咛万嘱咐，不要改作。如今，世界上最长的城墙——明城墙就是当年朱元璋留下来的。那一段城墙并不是方方正正的，而是按照山形地形湖形的自然

地理面貌进行修筑的。在对环境的保护上，在众多皇帝当中，朱元璋做得是最好的。如果用我们现在时尚的话来讲，那就是朱元璋是一个绿色皇帝。而且，这还是有史料可以查证的。

最让大臣与百姓信服，最需要歌功颂德的应该就是，朱元璋不愿意因自己的死亡而打扰天下的百姓。从前，如果百姓家中遇到白事，这个家里的儿子还要守孝三年，那么，一个国家的皇帝死了，属于国丧，天下臣民就更加讲究了，需要更加注意礼仪行为了。但是，朱元璋却将这个惯例改了，破旧例立新风，从来不会迷信地认为人能够哭活过来。他明确地作出规定，三天之后就将白孝服给脱下，该成亲的成亲，该嫁人的嫁人。总而言之，一句话，该干嘛就干嘛去。这样明智的皇帝，可是相当难得的！

至于最后“诸王临国中，毋至京师。诸不在令中者，推此令从事”。这既属于家言，也属于国言，朱元璋担忧如果自己的儿子们回京进行奔丧，外敌有可能会趁着这个机会入侵，那样一来，麻烦就大了。后来，也有史学家考证朱元璋说出这样的话是有其他用意的，即为了防止各位皇子回来之后惹事夺权。实际上，那个时候，燕王朱棣的确已经带着自己的人马赶到了淮阴，想要图谋不轨。倘若不是朱元璋事先有所察觉，那么极有可能，在他尸骨未寒的时候，皇宫内就已经血流成河了。燕王朱棣也不会直到三四年后才想出了清君侧的理由，率领大军将自己的侄子朱允炆从京城中赶了出去，弄得至今下落不明了。

但是，朱元璋最令后人接受不了，最不得人心的一点是，他重新恢复了活人陪葬制。但是，有学者为此翻阅了大量的史料却没有发现他曾经留下过这样的遗言。如果果真有这样的遗言，作为一本集大成式的考证史书——《明孝陵志》肯定会有所记载的。根据那个时候的记载，的确有不少的嫔妃为朱元璋陪葬，有记载的包括四十个，另外还是十多个宫女。这与民间所传说的有上百名的嫔妃宫女被强制性殉葬不相符。看来，朱元璋风流成性，死后也要有上百名美女相陪的说法完全属于误传。

历史上关于朱元璋的争议有很多，他没有秦始皇统一六国的丰功伟绩，也没有成吉思汗横征欧洲的不朽成就。但是，朱元璋能够从一个经常挨饿挨骂的小和尚，逐渐地成长，最后顺利地坐上了皇帝的宝座，而且得到当时百姓的拥戴，让中国民族的封建社会再一次显现出了一段辉煌的历史，真的是一件非常了不起的事情。因此，也许朱元璋并不是一个特别伟大的皇帝，但是至少他是一个得人心的好皇帝，而且肯定不是一个风流成性的好色皇帝。

第十章

有『冷面王』之称的雍正

皇帝档案

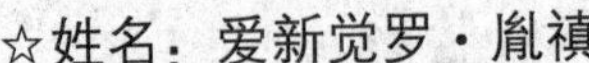

☆姓名：爱新觉罗·胤禛

☆民族：满族

☆出生地：北京紫禁城永和宫

☆出生日期：公元 1678 年

☆逝世日期：公元 1735 年

☆主要成就：平定罗卜藏丹津叛乱；设立军机处；打击腐败，实行改革政策

☆在位时间：公元 1722 年~公元 1735 年

☆享年：57 岁

☆庙号：世宗

☆陵墓：清泰陵

☆生平简历：

公元 1678 年，胤禛出生在北京紫禁城永和宫。

公元 1698 年，年满 20 岁的胤禛被册封为贝勒。

公元 1709 年，胤禛被晋封为雍亲王。

公元 1722 年，康熙皇帝病逝，胤禛继承皇位，历史上称为雍正皇帝。

公元 1723 年，雍正推行“摊丁入亩”制度，为“贱民”除籍，改为平民。

公元 1725 年，雍正罢免了年羹尧所有的职位，列举其九十二条罪状。

公元 1726 年，雍正逼迫年羹尧在狱中自裁，同年，推行“改土归流”政策，整肃吏治亏空等。

公元 1727 年，雍正幽禁了隆科多，与俄国签订了《布连斯奇条约》，实施宗族制，设立驻藏大臣。

公元 1728 年，雍正与俄国签订了《恰克图条约》。

公元 1729 年，雍正设立军机房，建立“廷寄”制度。

公元 1730 年，怡亲王允祥因为疾病去世，雍正帝恢复他的名字为“胤祥”

公元 1731 年，雍正设宣谕化导使。

公元 1732 年，雍正将军机房改名办理军机处。

公元 1733 年，雍正颁发《朱批谕旨》。

公元 1735 年，雍正去世。

人物简评

雍正是清朝入关之后的第三位皇帝，长期以来都被称为“暴君”。关于他的负面评价有很多，比如，“得位不正”、“弑父逼母”、“屠兄杀弟”、“诛杀功臣”等，尤其是近几年来，在不少野史中，雍正皇帝更是以“凶狠残酷”的暴君形象展现人前。但是，历史上真实的雍正皇帝并不是一个彻头彻尾的大暴君。诚然，我们不会忘记在他当权时期所兴起的“文字狱”害死了太多无辜之人。但是，我们也不能否认他在继承皇位之后，非常勤于政事，每天都把大部分时间放在批阅奏折上。他推行新政，进行了不少改革，比如，财政制度改革，改土归流等。同时，他也惩治了不少贪官污吏。正是因为他的努力，才为“康乾盛世”的到来奠定了坚实的基础。

生平故事

隐藏锋芒争皇位

公元1678年，孝恭仁皇后乌雅氏为康熙皇帝生下了一个儿子，也就是康熙的第四个儿子，取名为胤禛。虽然皇子的生活很优越，可以说是锦衣玉食，但是却也十分单调枯燥，没有什么乐趣，因此，身为皇子的胤禛也慢慢地养成了十分孤僻的性格。在胤禛出生之前的公元1674年，赫舍里氏皇后曾经为康熙皇帝生下了一个儿子，名字叫作胤礽。因为在生产的时候出现难产，所以赫舍里氏在那个时候去世了。康熙与这位赫舍里氏皇后之间有着非常深厚的感情，所以，康熙对于赫舍里氏皇后的死相当难过，并且把对赫舍里氏的感情转而投到了儿子胤礽的身上，对他十分宠爱。

在胤礽刚刚满两岁的时候，康熙皇帝就立他为皇太子。随后，在胤礽的教育问题上，康熙皇帝也是竭尽一切力量进行教导。康熙十七年（1678），皇太子胤礽出了天花。那个时候，正好赶上朝廷在全力平定三藩的叛乱。即便这样，康熙仍然亲自对皇太子胤礽进行护理，连续十二天没有上朝处理政务，由此可以看出康熙皇帝对皇太子胤礽有着多么深厚的感情。

公元1698年，年满20岁的胤禛被册封为贝勒。公元1709年，胤禛又被晋封为雍亲王。因为康熙皇帝有很多儿子，所以，在很长一段时间内，每个皇子们都开始培养属于自己的势力，并且相互之间进行明争暗斗，希望自己有机会参予皇位继承权的争夺。这段时间内，朝中越来越多的官员开始依附于皇太子胤礽，所以，朝廷中慢慢地形成了太子党。康熙皇帝得知这件事情之后，非常严厉地斥责了皇太子胤礽。

康熙四十七年（1708），康熙皇帝在木兰围场的布尔哈苏台行宫进行休养，在此期间，因为皇太子胤礽“不法祖德，不道朕训，惟肆恶虐众，暴戾淫乱”，所以，康熙皇帝将胤礽的皇太子之位废掉了。然而，当皇太子被废掉之后，其他皇子之间为了抢夺储君之位展开了更为激烈的明争暗斗。康熙皇帝担心出现兄弟之间相互残杀的事情，于是，在第二年，又复立胤礽为皇太子。那个时候，皇太子胤礽在朝中的势力集团已经完全形成了。皇太子胤礽亲生母亲赫舍里氏有一位担任辅政大臣之职的祖父——索尼。而且，母亲赫舍里氏的父亲噶布喇担任领侍卫内大臣之职，叔父索额图是朝廷的大学士、领侍卫内大臣。索额图将不少官员笼络在皇太子胤礽身边，拥护皇太子胤礽，并且还常常聚在一起商讨国家大事，秘密地对未来进行筹划。康熙皇帝为了对皇太子胤礽进行警告，就利用党争的名义将国丈索额图处死了。但是，这不仅没有让皇太子胤礽收敛自己过激的行为，反而让其变得更加嚣张跋扈，任意妄为了。

康熙五十一年（1712），康熙皇帝在万般无奈的情况下，第二次将皇太子胤礽废除了，并且对其进行非常严厉的惩罚。他的党羽、死在狱中的步军统领托合齐被锉骨扬灰。皇太子胤礽再次被废掉，又一次引发了一个非常严重的后果，即其他皇子们的野心变得无比膨胀起来了，都觉得既然皇太子已经被废了，那么，最终究竟由谁继承皇位还是一个未知数。所以，他们纷纷开始对朝廷各位大臣极力拉拢，结党营私，秘密地计划着将皇位夺到自己的手中。就这样，以皇八子胤禩为首的集团与以皇四子胤禛为首的集团慢慢地形成了。而胤礽虽然已经被废掉了皇太子之位，但是，他仍然没有放弃争夺储君的机会。于是，三位皇子集团间所进行的权力斗争变得越来越激烈。

皇四子胤禛有着非常深的城府，始终都在暗地里与众位大臣进行结交，从而使自己的势力得以壮大起来。他的阵营中包括皇十三子胤祥、皇十七子胤礼以及大臣隆科多、武将年羹尧等人。胤禛非常善于用心计，在进行了认真而仔细的观察和非常细致的分析之后，制定了一个“鹬蚌相争，渔翁得利”的计谋。于是，他努力地收藏了自己的政治野心，在康熙皇帝面前表现得非常有孝心，做每一件事情都表现得“安静守分”，一心向佛，善待天下。不参与也不反对皇八子胤禩的任何一件事情。只是尽量将自己的孝心与忠心显示在父皇康熙的面前，将自己的友善之心显示在自己的众位兄弟面前。与此同时，他积极主动地与朝中的各位大臣交往，以便在各位官员面前树立一个良好的印象。即便是与自己同一个母亲所生的亲弟弟——十四皇子和皇八子胤禩结党，他也不曾出面干涉。在国家大事上面，胤禛兢兢业业，将整个身心都投进去。只要是康熙皇帝派给自己的任务，他都会遵从父皇的意愿用尽一切办法将其完成，尽可能地做到最好，以便让康熙皇帝满意。当胤礽和胤禩之间的皇位之争走向白热化的时候，胤禛也在暗中积极主动地努力准备着。

康熙五十二年（1713），戴铎建议他，将向父皇康熙皇帝尽孝当作自己的一项宗旨，劝导他不要过早过多地将自己的野心暴露出来，要学会更好地将自己伪装起来，宽容地对待其他的兄弟，孝顺地对待自己的父皇。胤禛深深地知道，赢得父皇的信赖与喜欢是多么重要，所以，他对

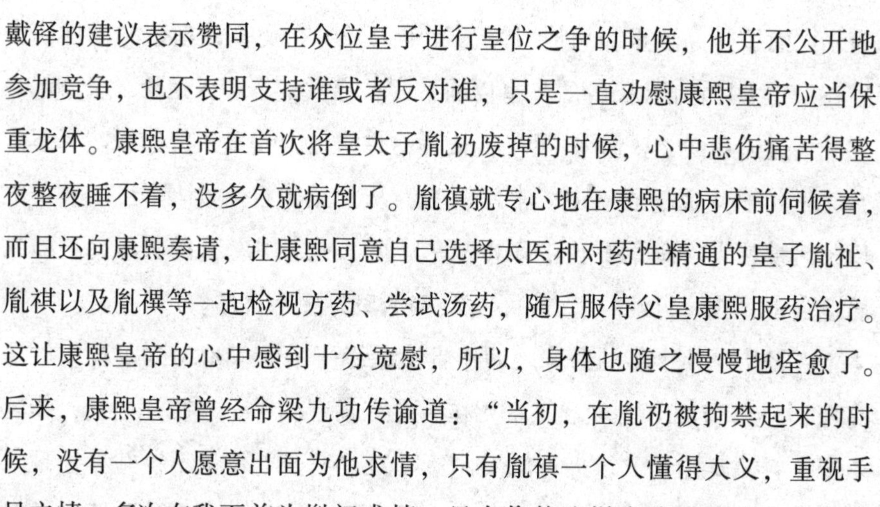

戴铎的建议表示赞同，在众位皇子进行皇位之争的时候，他并不公开地参加竞争，也不表明支持谁或者反对谁，只是一直劝慰康熙皇帝应当保重龙体。康熙皇帝在首次将皇太子胤礽废掉的时候，心中悲伤痛苦得整夜整夜睡不着，没多久就病倒了。胤禛就专心地在康熙的病床前伺候着，而且还向康熙奏请，让康熙同意自己选择太医和对药性精通的皇子胤祉、胤祺以及胤禩等一起检视方药、尝试汤药，随后服侍父皇康熙服药治疗。这让康熙皇帝的心中感到十分宽慰，所以，身体也随之慢慢地痊愈了。后来，康熙皇帝曾经命梁九功传谕道：“当初，在胤礽被拘禁起来的时候，没有一个人愿意出面为他求情，只有胤禛一个人懂得大义，重视手足之情，多次在我面前为胤礽求情，只有像他这样有胸襟的人，才可以成就一番大事业。”胤禛的辛苦付出总算没有白费，康熙皇帝终于给予了他回应。

胤禛知道除了要在父皇面前极力表现出“诚孝”之外，还必须将各个兄弟之间的关系处理好。有一次，胤禛随着康熙皇帝出京的路上，在创作一首名为《早起寄都中诸弟》的诗。他在诗中说道：“一雁孤鸣惊旅梦，千峰攒立动诗思。凤城诸弟应相忆，好对黄花泛酒卮。”诗中的含义非常明显：胤禛不喜欢当孤雁，而希望能够融入群雁当中。他在登基称帝前也竭尽一切可能地做到了这一点。胤禛在对兄弟关系进行处理的时候，所坚持的原则是“不结党”、“不结怨”。这促使他顺利地游走在父皇与兄弟之间的缝隙当中，非常巧妙地躲过了来自各个方面有可能对自己带来的伤害。

尽管这样，在各个方面的压力之下，胤禛的性格还是发生改变，开始变得非常急躁，喜怒无常。康熙皇帝对于胤禛的性格十分了解，因为这件事情没少对胤禛进行批评，并且将“喜怒不定”这四个字作为对胤禛的批语记载了下来。

康熙四十一年（1702），胤禛在求见康熙皇帝的时候，央求道：“父皇，如今我已经 20 多岁了，求您开开恩，把‘喜怒不定’那四个字删掉，别再这样记录了可以吗？”康熙皇帝根据胤禛近来的表现，就点点头表示同意了，并且重新为他书写了批语。胤禛在登基做皇帝的时候，曾经在众位大臣面前说道："先皇以前常常教导朕，不管遇到什么事情都一定不要过于急躁，要懂得'忍'。因为这件事情，先皇还曾经数次降下圣旨，朕要把其敬于居室中，常常观看，从而给自己一个提醒。"不久之后，胤禛就专门命令手下订做了一块写着"戒急用忍"的牌子，悬挂在居室当中，作为自己的座右铭，以便时时刻刻警示自己。

在经历了几十年的磨炼之后，胤禛最终平平安安地站到了权力的最高峰。公元 1722 年，康熙皇帝死在了北京畅春园中。在临死之前，康熙皇帝把胤禛安排到天坛进行祭天，随后又召见了七位皇子，并且让理藩院尚书、步军统领隆科多负责传旨，让将近 45 岁的四儿子胤禛继承皇位。《康熙遗诏》的原文是这样写的："皇四子胤禛，人品贵重，深肖朕躬，必能克承大统，着继朕登基，即皇帝位。"爱新觉罗·胤禛登基称帝之后，定年号为雍正，其含义就是说：雍亲王继承皇位是上天的旨意，是正君，历史上称为雍正皇帝。

大力进行改革

雍正登基做了皇帝之后，就开始大力铲除异己。与此同时，他还继续推行先皇康熙统一国家的策略，对分裂活动进行非常严厉的打击。雍正元年（1723），曾经被先皇康熙皇帝灭掉的噶尔丹的侄子策妄阿拉布坦和青海和硕特部落首领罗卜藏丹津勾结起来，召集了大军二十万，反叛大清王朝。反叛大军开始向西宁地区发起猛烈的进攻。那个时候，担任大将军的是年羹尧。于是，年羹尧就与岳钟琪分兵两路进行征讨，大清朝的将士们一个个都奋勇杀敌，在经过数次交战之后，取得了胜利。随后，清朝的部队继续乘胜追击，最后终于把青海也归入了大清王朝的势力范围内。雍正五年（1727），雍正为了使中俄边境的局势得以稳定，就派策凌作为代表，与俄国签订了《布连斯奇条约》与《恰克图条约》，对中俄的边境进行了非常详细地划分，从而大大的促进了中俄边界地区的经济与贸易的发展。

在对待农业生产方面，雍正继续推行康熙时期的策略：大力鼓励百姓开垦荒地，征用一定的人力与物力兴修水利。雍正做皇帝的十三年中，全国的土地由七百三十五万顷增加到了八百九十万顷，疏通了卫河、淀河以及永定河等河流，对黄河、运河进行了治理。在这一段时间内，朝廷相继完成了直隶营田工程、浙江以及江南海塘工程。这对于农田的灌溉，涝灾的预防都起到了非常积极的作用。不仅这样，雍正还将受灾地区十二年的赋税以及部分地区的漕粮全都免除了。

康熙在位期间出现的太平盛世，滋长了各地官员的懒惰，使他们在对朝政进行处理的时候，都抱着“多一事不如少一事”的态度，致使各地官吏的腐败现象变得越发严重起来，吏治也变得越发松弛，对“盛世”的存亡产生了严重的威胁。雍正心中非常清楚这种现象将会给国家带来怎样的危害。于是，他在即位初期就开始对官场、吏治进行整顿与改革。雍正元年（1723）正月，雍正接连颁发了十一道圣旨，开始推行改革措施：

其一，对吏治进行整顿。

雍正在对各级文武官员进行训谕的时候说道：“禁止暗中进行贿赂，私受请托；禁止库银亏空，私纳苞苴；禁止虚名冒饷，侵渔贪婪；禁止纳贿财货，戕人之罪；禁止克扣运费，馈遗纳贿；禁止多方勒索，病官病民；禁止恣意枉法，恃才多事。”除了这些之外，他还严厉地告诫：“因循不改的人，一定会受到非常严厉的惩罚。与此同时，对于亏空钱粮的各地官员进行革职查办，不允许留任，对于官员纵容下属勒索地方的行为严厉禁止。”

而且，雍正还成立了“会考府”，负责审计国家的财政支出，重新对收支预算进行制定。在这一年当中，各级官吏中被革职抄家的就有几十名，其中，将近一半都是三品以上的官员。吏治的整顿与改革收到了初步的成效。当大量的贪官污吏被制裁之后，官场面貌得到了很大的改善，社会的风气也慢慢地变好了，国库的收入也是不断地增长。

其二，制定密折制度。

为了能够在第一时间对实际情况进行了解，雍正制定了密折制度。所谓“密”，指的就是机密，只有得到皇帝特许的官员才有上奏折的资格。与康熙皇帝在位时相比，雍正皇帝在位时特许官员的数量要多出十倍。奏折上所包括的内容也十分广泛，比如，天气情况、官场隐秘以及社会局势等。除此之外，皇帝能够利用奏折直接和官员进行对话，从而使皇帝更加方便而准确地掌握实际情况，以便迅速地做出相应的反应。由于奏折的运转处理程序十分特殊，所以，官员彼此之间并不能够相互知道，很好地避免了一些没有必要的人为干预，对于各个官员之间互相监督与告密是非常有利的。如此一来，雍正可以掌握任何事情，从而强化了皇帝对国家权力的掌控程度。

其三，建立军机处。

为了能够更好地辅助皇帝对日常的事情进行处理，雍正皇帝还设置了军机处。军机处的位置在紫禁城隆宗门内北侧。军机的大臣不限制名额，有的时候多，有的时候少，根据具体情况而定。军机大臣的职责主要就是每天觐见皇上，与皇上一起商量处理军政事务，并且负责起草公文，对各个部门做出一定的指示。在清朝初期，总共设置了三个非常重要的军政机构——议政处、内阁以及军机处。议政处的官员大部分都是王公贵族。后来，朝廷又设置了内阁，把军务与政务分开处理，使得议政处的权力被大大削减了，其地位也开始不断地降低，到了乾隆年间，议政处就被撤销了。军机处设立之后，主要负责对非常重要的军务进行处理。军机处掌握着军权，所以，它的权力要比内阁高一些。而内阁也就是变得虚有其名了。军机处设立之后，有着非常强的排他性，一切事务的决定权都被皇帝掌握在自己的手中，这也标志着皇权专制开始进入极端化。

其四，将土司制度废除。

在中央与地方各民族统治阶级之间互相联合与斗争的过程中，形成了一种妥协形式——土司制度。在土司统治之下，土司世袭拥有土地与人民，拥有自己的势力范围，形成了分裂割据状态，因而导致民族之间、民族内部有了仇恨与战争。我国西南各省是其主要的分布区域。于是，雍正下定决心在云、贵、粤、桂、川、湘以及鄂等省少数民族地区全面展开“改土归流”自治制度。所谓“改土归流”，指的是在这些地区将当地的土司制度革除，重新设置府、厅、州县，朝廷派遣拥有一定任期、非世袭的“流官”前去任职管理。如此一来，土司特权消失了，各种赋税也会相应减少，从而使广大农民的负担大大减轻了，极大地促进当地经济文化的恢复与发展。到这个时候，雍正皇帝很好地将西南的民族问题解决了。由于前朝几位皇帝早已将东北、蒙古与台湾等地的问题解决了，因此，换句话说，除了新疆与西藏的问题还没有解决外，大清王朝的边境与民族的问题都已经非常圆满地解决了。

其五，推行“摊丁入户”政策。

康熙皇帝在位的时候，曾经下令推行“盛世滋生人丁，永不加赋”制度，意思就是说从此之后出生的人不需要缴税，但是此前之人依旧需要缴纳丁银。而雍正皇帝则实施“丁银摊入地亩”的政策，将人头税取消了，从而减轻了那些十分贫穷，没有任何土地的百姓的负担。然而，如此一来，社会的人口却开始飞速增长，以至于到了道光年间的时候，国内人口已经超过了4亿。

其六，将贱民的户籍废除。

在雍正皇帝之前，只要不属于“士、农、工、商”的人都被称为“贱民”，而且“贱民”的身份是祖祖辈辈相传的，他们没有资格参加科举，更没有资格做官。当时的“贱民”主要包括广东疍户、浙江惰民、北京乐户以及陕西乐籍等，主要依靠做小买卖为生，有的世世代代都是别人家的奴才，更有甚者世代卖淫。他们过得相当凄惨，受尽了侮辱与虐待。面对这种情况，雍正颁发命令，将历史上遗留下来的乐户、惰民、丐户、世仆、伴当以及疍户等全部除籍，把他们定为平民，编进正户，使他们过上了普通人的生活。

雍正做皇帝的时候还施行了另一项非常重要的措施——建立秘密立

储制度。雍正非常深刻地体会到了大清王朝在皇位继承人的问题上所发生的悲剧。于是，他想到了一个主意，既能够事先将皇位继承人确定下来，又不需要对外进行公开宣布，所以，被称为秘密立储。把传位诏书密封起来，放在锦匣当中，然后放到乾清宫“正大光明”匾的后面。这不仅对挑选优秀的皇子继承皇位非常有利，而且还能够避免各个皇子为了争夺储君之位而发生相互残杀的悲剧。这种秘密立储制一直流传到清朝的后期。

君临天下冤狱兴

雍正做了皇帝，开始君临天下之后，朝廷中的气氛变得异常紧张。很多皇子对雍正继承皇位很不满，并且还出现了与之抵制的情况。京城中的所有城门一直关闭了六天，如果没有皇上的圣旨召见，任何一个王爷皇子都不能进入大内。这个时候，各股势力都在秘密地进行谋划，可以说已经到了箭在弦上，不得不发的紧张时刻。然而，这个时候的雍正已经恢复了他以前所隐藏起来的心性——心狠手辣、刻薄寡恩，而且在很早的时候就已经计划了一切，做好了防护措施。所以，在后来的几年当中，诸位皇子都由于犯罪或者被撤掉官职，或者被处以死刑。雍正在对待自己兄弟的时候都不会有一点儿心慈手软，那么，在对待自己的心腹大臣的时候更不会手下留情。雍正的疑心非常重。他对追随自己多年的功臣产生了猜忌，所以那些大臣几乎都被害死了。其中，年羹尧与隆科多的死就是最突出的例子。

年羹尧是镶黄旗，他的父亲年遐龄曾经担任过湖北巡抚之职。年遐龄的女儿，也就是年羹尧的妹妹长大成人之后就嫁给了胤禛。胤禛登基做了皇帝之后，就封她为皇贵妃。康熙皇帝在位的时候，年羹尧担任四川巡抚、川陕总督之职，并且立下了赫赫战功。由于年羹尧与胤禛之间存在亲属关系，因此，在各位皇子为了皇储之位而相互争夺的时候，他一直支持胤禛，并且为胤禛出谋划策。因为年羹尧的手中掌握着兵权，

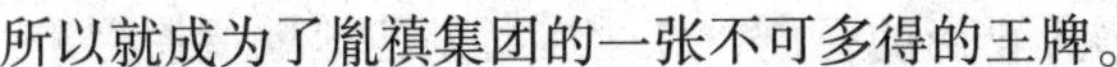
所以就成为了胤禛集团的一张不可多得的王牌。

在胤禛登基称帝的过程中，年羹尧起到了至关重要的作用，因此，胤禛做了皇帝之后，就专门降下旨意把抚远大将军皇子胤禵调回了京师，命令年羹尧前去接任大将军的职位。雍正三年（1725）二月，朝廷中的局势已经稳定了下来，雍正皇帝把年羹尧调回了京师，并且以他在《贺疏》里故意把“朝乾夕惕”改为“夕惕朝乾”作为理由（“朝乾夕惕”出自《周易》，旨在说“勤勉努力、只争朝夕”的意思。雍正皇帝觉得年羹尧是故意把这句话给写反的，用意非常恶毒，即不想让自己有“朝乾夕惕”的美名）撤消了年羹尧的将军职务，后来没多久又罢免了他所有的官职。

那一年，雍正在免除年羹尧所有的官职之后，为他定下了九十二项大罪，其中，光是死罪就有三十二项，任何一条都能够要了年羹尧的命。在简单地进行审问之后，年羹尧所有的罪名就都被认定成立了。最终，雍正皇帝命令年羹尧在大牢之中自杀了。

再说隆科多，他是满洲镶黄旗，他的父亲佟国维是一等公，他的妹妹是康熙皇帝的孝懿仁皇后。换句话说，他是雍正的亲舅舅。康熙皇帝晚年时期，隆科多被提升为理藩院尚书、步军统领。在康熙皇帝去世的时候，宣读遗诏说继承皇位的是雍正的人就只有隆科多一个人。在康熙发丧的时候，隆科多率领兵马在京城的九门把守，积极主动地对与雍正作对的各种势力进行严厉的打击。雍正之所以可以继承皇位，隆科多在其中起到了相当重要的作用。隆科多心中也非常清楚，自己所作的事情非同小可，所以在雍正继承皇位，正式做了皇帝之后，他曾经感叹道：“白帝城受命之日，即死期将至之时。”很快，隆科多的话就被验证了。尽管他被雍正任命为一等公、吏部尚书、加太保等职位，但是仍然被雍正皇帝找出了大罪共计四十一项。不过，雍正并没有处死他，而是把他监禁在畅春园外的三间房里，永远不能外出。雍正六年（1728）六月，孤苦无依的隆科多在畅春园去世了。

雍正铲除异己，利用各种理由将功臣处死的行为，在民间的留言四起，不少关于他的皇位来得不正当的猜测，在全国各地快速地传播开来。不少文人墨客都把这件事情写到了书中，并且在广大的百姓当中传开，对雍正的统治产生了非常不利的影响。为此，雍正专门降下圣旨，把所有写书反对大清王朝的文人全部处死了。这就是历史上非常有名的“文字狱”，尽管在康熙年间也曾经发生过“文字狱”，但是与雍正当权时期相比，就显得有些逊色了。

雍正继位之谜

在清代历史中，雍正的继位一直都是非常著名的宫廷疑案。雍正是在争夺储君之位的斗争中获胜而登上皇帝的宝座的，所以，直到他死亡的时候也没有将世间对他登基称帝是否合法的各种怀疑与猜测消除掉，其中最早的争论则是关于他篡夺皇位之说。

雍正七年（1729），雍正将曾静案的审讯记录以及他的相关上谕汇集在一起，编成了一本名为《大义觉迷录》的书，分发给全国各地的学宫，强制性命令士子阅读。这本书是最早记录关于雍正篡夺皇位以及雍正对此所作的解释的。书中将那个时候民间的传闻列举了出来：

圣祖皇帝原本将天下传给十四阿哥允禵，但是皇上把“十”字改成了“于”字。

先帝想要将天下传给允禵，心中感到不安的时候，就下旨召允禵回京，隆科多将这道圣旨藏了起来，先帝归天的时候，允禵也没有回来，隆科多就传旨由当今皇上继位。

圣祖皇帝病倒在畅春园中，皇上就送去了一碗人参汤，但是不知道怎么回事，圣祖皇帝就去世了，皇上就登上了皇帝之位。随后，皇上就把允禵调了回来，然后囚禁起来了。太后要求与允禵相见，皇上非常生气，太后就撞死在了铁柱上。皇上又将和妃以及其他的妃嫔，都留在了皇宫中。

对于这些说法，雍正给出了以下辩解：

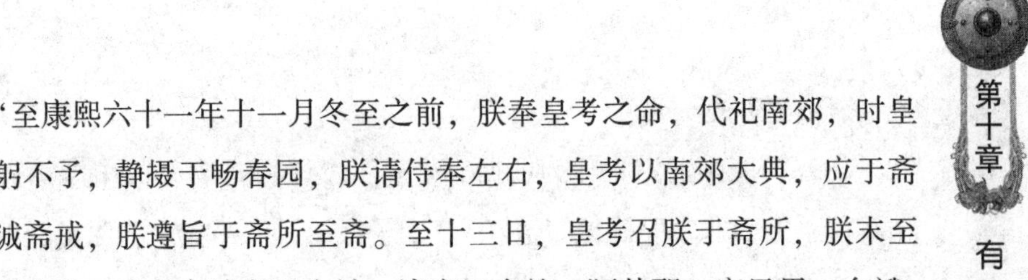

“至康熙六十一年十一月冬至之前，朕奉皇考之命，代祀南郊，时皇考圣躬不予，静摄于畅春园，朕请侍奉左右，皇考以南郊大典，应于斋所虔诚斋戒，朕遵旨于斋所至斋。至十三日，皇考召朕于斋所，朕未至畅春园之先，皇考命诚亲王允祉、淳亲王允祐、阿其那、塞思黑、允䄉、允祹、怡亲王允祥、原任理藩院尚书隆科多至御榻前，谕曰：‘皇四子人品贵重，深肖朕躬，必能克承大统。’著继朕即皇帝位。是时唯恒亲王允祺以冬至命往孝东陵行礼，未在京师，庄亲王允禄、果亲王允礼、贝勒允禑、贝子允祎，俱在寝宫外祗候。及朕驰至，问安皇考，告以症候日增之故，朕含泪劝慰。其夜戌时龙驭上宾，朕哀恸号呼，实不欲生。隆科多乃述皇考遗诏，朕闻之惊恸，皆仆于地。诚亲王等向朕叩首，劝朕节哀。朕始强起办理大事。此当日之情形，朕之诸兄弟及宫人内侍与内廷行走之大小臣工，所共知共见者。夫以朕兄弟之中，如阿其那、塞思黑等，久蓄邪谋，希冀储位，当兹授受之际，伊等若非亲承皇考付朕鸿基之遗诏，安肯帖无一语，俯首臣伏于朕之前乎？”

从民间流传下来的说法到雍正自己的解释，我们能够看出康熙皇帝死亡那一天所发生的传位过程的真假和康熙皇帝制定的继承人到底是不是雍正是关于雍正继承皇位争议的焦点问题。而到了现在，经过几代专家学者的研究考证，雍正继承天子之位已经演变出三种不同的说法——合法继位说、改诏篡位说以及无诏自立说。

其一，合法继位说。

支持这种说法的人认为：

①康熙皇帝十分信任雍正，曾经派遣他前去天坛代行祭天大典。这就足以证明康熙皇帝在临死之前有让胤禛继承皇位的意思。

②有康熙皇帝的遗旨作为证据。康熙六十一年（1722）十一月十三日，康熙皇帝的病情加重。根据《清圣祖实录》的记载：“召三皇子诚亲王允祉、七皇子淳郡王允祐、八皇子贝勒允禩、九皇子贝子允禟、十皇子敦郡王允䄉、十二皇子贝子允祹、十三皇子允祥、理藩院尚书隆科多到御榻之前，谕曰：‘皇四子胤禛，人品贵重，深肖朕躬，必能克承大

统，著继朕登基，即皇帝位。'”

③有《康熙遗诏》作为证据。《康熙遗诏》是现存的中国第一历史档案馆，上面非常明确地写道：“皇四子胤禛，人品贵重，深肖朕躬，必能克承大统，著继朕登基，即皇帝位。”

其二，改诏篡位说。

支持这种说法的人表示：

①尽管胤禛留给康熙皇帝的印象很好，康熙皇帝曾经让他代为天坛祭天，但是不能因此就断定康熙皇帝有意或者有遗旨让他继承皇位。

②康熙皇帝在临死之际宣谕由胤禛继承皇位的时候，只有七位皇子与大臣隆科多在场，而关键人物胤禛却不在场，因此不少人怀疑这是雍正做了皇帝之后编造出来的。

③如果胤禛是因为那个时候代父祭天而没有在西郊，而胤禛在那一天曾经先后三次被康熙皇帝召到床前问安，根据《清圣祖实录》康熙六十一年十一月十三日记载：“皇四子胤禛闻召驰至。巳刻，趋进寝宫。上告以病势日臻之故。是日，皇四子胤禛三次进见问安。”由此可以看出，那个时候的康熙皇子并没有糊涂。但是，为什么康熙皇帝从早晨八点到晚上八点共计十二个小时之间，先后三次将胤禛召来，都未曾当着他的面告诉他皇位的继承人就是他呢？这是不是反倒说明了康熙皇帝并没有宣旨给七位皇子与隆科多让胤禛来继承皇位。

④康熙皇帝死了之后，为何由隆科多一个人向胤禛宣谕“由皇四子胤禛继承皇位”的遗诏呢？而宣谕康熙皇帝的遗旨的时候，为什么文武大臣以及其他皇子都不在场呢？这个所谓的康熙皇帝的遗旨是不是假的呢？

⑤康熙皇帝病死的消息传出去之后，京城九门被关闭整整六天的时间，各位王爷没有被皇帝下旨传令的不允许入大内。这就导致人们产生了“雍正政变”的疑惑。

⑥既然是康熙遗诏，那么自然应当在康熙皇帝死前已经定稿并且经过康熙皇帝审定，本来应该在康熙皇帝十三日死了之后马上当着大家面

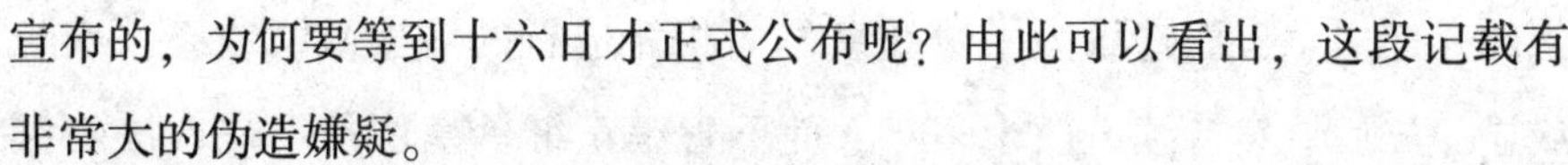

宣布的，为何要等到十六日才正式公布呢？由此可以看出，这段记载有非常大的伪造嫌疑。

⑦通过清朝历史专家认真研究，这份康熙遗诏是以康熙五十四年(1715）十一月二十一日谕旨作为参照，加以修改完成的。康熙皇帝说道：“此谕已备十年，若有遗诏，无非此言。”所以，“康熙遗诏漏洞百出”。

⑧雍正死了之后，没有被埋葬在清东陵，反而选择葬在了清西陵，这就足以说明他“得位不正”，所以不想，也没有脸面在地下看到他的父皇康熙皇帝与祖父顺治皇帝。

⑨雍正在对待各位兄弟的时候，或者将其杀害，或者将其监禁起来，似乎有“杀人灭口”和有口不能说的嫌疑。

⑩雍正刚刚做了皇帝之后，没多久就把年羹尧、隆科多杀了，似乎有“杀人灭口”的嫌疑。

其三，无诏自立说。

支持这种说法的人觉得：雍正既没有修改遗诏，也没有让他继承皇位的遗命，他就是趁着康熙皇帝去世的这个有利时机，纠合自己的党羽运用谋略手段自立为皇的。

其实，对于上述的三种关于雍正继位的说法，我们不妨从三个方面研究，只有这样，我们才能够得出更为客观公正的结果。

其一，政治。

设立储君与继承皇位都属于权力的变迭，对各个朝代而言都是相当重要的政治变动，与政权政治的稳定有着直接的关系，在很大程度上影响着国计民生，因此，从古至今屡屡发生因为储位而父子反目、兄弟相残的斗争。比如，唐太宗李世民在玄武门发动政变就已经能够证明夺储斗争是多么残酷。说雍正是奉了康熙皇帝的遗诏继承皇位的，确实有不少解释不清楚的矛盾，很难自圆其说。但是，说雍正自行修改遗诏篡夺了皇位，也没有充足的证据加以证明。然而，各派专家学者曾经达成过一个共识，即在雍正继承皇位之前，各位皇子之间确实存在一场非常激烈的夺储之争，而这场为了争夺皇位而相互进行的斗争或明或暗，或隐或显，先后居然持续了四十多年，而不管雍正继承皇位是不是合法的都是由于他在这场皇位争夺战中获得了胜利。

在争夺皇储之位的斗争中，众位皇子是主角，而与众位皇子一起作战的还包括那些随时准备丢脑袋的朝廷大臣们。大臣拥戴皇子继承皇位就仿佛是在“押宝”，都是以自己的身家性命作为抵押，如果赢了就会封妻荫子、公侯数代，倘若输了就可能会面对被罢黜官职，甚至殃及全族的结果。当然了，取得他们的认同与支持也是众位皇子之间进行争夺的筹码，原本就是“一荣俱荣、一损俱损”的利益捆绑关系，因此争夺储位的战斗从来都是“不是你死，就是我亡”的集团争斗，没有人能够输得起。原本人们就喜欢关注一些宫廷秘事，而康熙自五十一年（1712），永远地将皇太子允礽废除之后，数年也没有定下皇储之位的人选，最后继承皇位的人并不是朝廷所瞩目的人选，最终造成了数年以来围绕继承大统而进行明争暗斗的各方争储势力集团之间争斗的矛盾重心转移了，毫无疑问，雍正成为了众矢之的。这也是政治斗争所产生的必然结果。也就是说，如果不是雍正继承皇位，那么继位之疑会随之消失吗？既然继位之谜最为关键的地方是康熙皇帝没有将选立的继位人公布于众，而只是在临死的时候“口诉末命”，那么，不管哪一个人继承皇位，都会给失败者以口实，也会让“末命”具有一定的想像空间，即便是有关继位的颠倒黑白的传言也会获得一定的市场。

康熙皇帝之所以会这么做，一定会有自己的理由和苦衷。首先，他身为明君贤帝不可能事前没有进行任何利弊的衡量。其次，早在康熙五十四年（1715），康熙遗诏就已经撰写完毕了，所差的只不过是没有写上继位人的名字，并且康熙皇帝也曾数次说与众位大臣知：“定择一坚固可托之人”，因此，如果说康熙皇帝在临死之前没有将继位人选定，没有将身后事安排好，这很难令人信服。康熙皇帝生前一直不肯将继承人的姓名公布于众，相信一方面是因为站在父亲的角度，他不想在有生之年看到“停尸不顾、束甲相争”的悲剧；另一方面应该是因为站在皇帝的角

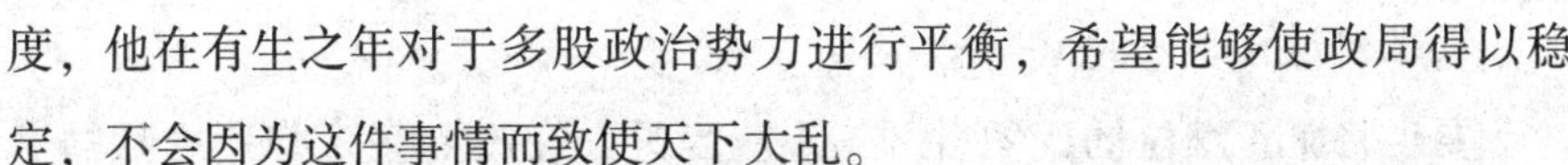

度，他在有生之年对于多股政治势力进行平衡，希望能够使政局得以稳定，不会因为这件事情而致使天下大乱。

不少人一提起雍正继承皇位，非常自然地把他做了皇帝之后的一些行为说成“杀人灭口”、“销毁证据”等，这对于雍正来说，难免有些不公平，只重视主观片面，而忽视了客观事实。雍正继承皇位之后，为了使皇位得以巩固，皇权得以维持，确实对以前那些与自己争夺储君之位的对手下了重手加以整治，将允禵囚禁起来，将允禩、允禟等人圈禁起来，有的甚至还伤了他们的性命，其手段不可说不狠辣。然而，如果我们站在政治的角度来看这件事情，就会发现雍正的这些举动也是无可厚非的。试想一下，如果不是他们彼此之间有着不能化解的矛盾，又怎么可能对自己的亲兄弟下黑手呢？如果平白无故对付自己的亲兄弟，那么用什么来告慰父皇的在天之灵？怎样面对天下的悠悠之口？史官的笔就好像一支铁枪一样，将事情的真实情况记录下来，后世应当怎样评论。雍正身为一个伟大的政治家，一个国家的君王，不可能不对这些问题进行考虑。所以，他登基称帝之后，对自己的亲兄弟出手也算是合乎情理的。试想一下，如果是允禩或者允禵继承了皇位，是否会这样做呢？很显然，答案一定会是肯定的。

因此，我们在对雍正继承皇位进行研究的时候，首先应当站在政治的角度，非常客观地看待在雍正继承皇位之前，康熙皇帝所做的一些人事安排以及雍正继承皇位之后如何对各方争夺储君之位的势力进行处理。需要特别注意的是，我们不应当把雍正继承皇位之后为了巩固皇权而严厉打压整治各方争夺储君之位的势力以及其他对皇权产生威胁的势力的行为主观地与他继位之谜联系在一起。讲政治第一就是要证实康熙皇帝肯定已经立了继承人，第二就是要把在那些政治斗争过程中不可避免的要发生的维权行为与继位之间的主观联系和干扰排除，第三就是要探讨雍正继承皇位之后是不是把康熙皇帝担心的可能会发生的混乱局面解决了，其后所做出的成绩又是不是与康熙皇帝的心愿相符。三者结合起来，从而作出判断，雍正到底是不是康熙皇帝所说的那个“坚固可托之人”。

其二，过程。

要想将雍正继位的谜团解开，不应当只是在康熙皇帝临死之际的皇位授权问题上纠缠，应该将注意力与研究重心放在康熙皇帝两次将皇太子废除与争夺储君之位的全过程以及雍正继承皇位之后的一段时间内，这场斗争的变相表现与影响。

在康熙皇帝统治的最后二十年中，因为皇太子被废除与储君之位悬空而产生的斗争，按照时间的先后顺序大致可以勾出下面的画面：

康熙四十二年（1703），对索额图及其党羽进行惩罚，对皇太子允礽进行警告；康熙四十七年（1708）九月，皇太子允礽被废除，各个皇子之间为储君之位明争暗斗更为激烈。十一月，大阿哥允禔失败之后被圈禁；十三阿哥允祥失宠；八阿哥允禩与九阿哥允禟以及十四阿哥允禵最具有活力，朝廷中有很多大臣公然推举八阿哥允禩担任储君，但是，最后都被康熙皇帝给否定了；四阿哥胤禛采用四面讨好的对策，在康熙皇帝与诸位兄弟之间周旋。第二年三月，康熙皇帝复立允礽为皇太子，并且册封其他儿子为亲王、郡王以及贝子，盼望着他们能够和平共处，但是，允礽再一次让康熙皇帝大失所望，所以，在康熙五十一年（1712）十月，他的皇太子之位再一次被废除，并且被囚禁起来。

随后，三阿哥允祉、四阿哥胤禛、八阿哥允禩以及九阿哥允禟等掀起了一场更为激烈的争夺储君之位的战争。康熙五十二年（1714），三阿哥允祉受命开蒙养斋馆修书，与其他兄弟相比，他的处境变得更为优越一些。但是，到了康熙五十六年（1717）春天，他因为孟光祖的案件而导致声望下降。八阿哥允禩继续争夺皇储之位，康熙皇帝非常厌恶他，宣布父子之间的感情已经绝了。康熙五十六年（1718）四阿哥胤禛将争夺皇储之位的目标与方法纲领化，到康熙皇帝末年的时候，胤禛所参加的政事活动非常多。这一年冬季，由于康熙皇帝生病不能处理朝政，因此，朝廷中的众位大臣提出请求——册立皇太子。于是，康熙皇帝就颁布了遗言，但是并没有非常明确地指出储君的人选到底是谁。由于朝廷正在西北对厄鲁特蒙古人用兵，十四阿哥允禵在康熙五十七年（1718），被委任为抚远大将军王，其威望日益上升，因此，有不少朝廷大臣都认为他就是大清朝未来的储君。虽然八阿哥允禩遭到父皇康熙皇帝的嫌弃，但是他并没有因此就死心了，而且，仍然不断地有朝廷大臣推荐他做皇太子，以至于康熙皇帝在登基六十年大庆的时候，将那些不太识趣的人全部发配充军。在整个夺储过程中，各个皇子结党从来就没有停止过，而且人员的组合也有一定的变化，各个势力集团的地位浮沉不定。在这错综复杂的过程中，在康熙皇帝的心目中，各个皇子到底占据什么样的地位呢？与皇储之位又是什么样的关系呢？

天下每一个父亲都对自己的儿子寄予相当高的期望，这就是所谓的"望子成龙"。但是，"龙生九子，各子不相同"，自从康熙四十七年（1708）首次将皇太子允礽罢黜开始，直到康熙六十一年（1722）十一月，围绕子嗣继承大统所引发的诸多斗争，康熙皇帝的儿子们将他的心伤透了，甚至让他一度在生病的时候不接受治疗，以便能够快速的死去。我们可以想象得出这位"千古一帝"当时内心有多么绝望、悲伤以及无可奈何。然而，无论怎样，江山最终还得托付到一个人的手中，康熙皇帝究竟会传位给谁，现在存在的相关的文字和实物证据具有非常大的争议。对于中国历史档案馆保存下来的"康熙遗诏"原件，不少人认为那是伪造的，而又找不到真正的能够令人信服的铁证。不过，我们可以从康熙四十七年（1708）到康熙六十一年（1722）十一月，关于争夺储君的一系列斗争的整个过程来探寻康熙皇帝对自己皇位继位人选的要求和期望，位于多方争储势力的中心，康熙皇帝应当怎样去应对，他对于各方争储人选最开始的看法与最后的应对方法，从而找到康熙皇帝心目中最合适的皇位继承人的人选。

其三，实力。

自古以来，中国封建王朝关于立储的原则大致可以分为三种，也就是立嫡、立长以及立贤。康熙十四年（1675），康熙皇帝立嫡子允礽为皇太子，后来，又在康熙四十七年（1708）和康熙五十一年（1712），两次将允礽的皇太子之位废黜，所以，从此之后，就没有嫡可以立了。康熙皇帝的皇长子允禔在皇太子允礽废黜事件发生之后，没过多长时间就由于与蒙古大喇嘛——巴汉格隆相互勾结，想要利用邪术将允礽咒死的事情被揭发而被康熙皇帝下令将其王爵革除，终身圈禁起来。从此之后，争夺储君之位的斗争基本上就开始围绕立贤进行了。

说到贤，在众位皇子中应该首选八阿哥允禩了。他不仅很有心计，而且聪明能干，就连四阿哥胤禛也评论他说："颇有识量"，羽翼最为广泛，党人也是最多的，但是，康熙皇帝对他却极为厌恶，甚至当着众人的面宣布和他断绝父子的关系。由这件事情可以看出，康熙皇帝心中选择皇储的标准不单单考虑"贤"，也就是说要想继承皇位必须符合更高的标准，我们也可以理解为综合实力。那么，康熙皇帝所重视的综合实力又是什么呢？我们不妨从以下几点进行考虑：

第一，是否结党。

这是最为重要的一点。立储必须要皇帝独断乾纲，而结党即想要谋位，就是对皇权的严重侵犯。康熙皇帝心中非常清楚结党谋位到底具有怎样的危害，它不但会让皇帝、皇太子以及各位皇子之间不断地产生争斗，而且还会将大臣卷进来，导致朝政恶化，将来极有可能会出现朝廷大臣拥立皇太子之后，借此揽权的危险形势。康熙在位的时候，因为先后发生了皇太子结党、将皇太子废黜事件以及随之产生的以八阿哥允禩作为代表的各位皇子结党争夺皇储之位，促使康熙皇帝在选择皇位继承人的时候，不得不将有没有结党作为基本的条件。更何况自从废黜太子的事情发生之后，在当时那样的环境中，前面的允礽与允禔惨败了，后来康熙皇帝又三令五申严禁各位皇子结党。如果谁敢明目张胆地与康熙皇帝作对不是傻了，就是想要篡夺皇位。康熙皇帝就会觉得，自己在世的时候都不被放在眼中，如果自己死了，那么大清国还不被翻过来。因此，对于这种人，康熙皇帝是绝对不可能作为皇位继承人选的。

第二，有没有孝心。

儿子必须孝顺父亲，而且还应该是发自内心的那种，家是这样，国也是这样，没有听说过哪个父亲会疼爱忤逆的儿子的。根据《清圣祖实录》记载，康熙五十二年（1713），康熙皇帝曾经说道："今欲立皇太子，必能以朕心为心，方可立之。"康熙皇帝的这句"以朕心为心"是一种有很丰富内容的标准。古代社会非常讲究"孝"，父母双亲想要吃穿用的东西以及他们要做的事情，儿女们就已经想到了，并且已经为双亲准备好了，甚至就连双亲没有想到的事情，作为儿子也为他们想到了并且做好了，这就是所谓的"纯孝"。康熙皇帝所说的"以朕心为心"就是指这种纯孝，也就是说，康熙皇帝要求皇储能够体会自己的意思，以自己的意志为意志，想自己之所想，做自己想要做的事情，因此，孝道也成为了康熙皇帝选择皇太子人选的一个十分重要的标准。

第三，有没有才能。

要想将一个国家治理好，必须要具有一定的才能。拥有才能之后，还需要看你的功劳到底有多么大，爵位有多么高，总不是没有任何的贡献就坐上了众人仰慕的皇帝之位吧。如果真的让这样的皇子继承皇帝之位，即便满朝的文武大臣以及全国的老百姓都认可，但是其他的皇子也不会同意的，更何况，康熙皇帝的眼中更是从来不揉沙子。总而言之，皇帝必须做好，必须能够将大清王朝的江山社稷保住，否则，天下就会大乱，臣民就会遭殃，江山就会改变主人，这是康熙皇帝最不想看到的事情，更是与他身后之名紧密相关的事情。

除此之外，由于封建社会向来有着非常严格的等级观念，因此皇子的出身也会被考虑在内。虽然这一点并非最为重要的，但是如果出身真的不好的话，那绝对会成为你继位的巨大阻碍。试想一下，如果皇子的母妃是一个下等人，那么肯定会对皇族血统的纯正产生影响，与此同时，还必须顾忌到外戚对于朝廷未来格局的影响。八阿哥允禩就是一个非常典型的例子，他的母亲良妃原本是辛者库奴，也就是宫廷中的奴隶。那个时候，犯罪官员的家眷大多数都会被发配宫中做苦力，而且这种身份还是世袭罔替，即父母亲死了，儿女需要顶替。当允禩的母亲生下允禩之后才被封为嫔，而允禩受封为贝勒之后，其母亲才被加封为妃。更有甚者当八阿哥允禩受封亲王之后，他的舅舅依旧在辛者库中做奴隶。可以这么说，八阿哥允禩没有成为康熙皇帝的继位人选，有很大一部分原因就是因为这个。康熙皇帝曾经在上谕中，非常明确地指出允禩的出身十分卑微、居然敢妄蓄大志之类的话，而纵观八阿哥允禩一生特别擅长邀结人心，应当也是在这种阴影之下逐渐养成的发奋图强吧。其实，八阿哥允禩也是一个非常苦命的人。

综上所述，纵观康熙皇帝选择皇储人选的标准，在对比各个皇子的自身条件后，最为符合上述条件的皇子应该就是康熙皇帝心目中最为理想的继承人选。很显然，这个人应该就是四阿哥胤禛。